이수화 목사 설교집

# 성경에서 성경으로

이수화 목사 설교집

# 성경에서 성경 으로

지은이
**이수화**
李秀花

# 책을 펴내며

먼저 이 책을 출판 할 수 있도록 인도하시고 은혜를 부어 주신 하나님께 감사와 영광을 올려 드립니다.

하나님 앞에 아무 선함이 없음에도 불구하고 하나님 자신의 선하심과 예수 그리스도의 보혈의 공로로 저는 구원 받았습니다! 뿐만 아니라 목회자로 택함 받는 은혜를 입었습니다.

강단에서 하나님을 말씀을 듣고 그 분의 구원과 심판을 선포 할 수 있는 어마어한 특권을 받은 사람으로서 어떻게 이 사명을 감당 할 것인가를 늘 묵상 합니다. 설교를 하되 어렵지 않은 언어로 하고 청중에게 쉽게 이해되어지되 깊이있는 능력(영성)의 은혜가 있기를 바라며 말씀을 연구 합니다.

토기장이는 흙과 더불어 호흡하며 손끝에서 작품을 빚어냅니다. 목수는 나이테 속에서 나무가 성장하기까지 지나온 바람과 햇볕을 읽어내고 세월을 깎고 다듬어 최상의 작품으로 만들어 냅니다. 어부는 바다 속을 헤아려 물때를 알고 물고기의 이동을 보고 조업(操業)을 합니다. 그렇다면, 강단에 선 설교자가 하나님의 부름에 응답하는 최상의 방법은 성경 말씀 속에서 하나님을 발견하고 드러내어 선포하는 것입니다.

결국, 목회자의 설교는 '성경에서 시작하여 성경으로 끝나야 한다'는 결론을 가지게 됩니다. 왜냐하면, 성경은 진리이고 그 진리는 예수 그리스도 이시기 때문입니다.

**(요14:6) "예수께서 이르시되 내가 곧 길이요 진리요 생명이니 나로 말미암지 않고는 아버지께로 올 자가 없느니라"**고 말씀하셨습니다.

설교자는 성경에서 길을 찾고 생명을 얻는 예수님을 만나도록 성도들을 이끌어야 합니다. 하나님을 하나님 되게 하는 것은 불순물이 들어가지 않는 온전한 하나님 중심의 말씀을 증거 하는 것에서부터 출발 한다고 생각합니다. 왜냐하면 성경은 거룩하신 하나님이신 예수그리스도에 대하여 말씀하시기 때문입니다.(요5:39)

지극히 미약한 자의 설교 문이지만 이 책을 통하여 하나님의 사랑이 더 많은 사람들에게 전하여 지고 확고한 천국신앙을 가질 수 있기를 기대합니다.

즐거운 마음으로 추천의 글을 써 주신 임영옥 목사(박사, 교수)님과 한효동 총장님 그리고 아름다운 헌신으로 열매 맺게 한 송진숙 권사님과 등대교회 성도님들께 깊은 감사를 드립니다.

이 책을 읽으시는 모든 분들에게 진리 되시는 하나님의 사랑이 함께 하시기를 축원 드립니다!

# 추천의 글 I

이수화(李秀花) 목사는 내가 가장 아끼고 사랑하는 동역자요, 제자 중의 한 사람이요, 후배 목사중의 한 사람이다.

그는 지금도 쉼 없이 활동하고 있는 여류 목사로서 목회학 박사가 되어 친히 신학교를 세워 학장으로서 후배양성에 정진하고 있을 뿐만 아니라 시인으로 그가 쓴 시를 모아서 시집을 내었고 노회장으로 교단의 발전과 목회사역에 눈부신 활동을 하고 있는 현역 목사이다.

이 책 "성경에서 성경으로" 설교 집을 펴내게 되어 먼저는 하나님께 감사드리며 뒤에서 묵묵히 돕고 있는 그의 부군 주 장로님과 두 공주인 딸들에게도 칭찬을 보내고 싶다.

또한 등대교회 재직들과 성도들의 기도와 충성에 찬사를 보낸다. 이수화목사의 설교 집을 접하는 독자들을 통하여 또 다른 하나님의 이적이 일어나기를 바라는 마음 간절하다.

교파주의와 현실주의, 인본주의, 혼합주의, 세속주의, 상황주의, 다원주의의 유혹을 물리치고 오직 하나님의 말씀인 성경의 진리를 따라서 하나님의 일을 하려는 이수화 목사의 간절한 소망을 살아계신 하나님께서 들어주시리라 확신한다.

바라기는, 이 책을 통하여 바른 성경적 신앙의 사람들이 일어나고
성경인 진리위에 세워지기를 기대하며 추천의 글을 전한다.

2020 겨울 경기도 연천군 3.8선 이북의 휴전선을 넘나드는
산새들의 노래를 듣는 철조망 밑에서 89살 된

**임 영 옥** 목사(교수, 박사)

# 추천의 글 II

이수화 목사님의 설교는 언제 들어도 솔직 담백하다 이것은 이 목사님의 성품이기도 하다. 이수화 목사님은 대한예수교장로회총회 합동개혁 학장으로 후학을 가르키고 있다. 일반 신학교가 빠지기 쉬운 추상적이고 학문적인 안일함을 벗어나서 목회현장에 필요한 성경 66권 강해와 영성 훈련과 생명력 있는 목회현장 위주의 교육을 하고 있다.

'성경에서 성경으로'는, 출애굽에서 예수그리스도의 십자가 구속사를 설교문으로 요약하여 선지생도들과 목회자에게 영적, 지적 에너지를 제공 할 뿐만 아니라 성경 공부용으로 활용해도 좋은 설교집이라 이 책을 추천한다.

이 설교집은 이수화 학장의 노고로 완성 되었기에 축하하며, 은혜와 진리 되신 예수그리스도가 함께 하셔서 출판과 책의 보급을 통해 예수 그리스도의 사람들이 더욱 세워져 나가기를 바란다.

대한예수교장로회 총회신학 총장
**한 효 동** 박사

# 목차

## 목차

# 천수답(天水畓)

애굽 땅은
나일 강 젖줄을 타고 났지만
발로 수차(水車)를 돌려
입에 겨우 풀칠하는 땅이요

이스라엘 땅은
산과 골짜기 깊어 척박하지만
성령의 단비로
풍족히 먹고도 남음이 있는 땅이라

성도는
땅의 복으로 사는 것이 아니요
천수답 같이
하늘의 복으로 사는 것이라

일찍이
그늘진 삶 속으로
빛으로 찾아 오셔서
일어나라! 일어서라!

내가 너와 함께 함이라
축복해 주신 주님!

이제 육신의 쟁기 버리고
영혼의 쟁기 잡고
하늘 향해 입 벌리겠사오니
사람 냄새나는 땅 갈아엎으시고
하나님 냄새나는 땅 되게 하셔서

천수답 같은 이곳에
은혜의 단비 주룩, 주룩 내려
성령의 알곡
가득하게 하시며
두 팔 벌려 찬양하는
은총 받은 심령 가득한
향기 나는 교회 되게 하소서

천수답(天水畓)

17

설교 묶음
# 첫 번째

# 유월절

(출12:1~14) "여호와께서 애굽 땅에서 모세와 아론에게 일러 말씀하시되 이 달을 너희에게 달의 시작 곧 해의 첫 달이 되게 하고 너희는 이스라엘 온 회중에게 말하여 이르라 이 달 열흘에 너희 각자가 어린 양을 잡을지니 각 가족대로 그 식구를 위하여 어린 양을 취하되 그 어린 양에 대하여 식구가 너무 적으면 그 집의 이웃과 함께 사람 수를 따라서 하나를 잡고 각 사람이 먹을 수 있는 분량에 따라서 너희 어린 양을 계산 할 것이며 너희 어린 양은 흠 없고 일 년 된 숫 컷으로 하되 양이나 염소 중에서 취하고 이 달 열나흘까지 간직하였다가 해 질 때에 이스라엘 회중이 그 양을 잡고 그 피를 양을 먹을 집 좌우 문설주와 인방에 바르고 그 밤에 그 고기를 불에 구워 무교병과 쓴 나물과 아울러 먹되 날 것으로나 물에 삶아서 먹지 말고 머리와 다리와 내장을 다 불에 구워 먹고 아침까지 남겨두지 말며 아침까지 남은것은 곧 불사르라 너희는 그것을 이렇게 먹을지니 허리에 띠를 띠고 발에 신을 신고 손에 지팡이를 잡고 급히 먹으라. 이것이 여호와의 유월절 이니라  내가 그 밤에 애굽 땅에 두루 다니며 사람이나 짐승을 막론하고 애굽 땅에 있는 모든 처음 난 것을 다 치고 애굽의 모든 신을 내가 심판하리라 나는 여호와라 내가 애굽 땅을 칠 때에 그 피가 너희가 사는 집에 있어서 너희를 위하여 표적이 될 지라 내가 그 피를 볼 때에 너희를 넘어가리니 재앙이 너희에게 내려 멸하지 아니하리라 너희는 이날을 기념하여 여호와의 절기를 삼아 영원한 규례로 대대로 지킬지니라."

하나님께서 이스라엘 백성들에게 유월절을 제정해 주십니다. 애굽의 노예생활을 하는 이스라엘 백성들의 고통의 소리를 들으시고 그들을 구원하시기 위해 어린양의 피로 세운 절기가 유월절입니다. 유월절 어린양으로 흠 없는 숫양을 택하십니다. 그리고 아빕월 14일 해 질 때 어린양이 죽임을 당합니다. 이것은 예수그리스도의 십자가 속죄 사역을 예표 합니다.

(요19:14) "**이 날은 유월절 준비일이요 때는 제 육시라. 빌라도가 유대인들에게 이르되 보라 너희 왕이로다.**", (요19:31) "**이 날은 준비일이라.**"

이사야에서 예수그리스도의 고난에 대해 가장 극명하게 예언하고 있습니다.

(사53:7) "**그가 곤욕을 당하여 괴로울 때에도 그의 입을 열지 아니하였음이여 마치 도수장으로 끌려가는 어린 양과 털 깎는 자 앞에서 잠잠한 양 같이 그의 입을 열지 아니하였도다.**"

예수그리스도는 유월절 양이 되셔서 우리의 모든 죄를 친히 담당하셨습니다.

(고전5:7~8) "**우리의 유월절 어린양이 희생 되셨느니라. 이러므로 우리가 명절을 지키되 묵은 누룩으로도 말고 악하고 악의에 찬 누룩으로도 말고 누룩이 없이 오직 순전함과 진실함의 떡으로 하자.**"

예수그리스도께서 친히 유월절 날 성찬식을 제정하십니다.

(마26:26~27) "**이것을 받아 먹으라 ~ 이것을 마시라.**" 하십니다.

그 자신의 몸과 피를 내어 주시며 유월절을 지키시며 신약의 성찬식을 제정 하십니다.

이것은, 예수님께서 친히 천국의 문을 여신 것이요 구원의 문이 되신 것입니다.

(요14:6) "**예수께서 이르시되 내가 곧 길이요 진리요 생명이니 나로 말미암지 않고는 아버지께로 갈 자가 없느니라.**"

유대인들에게 유월절 어린양이 죽은 아빕 월이 새해가 된 것과 같이 (출12:2) 모든 성도들에게는 예수그리스도의 보혈로 구원 받은 그 날이 새로운 인생의 출발점이 되는 것입니다.

(고후5:17)"그런즉 누구든지 그리스도 안에 있으면 새로운 피조물이라 이전 것은 지나갔으니 보라 새것이 되었도다."

유월절 음식으로 양고기를 불에 구워 쓴 나물과 누룩 없는 무교병을 함께 먹습니다. 이것은 예수그리스도의 고난을 생각하며 성도는 의의 고난에 동참해야 한다는 것을 말씀합니다.

불. 쓴 것, 누룩 없는 것은 모두 죄와 거리가 먼 것이며 동시에 세상적인 만족과도 거리가 먼 것입니다. 양고기를 물에 삶아서 먹을 수 없고 불에 구워 먹듯이 말씀은 문자적으로나 세상적인 육신으로 받아서는 안 되고 성령의 인도와 감동으로 받아야 합니다. 그리스도인의 신앙의 성결과 거룩은 삶의 성결로 이어져야 하는데 이것은, 쓴 나물과 함께 누룩 없는 떡을 먹는 것으로 상징됩니다. 또, 허리에 띠를 띠고 발에 신을 신고 지팡이를 잡고 급히 먹는다는 것은 우리 인생이 나그네 인생이라는 것이므로 항상 깨어 있는 자가 되어야 한다는 것을 말씀합니다.

성도는 늘 본향을 사모하며 걷는 광야의 인생길이라는 것을 기억해야 합니다. 죄를 떠난 성결의 신앙을 지키며 산다는 것은 자기 부인이요 자기 십자가를 지는 것입니다. 유월절과 함께 무교절을 7일 동안 지키는데 이것은 완전한 구원이며 천국에 들어갈 때까지 그리스도인으로 승리해야 한다는 것을 말씀합니다. 그래서 유월절 양의 피를 바른 집에서 나오면 안 되며, 도피성에 피한 자는 그 당시의 제사장이 죽기까지 도피성에서 임의로 나오면 안 됩니다.

유월절 어린 양의 음식을 먹는 곳이 바로 교회입니다. 즉, 교회는 "유월절 어린 양을 먹고 마시는 집"이며 죄의 보복자인 사단으로부터 보호를 받는 곳입니다. 또한, 주님께서 주신 힘과 능력을 공급받아 광야 같은 세상에서 복음으로 승리하는 곳입니다. 유월절 어린 양 이신 예수그리스도의 죽으심으로 모든 성도들의 심령과 가정과 사회 속에서 죽음의 재앙이 넘어 갔습니다. 이것이 우리 주 예수그리스도께서 유월절 양이 되셔서 우리에게 허락하신 승리입니다.

성도 한 사람, 한 사람이 유월절 피로 세워진 하나님의 집인 교회입니다. 성도가 10명이면 교회가 10개 세워졌다는 것이고 성도가 100명이면 교회가 100개 세워졌다는 것입니다. 지금도 흑암의 고통 속에서 부르짖는 영혼들의 소리에 응답해야 할 사명이 우리에게 있음을 기억하시기 바랍니다. 유월절 양이신 예수께로부터 받은 존귀한 복음의 사명을 잘 감당하는 교회와 성도가 되시기를 축원 드립니다!

# 장자권

(출13:11~16) **"여호와께서 너와 네 조상에게 맹세하신 대로 너를 가나안 사람의 땅에서 인도하시고 그 땅을 네게 주시거든 너는 태에서 처음 난 모든 것과 네게 있는 가축의 태에서 처음 난 것을 다 구별하여 여호와께 돌리라 수컷은 여호와의 것이라. 나귀의 첫 새끼는 다 어린 양으로 대속할 것이요 그렇게 하지**

아니하려면 그 목을 꺾을 것이며 네 아들 중 처음 난 자는 대속 할지니라. 후일에 네 아들이 네게 묻기를 이것이 어찌 됨이냐 하거든 너는 그에게 이르기를 여호와께서 그 손의 권능으로 우리를 애굽에서 곧 종이 되었던 집에서 인도하여 내실 새 그때에 바로가 완악하여 우리를 보내지 아니하매 여호와께서 애굽나라 가운데 처음 난 모든 것은 사람의 장자로부터 가축의 처음 난 것까지 다 죽이셨으므로 태에서 처음 난 모든 수컷들은 내가 여호와께 제사를 드려서 내 아들 중에 모든 처음 난 자를 다 대속하리니 이것이 네 손의 기호와 네 미간의 표가 되리라 이는 여호와께서 그 손의 권능으로 우리를 애굽에서 인도하여 내셨음이니라 할지니라."

이스라엘의 유월절과 장자권은 하나로 연결되어 있습니다. 430년간의 애굽에서의 노예에서 해방된 날이 유월절입니다. 아빕월 14일 밤에 어린 양의 피를 문에 바르고 그 집 안에 있었던 사람은 죽음의 재앙이 넘어가고 모두 출애굽의 구원을 얻었습니다. 그러나 어린 양의 피가 없었던 집에 거한 사람들은 짐승으로부터 사람에 이르기까지 장자는 모두 죽었습니다.

이것을 기념하여 하나님은 유월절을 지키라고 말씀하셨습니다.
이 말씀에는 **첫째 : 예배를 통하여 생명의 주님께 나아가라는 것입니다.**
(출12:14) **"너희는 이 날을 기념하여 여호와의 절기를 삼아 영원히 규례로 대대로 지킬지니라."**
이것은 예배입니다. 하나님의 구속의 은혜를 기억하고 그 분을 예배하라는 것입니다. 예배는 엎드려 절하는 것입니다. 몸 뿐 아니라 마음이 경외함으로 엎드려 경배하는 것입니다. 하나님께 예배하는 사람은 영과 진리로 예배 할 뿐만 아니라 자신의 마음과 몸을 온전하게 믿음의 고백으로 드려야 합니다.

(롬12:1) "너희 몸을 하나님이 기뻐하시는 산 제물로 드리라 이는 너희가 드릴 영적 예배니라."

(요4:23) "아버지께 참되게 예배하는 자들은 영과 진리로 예배할 때가 오나니 곧 이 때라 아버지께서는 자기에게 이렇게 예배하는 자들을 찾으시느니라."

바로에게 열 가지 재앙을 내리셨다면 구원받은 성도는 열 가지 축복을 받았습니다. 애굽의 초 태생과 장자들이 죽임을 당하였다면 성도의 재물과 생명은 주님이 주신 선물입니다. 그러므로 성도는 마땅히 경배를 받으기에 합당하신 하나님께 구원 받은 감사를 기억하고 예배하며 하나님께 나아가야 합니다.


**둘째 : 교육을 통하여 가르치고 전하라는 것입니다.**

(출12:26~27) "이 후에 너희의 자녀가 묻기를 이 예식이 무슨 뜻 이냐 하거든 너희는 이르기를 이는 여호와의 유월절 제사라 여호와께서 애굽 사람에게 재앙을 내리실 때에 애굽에 있는 이스라엘 자손의 집을 넘으사 우리의 집을 구원 하셨느니라 하라."

교육을 통해 믿음의 유산이 계속적으로 계승되게 하는 것이 하나님의 뜻입니다.

(신6:1~2) "이는 곧 너희의 하나님 여호와께서 너희에게 가르치라고 명하신 명령과 규례와 법도라 너희가 건너가서 차지할 땅에서 행할 것이니 곧 너와 네 아들과 네 손자들이 평생에 네 하나님을 경외하며 내가 너희에게 명한 그 모든 규례와 명령을 지키게 하기 위한 것이며 또 네 날을 장구하게 하기 위한 것이라."

교육은 '백년지대계' (白年之大計)라 했습니다. 오늘날 교회학교에서의 교육뿐만 아니라 믿음의 가정에서 이루어지는 교육이 하나님 보시기에 좋으면 분명 이 세상도 하나님 보시기에 좋은 상태가 되고 하나님의 창조의 원리가 구원을 통해 선포되어짐을 보게 될 것입니다.

하나님이 보시기에 심히 좋은 상태로 창조된 인간이 탐욕의 죄로 하나님과 원수 되었습니다. 그럼에도 불구하고 하나님의 사랑은 멈추지 않으시고 원수 된 우리를 위해 구원의 길을 열어 놓으셨습니다. (요3:16) **"하나님이 세상을 이처럼 사랑하사 독생자를 주셨으니 이는 그를 믿는 자마다 멸망하지 않고 영생을 얻게 하려 하심이라."**

유월절 어린양이신 예수그리스도를 통하여 하나님과 화목할 뿐만 아니라 구원의 새 생명을 얻었습니다. 부정한 나귀 같은 우리 대신 죽으신 예수그리스도를 통하여 얻은 생명은 하나님의 사랑과 예수그리스도의 은혜를 자녀들과 이방인들에게 가르치고 전하는데 사용되어야 합니다.

(마28:18~20) **"하늘과 땅의 모든 권세를 내게 주셨으니 그러므로 너희는 가서 모든 만족을 제자로 삼아 아버지와 아들과 성령의 이름으로 세례를 베풀고 내가 너희에게 분부한 모든 것을 가르쳐 지키게 하라 볼지어다 내가 세상 끝 날까지 너희와 항상 함께 있으리라."**

### 셋째 : 장자권은 대표의 원리입니다.

인류의 조상이 아담이고 믿음의 조상이 아브라함이며 이스라엘 왕이 다윗으로 대표 되듯이 장자권은 구원받은 이스라엘 백성들을 대표합니다. 그래서 하나님께서는 짐승과 사람의 모든 초 태생을 하나님께 돌리라 하십니다.

(출13:2) "이스라엘 자손 중에서 사람이나 짐승을 막론하고 태에서 처음 난 모든 것은 다 거룩히 구별하여 내게 돌리라 이는 내 것이니라 하시니라."


모든 민족의 장자는 이스라엘 민족이고 이스라엘 12지파 중에서도 영적 장자로 레위지파를 선택하십니다. (출 32:28~29 민1:53)

(민18:6) "보라 내가 이스라엘 자손 중에서 너희의 형제 레위인을 택하여 내게 돌리고 너희에게 선물로 주어 회막의 일을 하게 하였나니"

야곱의 세 번째 아들인 레위는 디나의 사건에 시므온과 함께 히위 족속인 세겜과 하몰과 부족민들을 살해하게 됩니다.(창34:24~26) 하나님의 언약의 징표인 할례를 이방인들에게 거짓 약속으로 행하게 하고 고통가운데 있는 틈을 이용하여 죽임으로 거룩한 하나님의 언약을 보복의 수단으로 악하게 사용하게 됨으로 흩어짐의 저주를 받게 됩니다.

(창49:57) "시므온과 레위는 형제요 그들의 칼은 폭력의 도구로다.~그 노여움이 혹독하니 저주를 받을 것이요 분기가 맹렬하니 저주를 받을 것이라. 내가 그들을 야곱 중에서 나누며 이스라엘 중에서 흩으리로다."


출애굽기 32장에서 송아지 우상 섬김의 사건이 일어나게 되었을 때 레위지파는 반전을 합니다. 우상 섬김의 반대편인 하나님 편에 서게 됩니다.

(출32:28~29) "레위 자손이 모세의 말대로 행하매 이 날에 백성 중에 삼천 명 가량이 죽임을 당하니라 모세가 이르되 각 사람이 자기의 아들과 자기의 형제를 쳤으니 오늘 여호와께 헌신하게 되었느니라 그가 오늘 너희에게 복을 내리시리라"

이 일로 모세를 통하여 레위지파는 둠밈과 우림으로 하나님의 뜻을 묻고 제사를 집례하며 이스라엘을 지도하는 제사장 지파가 됩니다.(신33:8~9) 그야말로 극적인 선택으로 저주를 축복으로 바꾸어 놓는 대 역전의 인생이요 믿음의 가문을 만듭니다. 우리가 하나님의 대적 자에서 하나님의 자녀가 되는 과정과 같습니다.

레위지파가 이스라엘의 영적 장자로 부름 받았다면, 성도는 불신자들의 영적 장자로서의 복음 전도 사역에 힘써야 할 본분을 하나님으로 부터 받았습니다. 모든 불신자의 장자는 그리스도의 자녀 된 성도들입니다. 장자권은 나의 생명이 여호와에게서 말미암았음을 인정하고 고백하는 신앙의 고백입니다.

**(벧전2:9) "그러나 너희는 택하신 족속이요 왕 같은 제사장들이요 거룩한 나라요 그의 소유가 된 백성이니 이는 너희를 어두운 데서 불러내어 그의 기이한 빛에 들어가게 하신 이의 아름다운 덕을 선포하게 하려 하심이라."**

이스라엘은 모든 민족의 장자권자로 부름 받았습니다. 그 이스라엘이 사명을 감당하기 위해 지금 유대인들이 기독교로 돌아와야 하는데 이를 위해 기도해야 합니다.

이스라엘의 장자로 제사장지파가 된 레위인들에게는 하나님이 십일조와 헌물을 주어 그 섬김의 일을 감당하게 하셨습니다.

**(민18:21) "내가 이스라엘의 십일조를 레위자손에게 기업으로 다 주어서 그들의 하는 일 곧 회막에서 하는 일을 갚나니"**

뿐만 아니라 하나님께서 제사장과 레위인들에게 친히 영원한 기업이 되어 주셨습니다.

**(민18:20) "여호와께서 또 아론에게 이르시되 너는 이스라엘 자손의 땅에 기업도 없겠고 그들 중에 아무 분깃도 없을 것이나 내가 이스라엘 자손 중에 네 분깃이요 네 기업이니라."**

레위인들은 이스라엘 백성의 인구 숫자에 포함 시키지 않았습니다. 이것은 자기 생명이 없음을 말씀합니다. 레위인들의 생명은 하나님께 바쳐진 생명이므로 오직 여호와의 말씀에 따라 순종하고 하나님의 생명으로 사는 사람들이라는 것입니다. 마치 특수임무를 띠고 적진으로 가는 군인들이 자신의 신분증을 반납하고 가는 것과 같습니다. 이름도 없이, 빛도 없이 오직 그리스도의 복음을 위해 사는 사람들이 레위인들이며 오늘날 목회자들이며 더 나아가 사명에 깨어있는 모든 성도들입니다.

우리를 구속하시고 새 생명을 주신 하나님을 예배하며 전도하여 가르치는 장자의 사명을 잘 감당하시는 교회와 성도님이 되시기를 축원 드립니다.

# 구름기둥 불기둥의 감사

(출13:17~22) "바로가 백성을 보낸 후에 블레셋 사람의 길은 가까울지라도 하나님이 그들을 그 길로 인도 하지 아니하셨으니 이는 하나님이 말씀하시기를 이 백성이 전쟁을 하게 되면 마음을 돌이켜 애굽으로 돌아갈까 하셨음이라 그러므로 하나님이 홍해의 광야 길로 돌려 백성을 인도하시매 이스라엘 자손이 애굽 땅에서 대열을 지어 나올 때에 모세가 요셉의 유골을 가졌으니 이는 요셉이 이스라엘 자손으로 단단히 맹세하게 하여 이르기를 하나님이 반드시 너희를 찾아오시리니 너희는 내 유골을 여기서 가지고 나가라 하였음이더라. 그들이 숙곳을 떠나서 광야 끝 에담에 장막을 치니 여호와께서 그들 앞에서 가시며 낮

에는 구름 기둥으로 밤에는 불기둥을 그들에게 비추사 낮이나 밤이나 진행하게 하시니 낮에는 구름 기둥, 밤에는 불기둥이 백성 앞에서 떠나지 아니하니라."

유월절 다음날인 1월15일 라암셋을 출발하여 출애굽이 이루어집니다. (민33:3) 출애굽 후 40년 동안 하나님은 이스라엘 백성들을 구름기둥과 불기둥으로 인도하십니다.

### 첫째 : 앞서 행하시는 하나님 이십니다.

성도들의 인생을 아시는 하나님께서 앞서 행하시며 모든 불의와 모든 대적으로부터 보호하십니다. 라암셋에서 예루살렘까지 가는 직선의 길이 있음에도 불구하고 홍해 길을 택한 것은 위험으로부터 보호하시고 목적지인 가나안 땅에 안전하게 인도하시기 위해서입니다. 출애굽하는 이스라엘 백성들 중에는 노약자들과 어린아이 그리고 가축까지 있었습니다.

애굽 의 군대의 추격으로부터 홍해에서 극적으로 보호하실 뿐만 아니라 긴 광야 여정에서 만나게 될 이민족들의 군대로부터 보호하시는 하나님의 인도하심이 구름기둥과 불기둥으로 나타나고 있습니다. 이와 같이 하나님께서 친히 성도의 인생길의 위험 요소를 제거하시고 인도하시고 계십니다. 요셉이 임종할 때에 자신의 해골을 메고 가나안 땅으로 가라 하는데 왜 그런 유언을 남겼겠습니까.

(창50;25) "요셉이 이스라엘 자손에게 맹세시켜 이르시기를 하나님이 반드시 당신들을 돌보시리니 당신들은 여기서 내 해골을 메고 올라가겠다 하라 하였더라."

그것은 요셉의 인생을 하나님이 인도하심을 알았기 때문이요 자신을 인도하신 하나님은 이스라엘 민족을 인도하실 것이라는 확신이 있었기 때문입니다. 요셉이 모든 고난의 여정을 끝내고 형제들을 만났을 때 고백합니다.

(창45:5) "당신들이 나를 이곳에 팔았다고 해서 근심하지 마소서 한탄하지 마소서 하나님이 생명을 구원하시려고 나를 당신들보다 먼저 보내셨나이다."

(창45:8) "그런즉 나를 이리로 보낸 이는 당신들이 아니요 하나님이시라 하나님이 나를 바로에게 아버지로 삼으시고 그 온 집의 주로 삼으시며 애굽 온 땅의 통치자로 삼으셨나이다."

그 하나님이 바로 이스라엘의 하나님이요 저와 여러분의 하나님이십니다! 아멘. 우리 보기에 더딜 지라도 하나님의 선하심은 더디지 않습니다. 오히려 더 깊은 사랑으로 인도하셔서 생명을 구원하십니다. 유라굴로의 광풍으로 죄수인 바울이 죽은 것이 아니요 오히려 배에 타고 있던 256명의 구원의 통로가 되었을 뿐만 아니라 멜리데 섬의 보블리오 추장과 원주민들을 구원하였습니다. 광풍을 일으키시고 먼 홍해 길의 광야를 걷게 하신 이유는 하나님의 생명을 얻게 하려하심입니다.

**둘째 : 구름기둥과 불기둥의 인도는 말씀을 좇아오라는 것입니다.**
양은 목자의 음성을 듣고 따라옵니다. 아브라함은 말씀을 좇아갔고 그로 인하여 믿음의 조상이요 복의 근원이 되었습니다. 구름기둥이 머물면 이스라엘 백성들도 머물고 구름기둥이 움직이면 이스라엘 백성들도 행진하였습니다. 말씀에 순종하면 홍해도 건너고 요단도 건너게 됩니다. 광야를 지나 가나안에 가는 길은 말씀의 인도함을 받는 것입니다. 하나님이 가라 하시면 가고, 멈추라 하시면 멈추는 것은 하나님이 목자 되시고 나는 양이라는 고백입니다.

(요10:4) "자기 양을 다 내놓은 후에 앞서 가며 양들이 그의 음성을 아는 고로 따라오되"

말씀을 따라 가는 길에 만나는 구름 기둥과 불기둥은 우리의 신앙의 상태를 나타냅니다. 둘이 하나가되어 나타날 때도 있고 각각의 모습으로 나타날때도 있음을 성경은 말씀합니다.

(출14:24) "새벽에 여호와께서 불과 구름 기둥 가운데서 애굽 군대를 보시고 애굽 군대를 어지럽게 하시며"

이스라엘 백성들에게는 은혜의 구름으로 애굽 군대에게는 심판의 불로 나타납니다.

(출40:38) "낮에는 여호와의 구름이 성막 위에 있고 밤에는 불이 그 구름 가운데에 있음을 이스라엘의 온 족속이 그 모든 행진하는 길에서 그들의 눈으로 보았더라."

구름기둥은 하나님의 임재와 거룩을 나타냅니다.

(출33:9~10) "모세가 회막에 들어갈 때에 구름 기둥이 내려 회막 문에 서며 여호와께서 모세와 말씀하시니 모든 백성이 회막 문에 구름 기둥이 서 있는 것을 보고 다 일어나 각기 장막 문에 서서 예배하며"

(민9:15) "성막을 세운 날에 구름이 성막 곧 증거의 성막을 덮었고 저녁이 되면 성막위에 불 모양 같은 것이 나타나서 아침까지 이르렀으되"

(출40; 34) "구름이 회막에 덮이고 여호와의 영광이 성막에 충만하매"

불기둥이 나타 날 때에는 이스라엘의 불순종에 대한 하나님의 징계를 나타냅니다.

(민11:1) "여호와께서 들으시기에 백성이 악한 말로 원망하매 여호와께서 들으시고 진노하사 여호와의 불을 그들 중에 붙여서 진영 끝을 사르게 하시매"

(민16:35) "여호와께로부터 불이 나와서 분향하는 이백 오십 명을 불살랐더라."

그러므로 구름기둥과 불기둥은 이스라엘의 신앙 상태를 말해 주고 있다 할 수 있습니다. 물론 이스라엘 백성들의 출애굽 광야의 밤과 낮의 온도차에서 백성들을 보호하시는 하나님의 사랑을 구름기둥과 불기둥으로 표현되었을 수도 있습니다. 우리에게 소망이요 위로가 되는 것은 우리가 잘못을 했을 때에도 여전히 인도하시는 하나님이 계시다는 것입니다.

영광과 은혜의 임재인 구름기둥 뿐만 아니라 징계인 불기둥도 하나님의 은혜와 사랑입니다. 하나님은 우리가 영원한 가나안에 들어갈 때까지 구름기둥과 불기둥으로 인도하실 것입니다.

(마28:20) "내가 세상 끝날 까지 너희와 항상 함께 있으리라."


# 홍해를 건너고 목마름

(출15:22~27) "모세가 홍해에서 이스라엘을 인도하매 그들이 수르 광야로 들어가서 거기서 사흘 길을 걸었으나 물을 얻지 못하고 마라에 이르렀더니 그곳 물이 써서 마시지 못하겠으므로 그 이름을 마라라 하였더라 백성이 모세에게 원망하여 이르되 우리가 무엇을 마실까 하매 모세가 여호와께 부르짖었더니 여호와께서 그에게 한 나무를 가르키시니 그가 물에 던지니 물이 달게 되었더라 거기서 여호와께서 그들을 위하여 법도와 율례를 정하시고 그들을 시험하실새 이르시되 너희가 너희 하나님 나 여호와의 말을 들어 순종하고 내가 보기에 의를 행하며 내 계명에 귀를 기울이며 내 모든 규례를 지키면 내가 애굽 사람에게 내린 모든 질병 중 하나도 너희에게 내리지 아니하리니 나는 너희를 치료하는 여호와임이라 그들이 엘림에 이르니 거기에 물 샘 열둘과 종려나무

일흔 그루가 있는지라 거기서 그들이 그물 곁에 장막을 치니라."

홍해를 건넜다는 것은 세례를 받았다는 것입니다.

(고전10:2) "모세에게 속하여 다 구름과 바다에서 세례를 받고"

(벧전3:21) "물은 예수 그리스도께서 부활하심으로 말미암아 이제 너희를 구원하는 표니 곧 세례라 이는 육체의 더러운 것을 제하여 버림이 아니요 하나님의 선한 양심이라."

성도는 세상으로부터 부름을 받아 세례를 받고 구별된 사람들입니다. 구별된 자에게는 구별된 하나님의 복이 있습니다. 이스라엘 백성들을 출애굽시키 실 때 바로와 애굽에 10가지 재앙을 내리시는데 이스라엘 백성들에게는 내리지 않습니다.

(출8:22~23) "그 날에 나는 내 백성이 거주하는 고센 땅을 구별하며 그 곳에는 파리가 없게 하리니 이로 말미암아 이 땅에서 내가 여호와인줄을 네가 알게 될 것이라 내가 내 백성과 네 백성 사이를 구별하리니 내일 이 표징이 있으리라 하라 하시고"


그런데 이스라엘 백성들이 출애굽의 홍해를 건너고 나서 사흘 만에 물이 떨어져 목말라 합니다. 겨우 발견된 물은 마실 수 없는 쓴 물입니다. 교회 안에 들어와 세례를 받고 구별된 성도가 되었음에도 구원의 감격과 기쁨이 오래 지속되지 못하고 목마름과 같은 불평과 불만이 나옵니다. 그리고 그 불평을 해결할 어떤 일마저도 쓴 물과 같이 더욱 힘들어지는 경우가 있습니다.

성도에게 병이 없고 고난이 없고 상처가 없겠습니까? 이 사흘 길은 광야를 걷는 자가 언제나 만날 수 있는 연단이요 훈련의 시간입니다. 아브라함이 아들이삭에게 번제에 쓸 나뭇가지 단을 지우고

모리아 산을 향해 올라가는 사흘 길입니다. 그때 번제할 어린양이 어디 있느냐는 아들의 물음에 아브라함이 이렇게 말합니다.

(창22:8) **"번제할 어린양은 하나님이 자기를 위하여 친히 준비하신다."**

이 고백을 하나님은 들으십니다. 믿음의 고백대로 하나님이 어린 양을 친히 준비해 주십니다. 아브라함의 신앙 고백을, 홍해를 건너고 쓴 물을 만난 이스라엘 백성들이 해야 하는 고백이요 오늘날 우리 성도가 해야 하는 고백입니다.

(롬8:17~18) **"자녀이면 또한 상속자 곧 하나님의 상속자요 그리스도와 함께 한 상속자니 우리가 그와 함께 영광을 받기 위하여 고난도 함께 받아야 할 것이니라 생각하건대 현재의 고난은 장차 우리에게 나타날 영광과 비교 할 수 없도다."**

인생의 쓴 물을 만났을 때 아무것도 할 수 없는 무능함이 몰려올 때 우리는 무엇을 해야 하겠습니까?

이스라엘 백성들은 원망을 했습니다. 모세는 기도를 했습니다. 하나님은 원망의 소리도 들으시고 기도의 소리도 들으십니다. 그러나 원망의 소리는 하나님을 기쁘시게 할 수 없지만 기도의 소리는 하나님으로부터 기쁨의 응답을 받을 수 있습니다. 은혜와 긍휼의 하나님은 때때로 육십만 명 장정들의 원망소리는 안 들으시지만 단 한 사람의 의인의 기도는 들으십니다.

(약5:16) **"의인의 간구는 역사하는 힘이 큼이니라."**

고난 앞에 불평하고 원망했던 이스라엘 백성들은 그저 이름 없는 무리요 백성이었지만 기도하는 사람 모세는 하나님이 그 이름으로도 알고 친구와 같이 대면했던 사람입니다.

(출33:17) **"여호와께서 모세에게 이르시되 네가 말하는 이 일도 내가 하리니 너는 내 목전에 은총을 입었고 내가 이름으로도 너를 앎 이니라"**

이름을 안 다는 것은 그 사람의 존재 전체를 안 다는 것입니다. 인격적이요 신앙적으로 모든 것을 아시는 하나님 앞에 은밀하게 숨겨질 수 있는 것이 없음을 알아야 합니다.

모세는 하나님과 깊은 영적 교감을 가진 사람이었습니다.

(민12:8) "그와는 내가 대면하여 명백히 말하고 은밀한 말로 하지 아니하며 그는 또 여호와의 형상을 보거늘 ~"

모세를 통하여 바로에게 10가지 재앙을 내렸고 홍해를 건넜으며 그 홍해 가운데 바로의 군대가 수몰 되는 것을 백성들이 보게 했습니다. 하나님이 홍해를 건넌 이스라엘에게 마라로 시험하신 것과 같이 교회 공동체 안에 들어오고 세례를 받고 그리스도의 자녀가 된 성도에게 고난의 쓴 물을 만나게 하실 때가 있습니다.


그때 홍해를 건너게 하신 놀라우신 하나님을 기억하고 신뢰해야 합니다. 그리고 소고 치며 여호와를 찬양했던 그 감격을 되새김하고 회복해야 합니다.

(고전10:13) "사람이 감당할 시험 밖에는 너희가 당한 것이 없나니 오직 하나님은 미쁘사 너희가 감당하지 못할 시험 당함을 허락하지 아니하시고 시험 당할 즈음에 또한 피할 길을 내사 너희로 능히 감당하게 하시느니라."

(출15:25) "모세가 여호와께 부르짖었더니 여호와께서 그에게 한 나무를 가르키시니 그가 물에 던지니 물이 달게 되었더라 거기서 여호와께서 그들을 위하여 법도와 율례를 정하시고 그들을 시험하실 새"

기도할 때 나뭇가지가 보이고, 기도할 때 십자가가 보이고, 기도할 때 하나님의 일하심이 보입니다. 나뭇가지 자체에 능력이 있는 것이 아니라 그것을 사용하시는 하나님의 능력으로 쓴 물이 단물이 되고 모세의 마른 지팡이가 홍해를 가르고, 아론의 마른 지팡이가 꽃을 피우고 살구 열매를 맺습니다.

마른 지팡이 같은 저를 사용하여 주시옵소서! 라고 우리는 기도 해야 합니다. '여호와 라파' 치료하시는 하나님을 경험하시는 것은 고난 앞에 주를 바라보는 사람이 얻을 수 있습니다.

(출15:27) 그들이 엘림에 이르니 거기에물 샘 열둘과 종려나무 일흔 그루가 있는지라 거기서 그들이 그 물 곁에 장막을 치니라.

엘림은 곧고 굳센 나무를 뜻하는 것으로 심지가 견고한 신앙인의 모습입니다.

(사26:3) 주께서 심지가 견고한 자를 평강에 평강으로 지키시리니 이는 그가 주를 의뢰함이니이다.

물 샘 열둘은 이스라엘의 12 지파요 신약의 12사도입니다. 종려 나무 일흔 그루는 장로 70명이요 신약의 70제자입니다. 곧 엘림 의 열두 샘과 일흔 종려나무는 홍해를 건너고 목마를 때에도 오직 언약의 주님을 바라보고 신앙의 절개를 지킨 신구약의 모든 성도 들을 말씀합니다. 참 된 성도들이 있는 곳이 여호와의 집입니다.

할렐루야!

# 만나와 안식일

(출16:21~30) "무리가 아침마다 각 사람은 먹을 만큼만 거두었고 햇볕이 뜨 겁게 쬐면 그것이 스러졌더라 여섯째 날에는 각 사람이 갑절의 식물 곧 하나에 두 오멜씩 거둔지라 회중의 모든 지도자가 와서 모세에게 알리매 모세가 그들

에게 이르되 여호와께서 이같이 말씀 하셨느니라  내일은 휴일이니 여호와께 거룩한 안식일이라 너희가 구울 것은 굽고 삶을 것은 삶고 그 나머지는 다 너희를 위하여 아침까지 간수하라. 그들이 모세의 명령대로 아침까지 간수하였으나 냄새도 나지 아니하고 벌레도 생기지 아니한지라. 모세가 이르되 오늘은 그 것을 먹으라 오늘은 너희가 들에서 그것을 얻지 못하리라 엿새 동안은 너희가 그것을 거두되 일곱째 날은 안식일인즉 그 날에는 없으리라 하였으나 일곱째 날에 백성 중 어떤 사람들이 거두러 나갔다가 얻지 못하니라 여호와께서 모세에게 이르시되 어느 때까지 너희가 내 계명과 내 율법을 지키지 아니 하려느냐 볼지어다 여호와가 너희에게 안식일을 줌으로 여섯째 날에는 이틀 양식을 너희에게 주는 것이니 너희는 각기 처소에 있고 일곱째 날에는 아무도 그의 처소에서 나오지 말지니라. 그러므로 백성이 일곱째 날에 안식하니라.”

출애굽 한 달 만에 이스라엘 백성들은 먹는 양식 문제로 하나님께 또 원망의 소리를 높입니다. 마치 에서가 일시적 배고픔을 해결하기 위해 영원한 축복인 장자의 권리를 포기하는 것과 같은 어리석음을 행합니다.

바로의 막강한 군대 앞에서도 홍해를 건너게 하신 하나님의 권능을 믿어야 했습니다. 홍해를 건너고 마라의 쓴 물도 단물로 해결하신 하나님께서 하나님의 백성 삼으시기 위해 출애굽 시키는 이스라엘 백성들을 굶겨 죽이시겠습니까!

너희는 무엇을 먹을까 무엇을 마실까를 염려하지 말라하셨음에도 불구하고 늘 먹고 마심에 염려로 하나님의 은혜에서 뒷걸음질 치는 우리의 모습을 보게 됩니다. 무엇을 먹을까 마실까? 차원이 아니라 하늘의 것을 어떻게 제대로 먹고 마실까를 연구하고 구해야 합니다.

이스라엘 백성들의 초등학생과 같은 어리석은 원망의 소리를 하나님이 들으시고 하나님의 긍휼로 응답하십니다. 만나를 내려 주십니다.

만나를 내리면서 규칙을 주십니다.
1. 매일 아침에 거두고 다음날 아침까지 남겨두지 말 것
2. 여섯째 날에는 갑절을 거두고 일곱째 날에는 안식할 것
안식일을 만나와 함께 지키라 하십니다.

왜 그렇게 말씀하셨을까요? 죽지 않게 하시기 위해 만나와 안식일을 주셨습니다. '만나' 라는 육신의 양식을 통해 영적인 양식을 말씀합니다. 출16장의 만나가 요6장에서 영생의 떡에 비교됩니다.

(요6:47~50) "**진실로 진실로 너희에게 이르노니 믿는 자는 영생을 가졌나니 내가 곧 생명의 떡 이니라 너희 조상들은 광야에서 만나를 먹었어도 죽었거니와 이는 하늘에서 내려오는 떡이니 사람이 이 떡을 먹으면 영생하리라 내가 줄 떡은 곧 세상의 생명을 위한 내 살이니라 하시니라.**"

왜 광야의 만나는 먹어도 죽습니까? 불평으로 구하고 먹었기 때문에 죽습니다.

(출16:2~3) "**이스라엘 자손 온 회중이 그 광야에서 모세와 아론을 원망하여 ~너희가 이 광야로 우리를 인도해 내어 이 온 회중이 주려 죽게 하는 도다.**"

하나님께서 그들의 원망소리를 들으십니다.(출16:7~11) 불평, 원망은 사단의 속성인데 사단이 인도하는 종착지는 사망입니다.

(롬14:17) "**하나님의 나라는 먹는 것과 마시는 것이 아니요 평강과 희락이라.**"

불평으로 욕하여 얻은 광야의 만나가 영원한 생명의 양식이 될 수 없고 만족함이 없습니다. 이스라엘 백성들은 또한 탐욕의 죄에 사

로잡히기도 합니다. 하나님께서 하루 한 호멜씩 만 거두라 하셨음에도 불구하고 더 거두어들이기도 하고 제 7일째는 안식하라 하셨음에도 만나를 거두러 나갑니다.

(골3:5~6) "그러므로 땅의 지체를 죽이라 곧 음란과 부정과 사욕과 악한 정욕과 탐심이니 탐심은 우상 숭배니라. 이것들로 말미암아 하나님의 진노가 임하느니라."

광야의 만나에만 취해 있으면 사망의 음부가 기다립니다.

(약1:15) "욕심이 잉태한즉 죄를 낳고 죄가 장성한즉 사망을 낳느니라."

만나와 안식을 같이 주신 것은 땅의 양식 을 통해 하늘 양식을 기억하라는 말씀입니다. 광야를 행진하여 최종적으로 도달하여야 할 곳은 가나안입니다. 광야의 만나는 가나안까지 가기 위해 사단과 싸우기 위한 군량미입니다. 군량미는 사사로이 사용하는 것도 아니요 부를 축척하기 위한 것도 아닙니다.


그래서 나의 것과 하나님의 것을 구분할 수 있어야 합니다. 이스라엘 백성들은 안식일도 안식년도 희년도 제대로 안 지켰습니다. 이것이 불신앙이요 탐욕입니다. 결과는 영육간의 사망 이였습니다.

(대하36:21) "이에 토지가 황폐하여 땅이 안식년을 누림같이 안식하여 칠십년을 지냈으니"

성도는 나의 양식과 하나님의 양식 나의 시간과 하나님의 시간을 구별할 수 있어야 합니다. 자족과 절제를 아는 것이 만나와 안식일을 같이 말씀하시는 뜻입니다.

(요6:27) "썩을 양식을 위하여 일하지 말고 영생하도록 있는 양식을 위하여 하라"

썩을 양식은 광야의 만나와 같이 자기 욕심대로 구하는 양식입니다. 그러나 생명의 양식은 주님의 뜻을 이루기 위한 복음을 통한 생명구원의 약속이 있는 양식입니다. 궁극적으로 만나는 하늘 만나를 구해야 하며 안식은 하나님 안에서 참 자유와 평강을 얻어야 합니다.

영생의 떡인 예수그리스도를 먹고 마시며 진리 안에서 자유하는 복을 누리시기 바랍니다.

# 아말렉 전투 승리

(출17:8~16) "그 때에 아말렉이 와서 이스라엘과 르비딤에서 싸우니라 모세가 여호수아에게 이르되 우리를 위하여 사람들을 택하여 나가서 아말렉과 싸우라 내일 내가 하나님의 지팡이를 손에 잡고 산꼭대기에 서리라. 여호수아가 모세의 말대로 행하여 아말렉과 싸우고 모세와 아론과 훌은 산꼭대기에 올라가서 모세가 손을 들면 이스라엘이 이기고 손을 내리면 아말렉이 이기더니 모세의 팔이 피곤하매 그들이 돌을 가져다가 모세의 아래에 놓아 그가 그 위에 앉게 하고 아론과 훌이 한 사람은 이쪽에서, 한 사람은 저쪽에서 모세의 손을 붙들어 올렸더니 그 손이 해가 지도록 내려오지 아니한지라 여호수아가 칼날로 아말렉과 그 백성을 쳐서 무찌르니라 여호와께서 모세에게 이르시되 이것을 책에 기록하여 기념하게 하고 여호수아의 귀에 외워 들리라 내가 아말렉을 없이하여 천하에 기억도 못 하게 하리라 모세가 제단을 쌓고 그 이름을 여호와 닛시라 하고 이르되 여호와께서 맹세하시기를 여호와가 아말렉과 더불어 대대로 싸우리라 하셨다 하였더라."

아말렉은 에서의 아들 엘리바스의 후손입니다.(창36: 12) 아말렉은 이스라엘 백성들을 오랫동안 괴롭히고 진로를 방해하는 대적자가 됩니다. 그러다 다윗 왕이 아말렉을 정복하게 되고 (삼하8:12) 히스기야 왕 때 진멸당하기까지(대상4:43) 이스라엘의 올무와 가시가 됩니다. 아말렉은 신앙의 모든 대적을 말합니다.

아말렉을 물리치는 방법은 무엇일까요?


### 첫째 : 하나님의 말씀을 붙들어야 합니다.

모세는 하나님의 지팡이를 손에 잡고 산꼭대기에 섭니다. 하나님의 지팡이는 하나님의 말씀입니다.

**(출4:2) "여호와께서 그에게 이르시되 네 손에 있는 것이 무엇이냐 그가 가로되 지팡이니이다."**

모세가 들고 있던 지팡이는 양을 치던 목동의 지팡이입니다. 애굽으로 돌아가 하나님의 백성을 이끌어 내라는 하나님의 말씀에 순종할 때 모세의 지팡이는 하나님의 지팡이가 됩니다.

**(출4;20) "모세가 하나님의 지팡이를 잡았더라."**

같은 지팡이인 것 같으나 전혀 다른 지팡이입니다. 이 지팡이를 하나님은 짐승 양을 치는 지팡이가 아니라 사람을 치는 지팡이로 바꾸십니다. 마치 베드로를 물고기 낚는 어부가 아니라 사람 낚는 어부로 만드신 것처럼 모세는 이제 짐승 양을 치는 목동이 아니라 사람 양을 치는 목자가 된 것입니다.


모세의 손에는 하나님의 임재와 권세의 말씀이 들려 있습니다. 뿐만 아니라 하나님의 산꼭대기에서 손을 높이 들고 있습니다. 산은

하나님을 뜻 합니다. 모세가 말씀의 언약을 붙들고 하나님의 도우심을 구하고 있는 것입니다

(시24:3) "여호와의 산에 오를 자 누구이며 그 거룩한 곳에 설 자가 누군 고"

그러므로 아무리 강한 대적 아말렉이라 할지라도 두려워 할 필요가 없습니다.

(시23:4) "내가 사망의 음침한 골짜기로 다닐지라도 해를 두려워하지 않을 것은 주께서 나와 함께 하심이라 주의 지팡이와 막대기가 나를 안위하시나이다."

할렐루야 아멘!

**둘째 : 기도와 협력이 있어야 합니다.**

입시를 준비하는 학생에게 기도만 하라고 해서도 안 됩니다. 또, 공부만 하라 해서도 안 됩니다. 기도하면서 공부하고, 공부하면서 기도해야 합니다.

아말렉이 대군을 이끌고 이스라엘을 쳐들어 왔을 때 여호수아는 나가서 싸우고 모세는 산 꼭대기에서 손을 들고 기도합니다. 또, 아론과 훌은 모세의 팔을 양쪽에서 붙들어 피곤하여 내려오지 않도록 협력합니다. 그리하였을 때 이스라엘 진영에 여호와 닛시의 깃발이 펄럭일 수 있었습니다.

(전4:9~12) "두 사람이 한 사람보다 나음은 그들이 혹시 수고함으로 좋은 상을 얻을 것임이라

혹시 그들이 넘어지면 하나가 그 동무를 붙들어 일으키려니와 홀로 있어 넘어지고 붙들어 일으킬 자가 없는 자에게는 화가 있으리라. 또 두 사람이 함께 누우면 따뜻하거니와 한 사람이면 어찌 따뜻하랴 한 사람이면 패하겠거니와 두 사람이면 맞설 수 있나니 세 겹줄은 쉽게 끊어지지 아니하느니라."

아말렉 후손 하만의 죽음의 손에서 에스더와 모르드개는 기도와

협력으로 자신들의 목숨뿐만 아니라 유대인들을 구원해 냅니다. 눅 5:18~20에서 한 중풍병자를 사람들이 메고 와서 기와를 벗기고 예수 앞에 달아 내렸을 때 주님은 그들의 믿음을 보시고 죄 사함을 선언 하십니다. 예수님께서도 홀로 다 이루실 수 있으시면서도 성부와 성령과 함께 창조 사역을 하셨고 구속을 완성하셨습니다. 뿐만 아니라 허물 많은 12제자들과 함께 기도하시고 협력하셨습니다.

(롬 8:28) "우리가 알거니와 하나님을 사랑하는 자 곧 그의 뜻대로 부르심을 입은 자들에게는 합력하여 선을 이루느니라."

구원과 구속의 은혜는 나 홀로의 차원을 넘어 우리 모두의 구원으로 이어져야 합니다. 우리에게 오는 내 외부적인 아말렉과의 전투에서 우리는 하나님의 말씀의 지팡이를 잡고 주님 앞에 기도하여 도우심을 구해야 합니다. 하나님은 아말렉과 대대로 싸우십니다.(출 17:16) 바로 저와 여러분을 위해 우리의 영원한 여호와 닛시의 기념이 되게 하시기 위해(출17:14) 하나님이 친히 싸우십니다. 우리가 예수그리스도와 연합되어지고 그리스도의 지체들과 협력되어질 때 아말렉은 진멸 될 것입니다.

# 율법과 성막제도

(출20:22-26) "여호와께서 모세에게 이르시되 너는 이스라엘 자손에게 이같이 이르라 내가 하늘로부터 너희에게 말하는 것을 너희 스스로 보았으니 너희는 나를 비겨서 은으로나 금으로나 너희를 위하여 신상을 만들지 말고 내게 토단을 쌓고 그 위에 네 양과 소로 네 번제와 화목제를 드리라 내가 내 이름을 기

념하게 하는 모든 곳에서 네게 임하여 복을 주리라 네가 내게 돌로 제단을 쌓거든 다듬은 돌로 쌓지 말라 네가 정으로 그것을 쪼면 부정하게 함이니라 너는 층계로 내 제단에 오르지 말라 네 하체가 드러날까 함이니라."

이스라엘 백성들이 출애굽하여 3개월 되던 날인 B.C 1446년 3월 15일 시내광야에 이르게 됩니다. 백성들이 시내광야에 머무르고 모세는 시내산으로 등정하여 하나님으로부터 율법과 성막제도를 받습니다.

| | | |
|---|---|---|
| 1차 등정 출19:3~6 | 1차 언약체결 | |
| 2차 등정 출19:20~23장 | 율법과 십계명 받음 | |
| 3차 등정 출 24장~32장 | 십계명판과 성막제도 받음 | |
| 4차 등정 출34장 | 2차 십계명 돌판 받음 | |

그리고 시내산에서 B.C 1446년 3월~1445년 2월까지 11개월 머물게 됩니다. 이 시기가 출 19장부터 민수기 10장까지 31장에 걸친 내용들입니다. 이 기간 동안 하나님은 이스라엘 백성들과 맺은 언약과 제사제도에 대해서 집중적으로 교육을 시키십니다. 이때 받은 율법과 성막제도가 구약은 물론 신약의 시대에도 이스라엘 백성들의 신앙의 지침이 됩니다. 예수그리스도께서 초림으로 오실 때뿐만 아니라 재림 예수그리스도로 다시 오실 때 까지 하나님과 성도 사이의 생명의 언약이 율법과 성막제도 안에 다 들어 있다고 해도 과언이 아닙니다. 그 방대한 제도에 대해 오늘 다 말씀드릴 수 없지만 핵심을 찔러 우리가 깨닫기를 원합니다.

**첫째 : 율법과 성막제도는 하나님이 성도에게 주신 천국법입니다.**
하나님이 주신 율법은 하나님 성도를 사랑하사 주신 천국법입니다.

(신4:40) "오늘 내가 네게 명령하는 여호와의 규례와 명령을 지키라 너와 네 후손이 복을 받아 네 하나님 여호와께서 네게 주시는 땅에서 한 없이 오래 살리라."

영생을 주시기 위해 우리에게 주신 것이 율법과 성막이요 장차는 예수그리스도 이십니다. 하나님은 언약에 성실과 인애를 다하셔서 은혜를 베푸시고 죄인들을 만나시기 위해 성막제도를 주십니다. 율법을 완전히 지키지 못하는 백성들의 연약함을 생각하사 짐승의 피의 제사를 받으시고 죄의 용서를 허락하셨습니다. 그마저도 지키지 못하는 자기 백성을 향한 긍휼이 흠 없으신 하나님이 친히 죄인 된 우리 가운데로 육신으로 오신 것입니다.

(요3;16) "하나님이 세상을 이처럼 사랑하사 독생자를 주셨으니 이는 그를 믿는 자 마다 멸망하지 않고 영생을 얻게 하려 하심이라."

예수그리스도께서 온전한 순종을 이루셔서 영원한 속죄 제물이 되신 것이 십자가위에서 이루신 구속의 완성입니다. 율법과 성막에서 드려진 불완전한 속죄가 예수를 통해 하나님과 사람 사이에 영원한 화목이 이루어 졌습니다. 율법과 성막을 통한 제사제도의 완성입니다.

(마5:17) "내가 율법이나 선지자를 폐하러 온 줄로 생각하지 말라 폐하러 온 것이 아니요 완 전 하게 하려 함이라."


**둘째 : 예배의 본질을 지키라는 것입니다.**

하나님의 말씀은 진리입니다. 그 진리가 육신을 입고 오신 분이 바로 예수그리스도 이십니다. 율법은 하나님이 친히 제정하여 주신 것이었고 그것은 변함이 없는 것입니다. 그 변함없으신 약속의 완성과 성취를 이루시기 위해 오신 예수그리스도는 스스로 율법을 지키며 예배의 모범을 보이셨습니다.

**(출20:24) "내게 토단을 쌓고 그 위에 네 양과 소로 네 번제와 화목제를 드리라."**

여기서 토단은 무엇입니까? 바로 성도 자신입니다. 왜냐하면 하나님이 사람을 창조하실 때에 흙으로 빚어서 만드셨기 때문입니다. 또 인간은 흙 즉, 티끌과 같은 존재이기 때문입니다. 흙으로 만든 존재일 뿐만 아니라 가장 연약한 모습인 우리를 받으시기를 원하십니다.

그리고 양과 소의 번제와 화목제는 무엇입니까?

구약의 짐승을 제물로 드릴 때 드리는 자가 그 제물을 기르고 선별하여 끌고 성막의 번제단 앞으로 옵니다. 그리고 자신의 손을 짐승의 머리에 얹고 안수하여 잡습니다. 내 대신 죽어지는 양과 소입니다. 양과 소는 바로 죄인 된 자신이요 또한 우리 대신 번제와 화목제물 되신 예수그리스도 이십니다.

하나님은 인간을 흙으로 빚으시고 그 코에 생기를 불어 넣으셔서 생령이 되게 하셨습니다. 예배의 본질은 예수그리스도로부터 생기를 얻어 생령이 되는 것입니다. 우리를 창조하신 하나님을 기억할 뿐만 아니라 그 분으로부터 생기를 공급받아 참 사람이 되는 것입니다. 구약의 짐승이 대신 죽는 것이 아니라 짐승 같은 우리가 예수 안에서 죽어 새 사람을 입는 것이 예배입니다. 그리하여 참 예배 자가 되는 것입니다.

**(요4:24) "하나님은 영이시니 신령과 진정으로 예배 할지니라."**

생령이 된 사람이 성령과 진리로 예배 할 수 있습니다.

(출20:23) "너희는 나를 비겨서 은으로나 금으로나 너희를 위하여 신상을 만들지 말고"

하나님을 예배한다는 것이 자칫 하면 하나님 아닌 세상적이고 탐욕적인 다른 불순물을 섬길 수 있습니다. 마치 거짓된 진리를 구하는 것과 같습니다. 오직 예수 생명 오직 하나님의 은혜 오직 진리의 영을 구하고 받는 예배가 이루어 져야 합니다. 그러면 성령과 진리 안에서 하나님이 창조하신 참 사람이 회복될 것입니다.

### 셋째 : 율법과 성막은 하나님 거룩함으로의 초청입니다.

(출20:26) "너는 층계로 내 제단에 오르지 말라 네 하체가 그 위에 드러날까 함이니라."

계단을 오르듯 교만의 탑을 쌓지 말고 자신의 의를 더러 내지 말라는 것입니다. 인간의 의는 하나님 앞에서 수치가 됨을 기억하고 늘 조심해야 합니다. 오직 예수그리스도의 보혈과 하나님의 은혜에 의한 칭의가 있을 뿐입니다.

(전5:1) "너는 하나님 전에 들어갈 때에 네 발을 삼갈지어다." 하셨습니다.

아담과 하와의 벌거벗은 수치를 가려준 것은 가죽옷으로 예표 된 예수그리스도의 보혈입니다. 술 취해 벌거벗고 잠든 노아의 수치를 가려 준 것도 예수 그리스도의 혈통과 보혈을 상징하는 셈과 야벳의 옷 이였습니다. 성도들의 죄의 수치를 가려 줄 것은 예배를 통한 하나님의 거룩이요 예수그리스도의 사랑입니다. 율법과 성막제도를 통한 제사는 이스라엘 백성들과 맺은 것입니다. 이방인들과 맺은 약속이 아닙니다.

(출19:6) "너희는 내게 대하여 제사장 나라가 되며 거룩한 백성이 되리라."

하나님과 언약 안에 있는 사람만이 말씀을 듣고 지킬 수 있고 예배를 드릴 수 있습니다. 내가 거룩하니 너희도 거룩 하라. 하나님은 성막의 가장 깊숙한 지성소에서 성소로, 그리고 뜰과 동쪽 문으로 우리를 찾아 오셔서 맞이해 주셨습니다. 죄악과 짝 지어 살던 우리를 그 분의 신부로 맞이하시고 손을 잡고 그 분은 다시 가십니다. 동쪽 문에서 뜰을 지나 성소와 지성소 깊은 은혜의 자리로 이끄십니다. 그리고 지성소에서의 온전한 연합의 사랑 안으로 부르십니다. 법궤가 있는 가장 거룩한 자리로! 예수그리스도가 임재하시는 예배의 그 자리로!

# 불 뱀과 놋 뱀

(민21:4~9) "백성이 호르 산에서 출발하여 홍해 길을 따라 에돔 땅을 우회하려 하였다가 길로 말미암아 백성의 마음이 상한지라 백성이 하나님과 모세를 향하여 원망하되 어찌하여 우리를 애굽에서 인도해 내어 이 광야에서 죽게 하는가 이곳에는 먹을 것도 없고 물도 없도다 우리 마음이 이 하찮은 음식을 싫어 하노라 하매 여호와께서 불 뱀들을 백성 중에 보내어 백성을 물게 하시므로 이스라엘 백성 중에 죽은 자가 많은지라 백성이 모세에게 이르러 말하되 우리가 여호와와 당신을 향하여 원망함으로 범죄 하였사오니 여호와께 기도하여 이 뱀들을 우리에게서 떠나게 하소서 모세가 백성을 위하여 기도하매 여호와께서 모세에게 이르시되 불 뱀을 만들어 장대 위에 매달아라 물린 자마다 그것을 보면 살리라 모세가 놋 뱀을 만들어 장대 위에 다니 뱀에게 물린 자가 놋 뱀을 쳐다본즉 모두 살더라."

또다시 반복되는 이스라엘 백성들의 불평과 원망으로 인하여 불뱀에 많은 사람들이 물려 죽게 됩니다. 이 때 놋 뱀을 쳐다보는 사람마다 구원을 받는 사건이 본문의 내용입니다. 육신을 지닌 인간이 떠나지 못하는 것이 먹는 것, 입는 것, 주거지인 집의 문제입니다. 의, 식, 주 이것은 인간의 기본 욕구이기도 합니다. 이스라엘 백성들은 이런 기본적인 것이 없어서 요구하는 것이 아니라 더 많은 것을 요구합니다.

(민21:5절) "우리 마음이 이 하찮은 음식을 싫어하노라."

이 사건은 먹고 마시는 문제가 아닌 영적인 상태를 말씀한다는 것을 오늘 우리가 깨닫기를 바랍니다.

**첫째 : 이들은 감사를 잃어 버렸습니다.**

만나를 처음 주셨을 때 이스라엘 백성들은 감격하여 (출16:31) "꿀 섞은 과자 같았더라." 라고 합니다. 수년이 흐른 후 똑 같은 만나를 얻고는 (민11:8) "그 맛이 기름 섞은 과자 맛 같았더라.", 그리고 약 40년이 흐른 후에는 (민21:5) "이 하찮은 식물을 싫어하노라." 라고 합니다. 세월 지나 갈수록 하나님이 허락하신 은혜가 감사되어지고 묵상되어져야 하는데 오히려 점점 불만이 나오는 상황이 된 것입니다. 우리에게도 이와 같은 잘못된 신앙의 연륜이 쌓여가고 있지 않은지 살펴 보아야 하겠습니다. 그래서 하나님은 우리에게 경계하십니다.

(계2:4~5) "그러나 너를 책망할 것이 있나니 너의 처음 사랑을 버렸느니라 그러므로 어디서 떨어졌는지를 생각하고 회개하여 처음 행위를 가지라 만일 그리하지 아니하면 내가 네게 가서 네 촛대를 그 자리에서 옮기리라"

성도의 불평은 사단의 밥이 되는 지름길입니다. 불평된 마음을 주는 것도 사단입니다. 불 뱀을 불러들이는 것도, 사단을 불러들이는 것도 감사하지 못하는 성도 자신입니다. 하나님께서도 내 귀에 들리는 대로 시행하시겠다. 하십니다. (민14:28)

**둘째 : 비슷하지만 다른 진리를 분별해야 합니다.**

백성들의 불평의 댓가는 불 뱀에 물려 죽는 것입니다. 이스라엘 백성들의 어이없는 불평에도 불구하고 하나님의 사랑은 볼이 터져라 불만이 가득한 자식을 한 번 더 품으시는 아버지의 사랑을 선언하십니다.

**(민21:8) "여호와께서 모세에게 이르시되 불 뱀을 만들어 장대 위에 매달아라 물린 자마다 그것을 보면 살리라."**

그런데 모세는 놋 뱀을 만들어 장대위에 답니다. 불 뱀과 놋 뱀, 같은 뱀 인 듯 다른 뱀입니다. 마치 첫 아담과 둘째 아담이 같은 듯 다른 것과 같습니다. 불 뱀은 원망과 불평과 같은 죄로 이끌어 죽이는 사단이고 놋 뱀은 죽을 수밖에 없는 나를 위해 십자가에 제물 되신 예수 그리스도 이십니다. 비슷하지만 다른 것이고 출발은 같지만 끝이 다른 것을 이단이라 합니다. 성도와 불신자는 땅에서 먹고 마시는 것은 같지만 그 끝은 다릅니다. 성도는 천국이요 불신자는 지옥입니다. 율법을 대표하는 모세는 놋 뱀을 만들어 달 수 밖에 없습니다. 즉, 모세가 만든 놋 뱀은 율법으로 못 박은 예수 그리스도입니다.

**(요3:14) "모세가 광야에서 뱀을 든 것 같이 인자도 들려야 하리니 이는 그를 믿는 자마다 영생을 얻게 하려 하심이니라."**

우리 스스로 죄를 못 박지 못하고 율법의 완성을 이루지 못하므로 예수님께서 우리 죄를 위해 친히 못 박히시고 십자가에 높이 달리셔서 우리에게 영생을 주셨습니다.

**셋째 : 놋 뱀으로만 구원 받습니다.**

이 사건이 일어난 시점이 출애굽 후 40년인 B.C 1406년 5월1일 대제사장인 아론이 123세로 죽은 직 후입니다.(민20:26, 33:38~39)

아론은 대 제사장입니다. 그럼에도 불구하고 이스라엘 백성들을 죄의 죽음에서 구원 할 수 없었습니다. 다른 모든 사람과 마찬가지로 아론도 죄를 가진 연약한 존재이기 때문입니다. 아론이 죽고 놋 뱀을 만들어 생명의 구원을 받았다는 것은 아론은 하나님과 인간 사이의 중보자였지만 영원한 중보자가 될 수 없다는 것을 가르칩니다. 보이는 땅에서의 대 제사장 이였지만 영원한 하늘의 대제사장이 될 수 없다는 것입니다. 아론은 그림자입니다. 영원한 대 제사장의 모형입니다. 그림자가 물러가고 실체이신 예수그리스도를 좀 더 세밀히 보여주는 사건이 놋 뱀 사건입니다.

당시에는 유월절 명절을 맞이하여 죄수 한사람을 풀어주는 관례가 있었습니다. 빌라도는 예수님을 풀어주기를 원했지만 이스라엘 백성들은 예수님이 아닌 사단의 우두머리인 바나바를 풀어주고 "예수를 십자가에 못 박으소서 ! 못 박으소서." 외칩니다.

(요19:6) "대제사장들과 아랫사람들이 예수를 보고 소리 질러 이르되 십자가에 못 박으소서 십자가에 못 박으소서 하는지라 빌라도가 이르되 너희가 친히 데려다가 십자가에 못 박으라 나는 그에게서 죄를 찾지 못하였노라"

빌라도가 세 번째 예수를 놓고자 하였으나

(눅23:23) "그들이 큰 소리로 재촉하여 십자가에 못 박기를 구하니 그들의 소리가 이긴지라."

본문 사건에서 하나님은 불 뱀을 만들어 장대에 메어 달라는 것은 불뱀과 같은 죄의 종노릇 하지 말고 죄를 못 박으라는 것이었습니다.

가인에게 하나님은

(창4:7) **"네가 선을 행하면 어찌 낯을 들지 못하겠느냐 선을 행하지 아니하면 죄가 문에 엎드려 있느니라 죄가 너를 원하나 너는 죄를 다스릴지니라."**

그러나 가인은 죄를 다스리는 것이 아니라 죄의 종노릇 하여 아벨을 돌로 쳐 죽였습니다. 이스라엘 백성들도 죄를 정복하고 다스리지 못하고 불 뱀 대신 놋 뱀을 만들어 답니다. 그럼에도 불구하고 놋 뱀을 쳐다 본 사람마다 다 살아납니다.

(민21:9) **"모세가 놋 뱀을 만들어 장대 위에 다니 뱀에게 물린 자가 놋 뱀을 쳐다본즉 모두 살더라."**

죽을 수밖에 없는 우리를 살리시기 위해 예수께서 십자가 위에 달리심으로 구원을 선포하셨습니다. 그리고 그 구속의 예수그리스도를 믿는 자 마다 구원을 주셨습니다. 영원한 대제사장으로 우리를 구원하신 것입니다.

(히7:24~25) **"예수는 영원히 계시므로 그 제사장 직분도 갈리지 아니 하시느니라 그러므로 자기를 힘입어 하나님께 나아가는 자들을 온전히 구원하실 수 있으니 이는 그가 항상 살아 계셔서 그들을 위하여 간구하심이라."**


놋 뱀으로 구원받은 성도들은 땅의 삶 속에서 불 뱀을 장대에 매달 수 있어야 하겠습니다. 불평과 불만, 잘못된 교리와 사단의 유혹을 매달고 예수그리스도의 구원하심에 대한 증거가 일어나야 하겠습니다.

할렐루야 아멘.

# 반석과 예수그리스도

(민20:1~13) "첫째 달에 이스라엘 자손 곧 온 회중이 신 광야에 이르러 백성이 가데스에 이르더니 미리암이 거기서 죽으매 거기에 장사 되니라. 회중이 물이 없으므로 모세와 아론에게로 모여드니라 백성이 모세와 다투어 말하여 이르되 우리 형제들이 여호와 앞에서 죽을 때에 우리도 죽었더라면 좋을 뻔 하였도다 너희가 어찌하여 여호와의 회중을 이 광야로 인도하여 우리와 우리 짐승이 다 여기서 죽게 하느냐 너희가 어찌하여 우리를 애굽에서 나오게 하여 이 나쁜 곳으로 인도하였느냐 이곳에는 파종할 곳도 없고 무화과도 없고 포도도 없고 석류도 없고 마실 물도 없도다. 모세와 아론이 회중 앞을 떠나 회막 문에 이르러 엎드리매 여호와의 영광이 그들에게 나타나며 여호와께서 모세에게 말씀하여 이르시되 지팡이를 가지고 네 형 아론과 함께 회중을 모으고 그들의 목전에서 너희는 반석에게 명령하여 물을 내라 하라 네가 그 반석이 물을 내게 하여 회중과 그들의 짐승에게 마시게 할지니라 모세가 그 명령대로 여호와 앞에서 지팡이를 잡으니라 모세와 아론이 회중을 그 반석 앞에 모으고 모세가 그들에게 이르되 반역한 너희여 들으라 우리가 너희를 위하여 이 반석에서 물을 내랴 하고 모세가 그의 손을 들어 그의 지팡이로 반석을 두 번 치니 물이 많이 솟아나오므로 회중과 그들의 짐승이 마시니라 여호와께서 모세와 아론에게 이르시되 너희가 나를 믿지 아니하고 이스라엘 목전에서 내 거룩함을 나타내지 안한 고로 너희는 이 회중을 내가 그들에게 준 땅으로 인도하여 들이지 못하리라 하시니라 이스라엘 자손이 여호와와 다투었으므로 이를 므리바 물이라 하니라 여호와께서 그들 중에서 그 거룩함을 나타내셨더라."

가데스의 히브리어 뜻은 "거룩한 샘"입니다. 거룩한 샘에서 거룩하지 않는 모습을 여과 없이 더러 내는 이스라엘 백성들과 모세의 모습을 보면서 우리 자신을 돌아보지 않을 수 없습니다. 이들이 거룩하지 않을 수밖에 없는 이유가 무엇입니까?

### 첫째 : 물이 없기 때문입니다.

(민20:2) "회중이 물이 없으므로"

육신의 물 없음에 대해 이들은 말을 하지만 더 깊은 이유는 영적인 물 즉, 생수가 없기 때문에 불평이 나오는 것입니다. 은혜의 물, 말씀의 생수가 없으므로 그들이 맺지 못하는 것이 바로 20장 5절의 말씀입니다.

### 1) 이 곳에는 파종할 곳이 없고

광야는 파종하는 곳이 아닙니다. 오직 하나님이 지시하신 땅으로 가기위한 행진을 해야 하는 곳이 광야입니다.

### 2) 무화과도 없고

무화과는 스스로 꽃을 피울 수도, 열매를 맺을 수도 없는 단성입니다. 열매가 없다는 것은 예수그리스도와 함께하지 않고 있다는 것입니다.

### 3) 포도도 없고

이 말은 포도나무이신 예수님께 붙어 있지 않다는 말입니다.

(요15:5) "나는 포도나무요 너희는 가지라 그가 내 안에, 내가 그 안에 거하면 사람이 열매를 많이 맺나니 나를 떠나서는 너희가 아무것도 할 수 없음이라."

### 4) 석류도 없고

이것은 구원자이신 하나님과 연결되어 있지 않은 상태를 말합니다. 석류는 제사장의 예복을 만들 때 밑단에 달아준 것인데 이것은 예수의 피로 구원받은 생명을 말씀합니다. 예수그리스도의 생명의 보혈로 보호받는 성도와 교회의 모습을 나타냅니다.

(삼상25:29) "내 주의 하나님 여호와와 함께 생명 싸개 속에 싸였을 것이요."

## 5) 마실 물도 없도다

은혜가 없음을 말합니다.

(사55:1) "오호라 너희 모든 목마른 자들아 물로 나아오라 돈 없는 자도 오라 너희는 와서 사 먹되 돈 없이, 값없이 와서 포도주와 젖을 사라."

무화과도, 포도나무도, 석류도 모두 하나님의 나무입니다. 하나님의 나무는 하나님의 은혜로 자라고 열매를 맺을 수 있습니다. 변치 않는 하나님의 사랑을 아는 신실한 사람은 생명나무이신 예수그리스도의 생수를 마시므로 성령의 열매를 맺는 것을 경험하게 됩니다.

### 두 번째 : 말씀의 변절함은 축복을 저주로 바꿉니다.

(민20:8) "너희는 반석에게 명령하여 물을 내라"

(민20:11) "그의 지팡이로 물을 두 번 치니"

이 모습 속에서 창세기의 아담과 하와를 발견하게 됩니다.

(창2:17) "선악을 알게 하는 나무의 열매는 먹지 말라 네가 먹는 날에는 반드시 죽으리라."

(창3:3) "동산 중앙에 있는 나무의 열매는 하나님의 말씀에 너희는 먹지도 말고 만지지도 말라 너희가 죽을까 하노라 하셨느니라."

이럴 때 뱀은 재빠르게 유혹의 혀를 날름거립니다.

(창3:4~5) "뱀이 여자에게 이르되 너희가 결코 죽지 아니하리라 너희가 그것을 먹는 날에는 너희 눈이 밝아져 하나님과 같이 되어 선악을 알줄 하나님이 아심이라."

모세도 반석을 명하라는 하나님의 명령을 반석을 치는 자기의 방법대로 한 것은 그의 마음에는 자기 의가 충만해져 있었기 때문입니다.

(민20:1) "우리가 너희를 위하여 이 반석에서 물을 내랴~"

이 일로 모세는 가나안 땅에 들어가지 못하게 됩니다. 그래서 하나님은 말씀을 가감하지 말라 하셨습니다.

(신4:2) "내가 너희에게 명령하는 말을 너희는 가감하지 말고 내가 너희에게 내리는 너희 하나님 여호와의 명령을 지키라."

(신12:32) "내가 너희에게 명령하는 이 모든 말을 너희는 지켜 행하고 그것에 가감하지 말지니라."

말씀을 가감하게 될 때 오는 결과를 성경에서 이렇게 말씀하십니다.

(계22:18~19) "내가 이 두루마리의 예언의 말씀을 듣는 모든 사람에게 증언하노니 만일 누구든지 이것들 외에 더하면 하나님이 이 두루마리에 기록된 재앙들을 그에게 더하실 것이요 만일 누구든지 이 두루마리의 예언의 말씀에서 제하여 버리면 하나님이 이 두루마리에 기록된 생명나무와 및 거룩한 성에 참예함을 제하여 버리시리라."

## 셋째 : 율법에 못 박히신 예수입니다.

이스라엘의 1세대의 불순종이 2세대에도 여전하게 나타나고 있습니다. 이것은 율법으로는 의를 이룰 수 없음을 말씀합니다. 지팡이로 반석을 쳤다는 것은 율법으로 예수그리스도를 못 박았다는 것을 의미 합니다.

(출17:6) "내가 호렙산에 있는 반석 위 거기서 네 앞에 서리니 너는 그 반석을 치라 그것에서 물이 나오리니 백성들이 마시리라."

호렙산은 시내산으로 율법을 받은 산입니다. 반석은 예수그리스도를 상징 합니다.

(고전 10:4) "다 같은 신령한 음료를 마셨으니 이는 그들을 따르는 신령한 반석으로부터 마셨으매 그 반석은 곧 그리스도시라."

(신32:4) "그는 반석이시니 그가 하는 일이 완전하고 그의 모든 길이 정의롭고 진실하고 거짓이 없으신 하나님이시니 공의로우시고 바르시도다."

율법으로 예수님을 십자가에 못 박고 그 옆구리에서 쏟아져 나오는 물과 피로 우리를 구원하시고 친히 생수가 되어 주신 예수그리스도 이십니다. 이미 십자가에 못 박히신 예수님이시기 때문에 그 십자가의 보혈을 통하여 구원 받은 성도는 더 이상 율법아래 있지 아니하므로 반석을 치는 것이 아니라 반석을 명령하는 예수의 권세로 살아야 합니다. 내 의로움으로 사는 것이 아니라 그리스도께서 칭의 해 주신 의로운 예수님의 권세로 사는 사람들이 성도입니다.

그럼에도 불구하고 모세는 여전히 지팡이로 반석을 칩니다. 호렙산도, 지팡이도, 모세도 본문에서는 모두 하나님을 대적하고 예수그리스도를 정죄하고 못 박는 율법입니다. 율법으로는 도무지 하나님의 의를 이룰 수 없으므로 하나님께서 친히 육신으로 오셔서 그 율법의 요구인 죄의 댓가인 죽음을 지불하시고 우리를 구원하신 것입니다. 이것을 믿고 의로우신 예수님의 말씀의 권위 앞에 순종되어지는 사람이 성도입니다.

율법의 다툼인 '므리바'가 아닌 믿음의 순종으로 그리스도의 생수를 구해야 하겠습니다. 반석이신 예수그리스도께서 십자가 위에서 주시는 생수는 말씀의 은혜입니다. 말씀이 육신이 되어 오셔서 그 말씀의 약속대로 죽으셔서 우리의 생명이 되셨습니다.

# 누가 땅을 차지하는가?

(삿1:1~7) "여호수아가 죽은 후에 이스라엘 자손이 여호와께 여쭈어 이르되 우리 가운데 누가 먼저 올라가서 가나안 족속과 싸우리이까 여호와께서 이르시되 유다가 올라갈지니라 보라 내가 그 땅을 그의 손에 넘겨주었노라 하시니라 유다가 그의 형제 시몬에게 이르되 내가 제비 뽑아 얻은 땅에 나와 함께 올라가서 가나안 족속과 싸우자 그리하면 나도 네가 제비 뽑아 얻은 땅에 함께 가리라 하니 이에 시므온이 그와 함께 가니라 유다가 올라가매 여호와께서 가나안 족속과 브리스 족속을 그들의 손에 넘겨주시니 그들이 베섹에서 만 명을 죽이고 또 베섹에서 아도니 베섹을 만나 그와 싸워서 가나안 족속과 브리스 족속을 죽이니 아도니 베섹이 도망하는지라 그를 쫓아 가서 잡아 그의 엄지손가락과 엄지발가락을 자르매 아도니 베섹이 이르되 옛적에 칠 십 명의 왕들이 그들의 엄지손가락과 엄지발가락이 잘리고 내 상 아래에서 먹을 것을 줍더니 하나님이 내가 행한 대로 내게 갚으심이로다 하니라 무리가 그를 끌고 예루살렘에 이르렀더니 그가 거기서 죽었더라."

신구약 성경은 하나님으로 시작했다가 하나님으로 끝납니다.

(창1:1) "태초에 하나님이~"

(계22:21) "주 예수의 은혜가 모든 자에게 있을지어다."

또, 땅으로 시작 했다가 땅으로 끝납니다. 하나님이 하늘과 땅을 창조하시고 그 하늘과 땅을 만들어 가시는 과정이라 할 수 있습니다. 보이는 하늘과 땅에서 사람 하늘과 땅을 일구시고 사람이 잃어버린 에덴을 다시 하나님의 사람에게 돌려주시는 과정입니다.

창세기 출애굽기에서 땅을 약속 하십니다. 첫 사람 아담이 잃어버린 에덴을 둘째 사람 아담이 회복시켜 주십니다. 그것을 위해 아브라함을 부르시고 땅을 약속 하십니다.

(창12:7) **"여호와께서 아브라함에게 나타나 이르시되 내가 이 땅을 네 자손에게 주리라 하신지라"**

(창17:8) **"내가 너와 네 후손에게 네가 거류하는 이 땅 곧 가나안 온 땅을 주어 영원한 기업이 되게 하고 나는 그들의 하나님이 되리라"**

모세에게도 약속 하십니다.

(출3:8) **"내가 내려가서 그들을 애굽인의 손에서 건져내고 그들을 그 땅에서 인도하여 아름답고 광대한 땅, 젖과 꿀이 흐르는 땅 곧 가나안 족속, 헷 족속 아모리 족속, 브리스 족속, 히위 족속, 여부스 족속의 지방에 데려가려 하노라."**

하나님이 약속하신 땅을 민수기 21장부터 점령해 나갑니다.

그렇다면 누가 언제 땅을 얻게 됩니까?

### 첫째 : 왕권을 가진 사람이 땅을 얻습니다.

유다 지파는 이스라엘 왕이 나오는 지파입니다. 다윗이 유다 지파이며 다윗의 후손으로 예수그리스도께서 오십니다.

아담에게 하나님은 (창1:28) **"생육하고 번성하여 땅에 충만하라 땅을 정복하라 바다의 물고기와 하늘의 새와 땅에 움직이는 모든 생물을 다스리라 하시니라."** 하십니다.

그런데 아담은, 육적인 사람 이였기 때문에 생육하고 번성하여 땅에 충만 하는 것 까지만 합니다. 영적인 사람이 할 수 있는 땅을 정복하고 다스리는 것을 하지 못합니다. 하나님이 주신 땅을 육적인 모습으로는 정복하고 다스릴 수 없습니다. 그래서 왕이신 하나님이 함께 하셔야 합니다. 가나안 일곱 족속을 쳐부수는 것도 스스로 할 수 없습니다. 반드시 왕적인 권세를 가진 사람이 왕과 함께 할 때 우상의 땅을 정복할 수 있습니다. 유다는 왕으로 오실 실로이신 예수그리스도를 상징합니다.

(창49:10) **"규가 유다를 떠나지 아니하며 통치자의 지팡이가 그 발 사이에서 떠나지 아니하기를 실로가 오시기까지 이르리니 그에게 모든 백성이 복종하리로다."**

### 두 번째 : 언약에 순종 되어지는 사람이 땅을 얻습니다.

유다지파는 아직 왕이 되지 않았습니다. 지금은 사사시대입니다. 왕정 시대에 가서야 왕이 될 것입니다. 그것도 물어뜯는 이리라는 예언을 받은 베냐민 지파인 사울로부터 그야말로 물어뜯기는 핍박을 오랜 세월 겪고 나서야 다윗이 왕으로 등극합니다. 다윗이 왕이 되기까지 아직 380년이 더 지나야 할 사사기 시대입니다. 사사기 1장은 B. C 1390년이고 다윗의 왕위 등극은 B.C 1010년입니다. 그럼에도 불구하고 유다는 언약을 믿고 순종합니다. 유다 지파가 정복한 예루살렘과 헤브론은 후일 다윗과 솔로몬이 왕으로 등극 하고 행정과 예배의 중심이 됩니다.

하나님은 아브라함에게 갈대아 우르를 떠나라고 하십니다. 왜냐하면 갈대아 우르에는 예수그리스도가 안 계시기 때문입니다. 갈대아 우르를 떠나 가나안에 가야 하나님이 계십니다. 아브라함도 하나님께서 하신 땅을 주시겠다는 언약을 믿고 은 사백 세겔로 헤브론 땅을 구입합니다.

언약에 순종 되어질 때 그곳은 영원한 기업이 되었습니다. 순종하면 땅을 얻게 되고 불순종 하면 땅을 잃게 됩니다. 가장 좋은 땅은 예수그리스도 이십니다. 예수그리스도는 언약의 하나님이시며 그 언약 안에 순종되어지는 사람의 영원한 기업이 되어 주십니다.

민수기 20장은 므리바에서 반석을 쳐서 물을 내는 사건과 아론의 죽음이 기록되어 있습니다. 그리고 민수기 21장에는 장대에 달린 놋 뱀을 통하여 불 뱀에 물려 죽게 된 이스라엘 백성들을 구원하는 사건이 기록되어 있습니다. 이것은, 율법에 의해 예수그리스도께서 십자가의 죽으심으로 우리 대신 율법의 요구를 성취하신 후 땅을 얻게 된다는 것을 보여줍니다. 이 땅은 바로 가나안인 동시에 천국이고 우리 안에 이루어지는 하나님과의 화평을 말합니다. 예수그리스도의 속죄 사역으로 얻어지는 땅! 그 땅이 바로 우리 안에 계신 예수 그리스도 이시며 그리스도께서 다스리시는 우리 심령 땅 천국입니다. 그러므로 이미 우리 성도님들은 예수그리스도의 왕권을 가진 언약에 순종되어진 사람이므로 그리스도께서 다스리시는 땅이 되셨습니다. 그 땅을 허락하신 하나님을 찬송합니다.

## 발람의 예언 성취

(민24:10~19) "발락이 발람에게 노하여 손뼉을 치며 말하되 내가 그대를 부른 것은 내 원수를 저주하라는 것이어 늘 그대가 이같이 세 번 그들을 축복 하였도다 그러므로 그대는 이제 그대의 곳으로 달아나라 내가 그대를 높여 심히 존귀하게 하기로 뜻하였더니 여호와께서 그대를 막아 존귀하지 못하게 하셨도다 발람이 발락에게 이르되 당신이 내게 보낸 사신들에게 내가 말하여 이르지 아니 하였나이까 가령 발락이 그 집에 가득한 은금을 내게 줄지라도 나는 여호와의 말씀을 어기고 선 악 간에 내 마음대로 행하지 못하고 여호와께서 말씀하신 대로 말하리라 하지 아니 하였나이까 이제 나는 내 백성에게로 돌아가거니

와 들으소서 내가 이 백성이 후일에 당신의 백성에게 어떻게 할지를 당신에게 말하리이다 하고 예언하여 이르기를 브올의 아들 발람이 말하며 눈을 감았던 자가 말하며 하나님의 말씀을 듣는 자가 말하며 지극히 높으신 자의 지식을 아는 자, 전능자의 환상을 보는 자, 엎드려서 눈을 뜬 자가 말하기를 내가 그를 보아도 가까운 일이 아니로다 한 별이 야곱에게서 나오며 한 규가 이스라엘에게서 일어나서 모압을 이쪽에서 저쪽까지 쳐서 무찌르고 또 셋의 자식들을 다 멸하리로다. 그의 원수 에돔은 그들의 유산이 되며 그의 원수 세일도 그들의 유산이 되고 그와 동시에 이스라엘은 용감히 행동하리로다. 주권자가 야곱에게서 나서 남은 자들을 그 성읍에서 멸절하리로다."

모압 왕 발락이 이스라엘 백성들이 기하급수적으로 늘어나는 것을 보고 두려워 그들을 저주하라고 발람 선지자를 초청합니다. 이것은 애굽 왕 바로가 이스라엘을 억압하고 남아가 출생하는 것을 막았던 출애굽기 1장의 모습과 같습니다. 이렇게 사단은 하나님 자녀가 잘 되고 하나님의 나라가 확장 되는 것을 막아섭니다. 그럼에도 불구하고 하나님의 역사는 멈추지 않으며 그분의 나라는 더욱 왕성하게 부흥하여 간다는 사실을 잊어서는 안 됩니다. 본문을 묵상하며 다시금 하나님의 나라와 언약의 확신을 하시기를 바랍니다.

**첫째 : 발람의 예언은 성도를 향하신 하나님의 약속입니다.**
모압왕 발락이 많은 재물과 높은 관직으로 유혹하자 발람이 모압 땅으로 오게 됩니다. 그리고 4번에 걸쳐서 예언을 합니다.

1) 바알의 산당에서 (민22:41)
2) 비스가 꼭대기에서 (민23:14)
3) 브올산 꼭대기에서 (민23:29)

4) 마지막 예언은 모든 대적은 멸할 것이요 예수그리스도가 오실 것이라고 합니다. (민24:17)

발람은 이렇게 고백합니다.

(민24:13) "가령 발락이 그 집에 가득한 은금을 내게 줄지라도 나는 여호와의 말씀을 어기고 선 악 간에 내 마음대로 행하지 못하고 여호와께서 말씀하신 대로 말하리라 하지 아니 하였나이까"

황금 보기를 돌 같이 하기란 쉽지 않지만 이 터널을 잘 통과하지 않고는 하나님을 볼 수 없는 것을 알아야 합니다.

(시84:10~11) "주의 궁전에서의 한 날이 다른 곳에서의 천 날 보다 나은즉 악인의 장막에 사는 것보다 내 하나님의 성전 문지기로 있는 것이 좋사오니 여호와 하나님은 해요 방패이시라 여호와께서 은혜와 영화를 주시며 정직하게 행하는 자에게 좋은 것을 아끼지 아니하실 것임이니이다."

발람의 고백처럼 축복과 저주는 사단이 주는 것이 아니라 하나님으로부터 나옵니다. 하나님은 자기 백성을 사랑하십니다.

(요3:16) "하나님이 세상을 이처럼 사랑하사 독생자를 주셨으니 이는 그를 믿는 자 마다 멸망하지 않고 영생을 얻게 하려 하심이라."

예수그리스도의 보혈의 축복 안에 있는 사람은 음부의 권세가 헤칠 수 없습니다.

(민23:23) "야곱을 해할 점술이 없고 이스라엘을 해할 복술이 없도다."

하나님이 성도를 향한 축복은 예수그리스도를 주시겠다는 것입니다.


**두 번째 : 예수그리스도를 통한 구속사는 중단이 없습니다.**

사단이 하나님의 사람을 흔들고 하나님 나라를 파괴하려는 역사는 창세기의 아담으로 거슬러 올라갑니다. 하와를 유혹하고 아담으로 죄를 범하게 하면 하나님의 나라가 세워지지 않는 것으로 사단은 생각하였지만 오히려 그들의 범죄로 하나님의 은혜는 더 적극적으로 인간사에 개입하십니다.

(창3:15) 내가 너로 여자와 원수가 되게 하고 네 후손도 여자의 후손과 원수가 되게 하리니 여자의 후손은 네 머리를 상하게 할 것이요 너는 그의 발꿈치를 상하게 할 것이니라.

창세기 이후 사단은 끊임없이 예수그리스도의 탄생을 방해합니다. (창12:14~20) 애굽 왕이 사래를 애굽 궁으로 데려갑니다. 사라는 아브라함의 아들을 낳고 그 후손으로 예수그리스도가 오셔야 하는데 사단의 왕인 바로가 사라를 후처로 취하려 하는 것입니다. 이 사건에서 하나님은 강권적으로 개입하셔서 바로의 궁에서 사라를 구원해 내십니다. 사단은 여기서 멈추지 않고 사라를 다시 그랄 왕 아비멜렉에게 데려가 믿음의 자손 탄생을 방해하려 하지만 이것 역시 하나님의 개입하심으로 실패합니다.

(창20:6) "하나님이 꿈에 또 그에게 이르시되 네가 온전한 마음으로 이렇게 한 줄을 나도 알았으므로 너를 막아 내게 범죄 하지 아니하게 하였나니 여인에게 가까이 하지 못하게 함이 이 때문이라."

또다시 이삭의 아내 리브가를 블레셋 왕 아비멜렉을 통하여 거룩한 혈통의 출생을 방해 하지만 이번에도 하나님은 직권적으로 리브가를 온전하게 구원해 내십니다. 아브라함과 이삭은 자기 아내를 누이라고 거짓 아닌 거짓말(사촌 누이였지만 부부였음)로 사단의 도구가 될 뻔 하였습니다. 그러나 하나님의 역사와 예수그리스도로 향하는 구원의 물줄기를 돌려놓을 수 없었습니다. 그렇게 하여 이삭이 태어나고 야곱이 태어남으로 거룩한 예수그리스도의 씨가 보존 되게 하십니다. 모세의 탄생과 그가 바로 궁에서 자라는 과정에서도 하나님의 절대적인 인도하심이 일어납니다.

왕조 시대를 들어가면서 북 이스라엘 왕 아합과 이세벨 사이에 태어난 아달랴가 유다의 여호사밧 왕 여호람과 결혼하여 남편이 죽게됩니다. 그러자 어머니로서 할 수 없는 일을 합니다. 자신의 아들을 죽이고 손자들까지 죽여 유다 왕족의 씨를 제거 하려 합니다.

(왕하 11:1~3) "아하시야의 어머니 아달랴가 그의 아들이 죽은 것을 보고 일어나 왕의 자손을 모두 멸절하였으나 요람 왕의 딸 아하시야의 누이 여호세바가 아하시야의 아들 요아스를 왕자들이 죽임을 당하는 중에서 빼내어 그와 그의 유모를 침실에 숨겨 아달랴를 피하여 죽음을 당하지 아니하게 한지라."

하나님께서 요아스를 살려서 다윗의 혈통을 보존하십니다. 로마의 종노릇하던 헤롯은 예수그리스도의 탄생을 막고 살해하려고 하였지만 하나님이 예수그리스도를 살려 내십니다. 사단은 여기서 멈추지 않고 예수님을 십자가에 못 박으면 자신이 승리하는 줄 알고 유대인들을 충동하고 빌라도를 이용하지만 하나님은 예수님을 다시 살려 내심으로 하나님이 '완승(完勝)' 하십니다.

십자가 밑에 있던 백부장이 이렇게 고백합니다.

(마27:54) "이는 진실로 하나님의 아들 이였도다."

모르드개를 메어달기 위해 준비한 장대에 하만이 달렸습니다.

하나님은 성도를 구원하시기 위해 친히 아들 예수님을 십자가에 내어 주심으로 사단을 멸하시고 하나님의 백성을 구원하셨습니다. 이렇게 어떠한 사단의 방해에도 하나님의 구속사는 멈춤이 없습니다.

발람의 예언은 이런 하나님의 구속사를 이룰 예수그리스도의 탄생을 알리고 있습니다.

(민24:17) "한 별이 야곱에게서 나오며 한 규가 이스라엘에서 일어나서 모압을 이쪽에서 저쪽까지 쳐서 무찌르고 또 셋의 자식들을 다 멸하리로다."

예수그리스도의 탄생의 성취는 바로 죄인 된 인간의 구원의 성취를 위한 것입니다. 오늘 저와 여러분이 또 교회가 하나님의 말씀의 예언의 성취를 선포하는 자리에 있음을 감사합니다.

# 여호수아 신앙

(수1:1~4) **"여호와의 종 모세가 죽은 후에 여호와께서 모세의 수종자 눈의 아들 여호수아에게 말씀하여 이르시되 내 종 모세가 죽었으니 이제 너는 이 모든 백성과 더불어 일어나 이 요단을 건너 내가 그들 곧 이스라엘 자손에게 주는 그 땅으로 가라 내가 모세에게 말한 바와 같이 너희 발바닥으로 밟는 곳은 모두 내가 너희에게 주었노니 곧 광야와 이 레바논에서부터 큰 강 곧 유브라데 강까지 헷 족속의 온 땅과 또 해지는 쪽 대해까지 너희의 영토가 되리라"**

하나님께서 모세의 후계자로 여호수아를 택하시고 가나안 땅을 정복하게 하십니다. 왜 하나님께서 여호수아를 택하셨을까요? 여호수아는 적극적인 성전 중심의 신앙 이였기 때문입니다.

여호수아가 성경에 처음 등장하는 사건이 아말렉과의 전투에서 입니다. 이스라엘 백성들이 출애굽한 후 처음 맞이한 전투였습니다.(출17:8~16) 그 때 여호수아는 군대장수로 맨 앞장서서 아말렉 군대와 싸웁니다. 그는 뒤로 물러서거나 구경꾼으로 있는 것이 아니라 위기에 적극적으로 앞장서서 헌신하는 사람 이였습니다. 문제 앞에 비평가 노릇만 하는 사람은 하나님이 쓰실 수가 없습니다. 안

락의자에 앉아 비판하는 사람, 게으른 관중처럼 구경만 하는 사람은 절대로 여호수아가 될 수 없습니다. 여호수아는 위기의 이스라엘을 구원하기 위해 주저하지 않고 앞장서서 헌신하였습니다. 17세의 다윗이 거장 골리앗을 향하여 "너는 칼과 단창으로 내게 오거니와 나는 만군의 여호와의 이름 곧 네가 모욕하는 이스라엘 군대의 하나님의 이름으로 네게 나아가노라." 했던 것과 같이 여호수아는 성전에서 익힌 여호와의 신앙으로 나아갑니다. 그러므로 아말렉과의 전투에 앞장 서는 여호수아는 예수님께서 사단을 멸하시기 위해 앞장서 싸우시는 것을 말씀합니다.

여호수아의 신앙에 대해 성경은 한 마디로 요약합니다.

**(출33:11) "여호수아는 회막을 떠나지 아니하였더라."**

사무엘이 하나님의 성전에서 자라며 하나님의 부르심을 들었습니다. 예수님도 성전에서 말씀을 듣기도 하며 가르치시기도 하셨습니다. 하나님 중심, 교회 중심의 신앙이 될 때 하나님은 더 강력하게 사용하십니다. 교회 중심에 있다는 것은 세속적인 것과 구별되어 있다는 것이요 하나님 우선주의로 세워져 있다는 말이 됩니다.

**(민27:18) "여호수아는 그 안에 영이 머무는 자니 너는 데려다가 그에게 안수하고~"**

하나님은 외모를 보시지 않으시고 중심을 보시는 분이신데 그 중심이 하나님 중심, 교회 중심인 것입니다. 여호수아를 통하여 땅을 주신 것은 예수그리스도를 향한 적극적인 성전 중심에 세워져 있었기 때문입니다. 이런 신앙의 사람은 하나님의 절대적인 주권과 은혜를 경험하기 때문에 늘 긍정적인 성품을 가지게 됩니다.

민 13장~14장에서 이스라엘의 12지파의 대표자들이 가나안 땅을 정탐하고 옵니다. 10지파의 대표자들은 돌아와서 '안 됩니다. 못 갑니다.' 하는데 여호수아와 갈렙은 '됩니다. 갈 수 있습니다.' 합니다.

**(민14:8) "여호와께서 우리를 기뻐하시면 우리를 그 땅으로 인도하여 들이시고 그 땅을 우리에게 주시리라."**

이렇게 고백합니다. 성전 중심의 신앙으로 성령이 그 안에 머물러 있는 사람만이 할 수 있는 고백입니다. 여호와께서 기뻐하시면 그 땅을 주십니다. 기뻐하심은 성령이 함께 하심입니다. 성령은 기쁨의 영입니다. 우리 영이 기뻐 춤추도록 하시는 분이 성령 하나님이십니다. 이 기쁨은 두려움을 물리칩니다. 모든 문제 속에서도 하나님의 세미한 음성을 들을 뿐만 아니라 하나님의 위대하신 역사를 보게 됩니다. 12명의 정탐꾼 가운데 갈렙과 여호수아만이 긍정적 답변을 하였고 이 두 사람이 후일 가나안을 정복하게 됩니다.

갈렙은 유다 지파입니다. 유다 지파는 다윗 왕을 탄생시킬 지파이며 더 나아가 예수그리스도께서 오실 지파입니다. 여호수아는 예수그리스도의 이름과 같은 뜻을 가진 예수그리스도의 그림자입니다. 여호수아의 이름 뜻이 "여호와는 구원이시다."입니다. 헬라어로 "예슈아" 즉 오실 예수 그리스도의 표상입니다. 그러므로 여호수아와 갈렙은 하나님의 구속의 언약 안에 있는 사람 이였고 그들의 온 마음은 오직 여호와의 신앙 이였기 때문에 긍정적인 정탐 보고를 할 수 밖에 없었습니다.

**(수24: 15) "오직 나와 내 집은 여호와만을 섬기겠노라."**

또 모세는 가나안을 들어가지 못하였고 여호수아가 이스라엘 백성들의 지도자로 가나안을 정복하게 됩니다. 왜냐하면, 모세는 율법을 상징하는 대표 인물입니다. 율법의 의로움으로는 구원을 받을 수도 없고 하나님의 나라인 가나안을 들어 갈 수도 없습니다. 다만 율법은 지시하고 가나안을 바라 보게 할 뿐입니다. 그래서 예수님을 상징하는 여호수아가 일곱 족속을 내어쫓고 가나안을 들어갈 수 있고 참 평안을 가져 올 수 있음을 나타냅니다. 예수님께서 자기 백성, 자기 사람에게 약속된 땅으로 인도하심과 같습니다.

저와 여러분의 신앙이 성전 중심의 신앙이 된다면 성령의 사람이 될 것입니다. 그 성령의 사람은 예수그리스도의 왕권을 가진 자요 그 왕권은 자기 백성을 사단으로부터 구원하며 다스리는 사역을 하게 됩니다. 여호수아 본받아 앞으로 가세. 할렐루야.

# 요단을 건너다

(수3:11~17) "보라 온 땅의 주의 언약궤가 너희 앞에서 요단을 건너가나니 이제 이스라엘 지파 중에서 각 지파에 한 사람씩 열두 명을 택하라 온 땅의 주 여호와의 궤를 멘 제사장들의 발바닥이 요단 물을 밟고 멈추면 요단 물 곧 위에서부터 흘러내리던 물이 끊어지고 한 곳에 쌓여 서리라. 백성이 요단을 건너려고 자기들의 장막을 떠날 때에 제사장들은 언약궤를 메고 백성 앞에서 나아가나라 요단이 곡식 거두는 시기에는 항상 언덕에 넘치더라 궤를 멘 자들이 요단에 이르며 궤를 멘 제사장들의 발이 물가에 잠기자 곧 위에서부터 흘러내리던 물이 그쳐서 사르단에 가까운 매우 멀리 있는 아담 성읍 변두리에 일어나 한 곳에 쌓이고 아라바의 바다 염해로 향하여 흘러가는 물은 온전히 끊어지매 백성이 여리고 앞으로 바로 건널새 여호와의 언약궤를 멘 제사장들은 요단 가운데 마른 땅에 굳게 섰고 그 모든 백성이 요단을 건너기를 마칠 때 까지 모든 이

스라엘은 그 마른 땅으로 건너갔더라."

　이스라엘 백성들이 출애굽 후 홍해를 건너고 약 40년 만에 요단 강을 건너게 됩니다. 요단강은 사시사철 물이 마르지 않는 강입니다. 그리고 요단계곡은 지구상에서 지표가 낮은 강 이라고 합니다. 요단 계곡은 사해에 이르러서 가장 낮아지는데 지중해 해수면보다 400미터는 더 낮으며 사해의 해저는 사해의 해수면 보다 400 미터 정도 더 낮습니다. 그러므로 요단계곡의 최저점은 해발 -800미터 가 됩니다. 또 하나의 요단강 특색은 강의 발원지는 팔레스틴의 최북단에 위치한 가장 높은 산인 헐몬산(해발2814미터)의 만년설이 흘러 내린다는 것입니다. 이러한 요단강을 건넜다는 것은 여러 가지 의미가 있습니다.

**첫째 : 광야 생활의 마지막 관문이자 가나안 땅의 첫 걸음이라는 것입니다.**

　이스라엘 백성들은 지난 40년 동안 광야를 행진하여 왔습니다. 먹고 마시는 문제에서부터 누가 지도자가 될 것인가를 두고 불평불만이 끊임없었습니다. 그런 과정 속에 하나님의 징계와 끊임없는 치유와 회복의 사랑을 경험해 왔습니다. 이제 요단을 건넘으로 이런 방황과 갈등의 광야 인생이 마감이 됩니다. 뿐만 아니라 하나님이 약속하신 가나안이 먼 길이 아니라 사명 따라 가면 그곳에 요단이 있음을 가르칩니다.

　야곱이 요단을 건너 외삼촌 라반의 집으로 피난 갑니다.(창 32:10~11) 요단강을 넘어 여리고성을 정탐하고 기생 라합을 구원하고 가나안을 얻습니다.(수3~4장) 기드온 300용사가 요단을 건너 미디안 대군을 격파 시킵니다.(삿7:24) 다윗이 압살롬을 피해 요단을 건너며 주님의 다스리심에 순종합니다.(삼하17:22,19:15) 엘리사가 요단을 건너 승천 합니다.(왕하 2:6) 나아만이 요단에서 몸을 담그고 치유됩니다.(왕하 5:10) 세례요한이 요단에서 세례를 베풀고 예수님께서 요단에서 세례를 받습니다.(마3:13)

애굽에서의 모든 죄가 홍해에서 한번 죽고 요단에서 말씀의 순종을 이루는 곳입니다. 애굽에서 홍해를 건널 때는 모세의 지팡이의 기적을 통하여 건넜습니다. 이것은 우리가 세상에서 구원함을 받은 것은 하나님의 강권적인 은혜이요 죄를 스스로 씻을 수 없음을 말씀합니다.

(엡2;5) "허물로 죽은 우리를 그리스도와 함께 살리셨고"

(엡2;8) "너희는 그 은혜에 의하여 믿음으로 말미암아 구원을 받았으니 이것은 너희에게서 난 것이 아니요 하나님의 선물이라."

홍해를 건널 때는 어린 신앙입니다. 그래서 지팡이의 지시하심이 있어야 합니다. 그 지팡이는 율법입니다.

(갈3;24) "율법이 우리를 그리스도께로 인도하는 초등교사가 되어 우리로 하여금 믿음으로 말미암아 의롭다 함을 얻게 하려 함이라."

우리는 그렇게 애굽에서 구원을 얻었습니다. 그 구원의 세례를 베풀어 주시기 위해 주님은 친히 은혜로 우리를 부르시고 하나님의 율법으로 우리를 예수그리스도께로 인도해 주셨습니다. 마치 소경인 우리에게 지팡이를 쥐어 주시고 그 지팡이 끝에 계시는 주님을 만나게 하신 것과 같습니다. 홍해를 지팡이를 통해 건넜다면 요단은 성령으로 예수그리스도로 옷을 입은 사람들이 건넌다는 것을 뜻합니다.

(갈3:27) "누구든지 그리스도와 합하기 위하여 세례를 받은 자는 그리스도로 옷 입었느니라."

그리스도로 옷 입은 자는 그리스도의 일을 행해야 합니다. 그것이 법궤를 메고 요단을 건너는 것입니다. 법궤를 멘다는 것은 십자가를 진다는 것이요 말씀에 순종 한다는 것입니다. 십자가를 지는 말씀의 순종은 장성한 믿음이 없이는 할 수 없습니다.

(막8;34~35) "무리와 제자들을 불러 이르시되 누구든지 나를 따라오려거든 자기를 부인하고 자기 십자가를 지고 나를 따를 것이니라. 누구든지 자기목숨을 구원하고자 하면 잃을 것이요 누구든지 나와 복음을 위하여 자기 목숨을 잃으면 구원하리라."

**두 번째 : 요단을 건너게 하시는 하나님의 영원한 인도를 받아야 합니다.**

요단을 건널 때 법궤를 멘 제사장들이 앞서 갔습니다.

(수3:6) "여호수아가 또 제사장들에게 말하여 이르되 언약궤를 메고 백성에 앞서 건너라 하시매 곧 언약궤를 메고 백성에 앞서 나아 가니라."

법궤를 메고 앞서 요단에 들어간 제사장은 마지막까지 요단 물을 밟고 섰다가 맨 나중에 그 요단에서 나옵니다.

(수3:17) "여호와의 언약궤를 멘 제사장들은 요단 가운데 마른 땅에 굳게 섰고 그 모든 백성이 요단을 건너기를 마칠 때까지 모든 이스라엘은 그 마른 땅으로 건너갔더라."

이것은 알파와 오메가가 되시는 하나님의 사랑입니다. 처음과 나중이 되시며 우리 인생의 영적 전쟁터에서 전방과 후방에서 보호와 인도하시는 하나님이십니다. 하나님의 사랑은 '먼저 사랑' 이요 '끝까지 사랑' 입니다. 뿐만 아니라 우리 앞서 행하시는 선행적인 하나님이십니다.

(롬 5:8) "우리가 아직 죄인 되었을 때에 그리스도께서 우리를 위하여 죽으심으로 하나님께서 우리에게 대한 사랑을 확증하셨느니라."

제사장들이 하나님의 말씀에 발바닥의 순종을 이루었을 때 그 영원하신 사랑이 어떤 역사를 이루는지 보게 됩니다. 강물이 말라 마른 땅과 같이 되는 역사는 영원하신 하나님의 사랑에 굳건한 믿음으로 세워질 때 경험하게 됩니다.

(사26:1~4) "그 날에 유다 땅에서 이 노래를 부르리라 우리에게 견고한 성읍이 있음이여 여호와께서 구원을 성벽과 외벽으로 삼으시리로다 너희는 문들을 열고 신의를 지키는 의로운 나라가 들어오게 할지어다 주께서 심지가 견고한 자를 평강하고 평강하도록 지키시리니 이는 그가 주를 신뢰함이니이다. 너희는 여호와를 신뢰하라 주 여호와는 영원한 반석이심이로다."

이런 온전한 신뢰 온전한 믿음으로 나아가시기를 바랍니다. 그리하여 귀로 먼저 들려주신 하나님이 눈으로 보여지는 은혜가 날마다 더 하시기를 축원 드립니다.

(욥42:5) "내가 주께 대하여 귀로 듣기만 하였사오나 이제는 눈으로 주를 뵈옵나이다."


**세 번째 : 요단을 건너는 신앙은 추수의 신앙입니다.**

(수3:15) "요단이 곡식 거두는 시기에는 항상 언덕에 넘치더라."

이시기의 곡식은 보리 추수시기를 말합니다. 유대력으로 3~4월에 해당되는 시기입니다. 수3:15을 직역하면 "보리 추수 기간 내내 그 강물들이 모든 언덕 아구까지 가득 차 출렁거렸다."입니다.

누가 언제 요단을 만나는가?

예수그리스도의 말씀의 신앙으로 영적 추수를 할 만큼 알곡 되어진 사람이 요단을 만나고 건너게 됩니다. 애굽에서 나와서 홍해를 건너는 것과 같이 성도가 세상에서 구별되어져 은혜 안에 들어와 세례를 받게 됩니다. 그러면 홍해를 건너고 광야를 행진 한 것과 같이 세례를 받고 영적인 훈련이 기다리고 있는 광야를 행진하게 됩니다. 하나님이 부르신 사람들이 홍해에서 죽은 사람은 없습니다. 그러나 광야 40년 동안 수많은 사람들이 불순종의 신앙으로 죽어갔습니다. 성도로 교회 안에 들어와 세례는 다 받지만 그 이후 광야 교회에서 불평과 불신앙의 죄의 속성에 시들고 죽어가는 사람들이 너무 많습니다. 이 광야 교회를 통과한 사람이 요단을 만나게 되고 요단을 법궤로 건너게 됩니다.

보리추수 예수그리스도의 추수가 일어나는 시기입니다. 예수그리스도의 추수 시기 내내 은혜가 충만한 상태입니다. 은혜의 보트위에 있는데 어떻게 불순종이 일어날 수 있겠습니까? 어떻게 요단강에 빠져 죽는 사람이 있겠습니까? 추수 할 만큼의 알곡 신앙이 되었을 때 요단강을 건너 가나안에 들어가게 됩니다.

다시 말씀드리면 추수 할 만큼 성숙한 사람이 얻게 되는 것이 가나안입니다. 아무것도 없는 황량한 벌판이나 이제 씨를 뿌리고 거두기를 기다려야 하는 곳이 아니라 여호와 이레의 축복이 있는 곳입니다. 마치 알곡 신앙된 아브라함과 이삭을 위해 예비 된 숫양이 있었던 것과 같습니다. 광야의 교회에서 말씀이 불로 달구어지는 과정을 통해 추수 때가 되면 요단을 건너 가나안에서 참 안식을 얻게 됩니다. 가나안 가는 길이 요단이듯 천국 가는 길은 예수그리스도입니다.

# 라합의 신앙

(수2:8~14) "또 그들이 눕기 전에 라합이 지붕에 올라가서 그들에게 이르러 말하되 여호와께서 이 땅을 너희에게 주신 줄을 내가 아노라 우리가 너희를 심히 두려워하고 이 땅 주민들이 다 너희 앞에서 간담이 녹나니 이는 너희가 애굽에서 나올 때에 여호와께서 너희 앞에서 홍해 물을 마르게 하신 일과 너희가 요단 저쪽에 있는 아모리 사람의 두 왕 시혼과 옥에게 행한 일 곧 그들을 진멸시킨 일을 우리가 들었음이니라 우리가 듣자 곧 마음이 녹았고 너희로 말미암아 사람이 정신을 잃었나니 너희의 하나님 여호와는 위로는 하늘에서도 아래로는 땅에서도 하나님이시라 그러므로 이제 청하노니 내가 너희를 선대하였은즉 너희도 내 아버지의 집을 선대하도록 여호와로 내게 맹세하고 내게 증표를 내라 그리고 나의 부모와 나의 남녀 형제와 그들에게 속한 모든 사람을 살려주어 우리 목숨을 죽음에서 건져내라 그 사람들이 그에게 이르되 네가 우리의 이 일을 누설하지 아니하면 우리의 목숨으로 너희를 대신 할 것이요 여호와께서 우리에게 이 땅을 주실 때에는 인자하고 진실하게 너를 대우하리라."

하나님께서 주시겠다 약속하신 땅을 그냥 주시면 좋을 텐데 꼭 한 번은 고난의 문을 통과하게 하십니다. 가나안 땅을 약속하셨음에도 불구하고 12명의 정탐꾼을 내 보내시는 것은 중심이 세워져 있는 여호수아와 갈렙을 얻기 위함 이였습니다. 온 천하에 그들의 믿음이 더러 나게 하셨으니 말입니다. 여리고 성으로 두 명의 정탐꾼을 보내시는 것은 라합을 구원하시기 위함입니다.

하나님의 관심은 성에나 금과 은에 있지 않습니다. 오직 사람에게 있습니다. 사람 중에서도 영적인 사람에게 하나님의 관심이 있습니다. 하나님의 관심 렌즈 안에 들어온 라합의 신앙이 무엇일까요?

**첫째 : 라합은 들음의 신앙을 가졌습니다.**

**(수2:10~11절) "~우리가 들었음이니라 우리가 듣자 곧 마음이 녹았고"**

귀가 있어도 듣지 못하는 사람들이 많습니다. 특별히 영적인 소리에 대해 들음에 무지한 사람들이 많습니다. 그래서 계시록에서 말씀을 듣는 자가 복이 있다고 했습니다.(계1:3) 또, 소아시아 일곱 교회에 말씀하시면서 "들을 귀가 있는 자는 들을 지어이다." 라고 반복해서 말씀하십니다. (계2:7, 11,17, 29, 3: 6, 13, 22) 일곱 교회에 동일하게 "들을 귀가 있는 자는 들을 지어다." 라고 하신 것은 그 만큼 들음이 중요하다는 말이 될 것입니다. 들을 귀가 있어야 하고 들음에 대해 지켜 행하는 것이 따라야 할 것입니다.

라합은 하나님의 역사에 대해 듣고 그것에 대해 의심하지 않았으며 정탐꾼들이 오자 자신의 생명을 걸고 그들을 숨겨주었습니다. 이러한 라합의 신앙을 하나님께서 보셨을 것이고 그를 구원하시기 위해 두 명의 정탐꾼을 보내신 것입니다.

**(롬10:17) "믿음은 들음에서 나며 들음은 그리스도의 말씀으로 말미암았느니라"**


**두 번째 : 라합은 생명이 하나님께 달려 있음을 고백하는 신앙을 가졌습니다.**

사람의 가장 기본적인 욕구가 생존의 욕구입니다. 최소한의 생존을 위해서 필요한 의, 식, 주 의 욕구는 누구에게나 있습니다. 그런데 생명이 누구로부터 왔으며 누구의 것인지를 모르는 사람들이 많습니다. 내 생명이든 타인의 생명이든 가진 자의 것이 아니라 주신 자의 것이라는 명확한 진리에 대해 무지하여 어리석게도 목숨을 빼앗는 사람들이 있습니다. 라합은 이런 면에서 놀라운 사람입니다. 이방인 이였음에도 불구하고 여호와 하나님에 대해 정확하게 인지하고 있습니다.

(수2:9) "여호와께서 이 땅을 너희에게 주신 줄을 내가 아노라."

(수2:11) "위로는 하늘에서도 아래로는 땅에서도 하나님 이시니라"

(수2:13) "그리고 나의 부모와 나의 남녀 형제와 그들에게 속한 모든 사람을 살려 주어 우리 목숨을 죽음에서 건져내라."

모든 소유의 하나님이 생명의 주권도 가지고 계심을 알고 신앙하는 라합이 얼마나 놀라운지 모르겠습니다.

(마16:16) "시몬 베드로가 대답하여 이르되 주는 그리스도시오 살아 계신 하나님의 아들이시니이다." 라는 고백을 들으시고 예수님께서 이렇게 말씀하십니다.

(마16:17) "예수께서 대답하여 이르시되 바요나 시몬아 네가 복이 있도다 이를 네게 알게 한 이는 혈육이 아니요 하늘에 계신 내 아버지시니라."

베드로에게 하신 말씀처럼 라합에게도 동일하게 말씀하실 것 같습니다.

이방 여인인 라합은 자신의 생명뿐만 아니라 가족 일가친척의 생명까지 하나님께 의탁을 합니다. 그러면서 여호와 하나님 이라고 고백까지 합니다. 그 하나님께 생명을 의탁하며 여호와의 이름으로 맹세하고 증거의 표를 요구합니다.

(수2:12) "여호와로 내게 맹세하고 내게 증표를 내라."

이 얼마나 당당하고 정확한 것을 요구합니까?

창38:18,25절에서 다말이 유다에게 증표를 요구하여 도장과 지팡이와 끈을 받아 내었기 때문에 후일 죽음의 위기에서 구원을 받았을 뿐 만 아니라 예수그리스도의 족보에 들어가는 영광의 여인이 됩니다. 라합도 이 복된 여인의 반열에 오릅니다.

**(마1:5) "살몬은 라합에게서 보아스를 낳고 보아스는 룻에게서 오벳을 낳고 오벳은 이새를 낳고"**

정탐군들을 달아내려 생명을 건져준 창문에 붉은 줄을 매어 라합과 그의 가족 친지들의 구원의 표가 됩니다.(수2:18, 21 6:25) 그리고 그리스도의 족보에 오릅니다. 예수그리스도의 신부요 자녀가 될 수 있음은 오직 십자가의 보혈의 공로 때문입니다. 라합의 집의 붉은 줄은 예수그리스도의 보혈입니다. 사망에서 생명으로 옮기는 표가 바로 십자가 위의 예수그리스도의 피 입니다. 우리 심령과 삶 안에 항상 예수보혈의 증표가 있어야 합니다. 생명의 주인이 예수님이심을 잊지 마시기 바랍니다.

# 아간의 범죄

**(수7:24~26) "여호수아가 이스라엘 모든 사람과 더불어 세라의 아들 아간을 잡고 그 은과 외투와 그 금덩이와 그의 아들들과 그의 딸들과 그의 소들과 그의 나귀들과 그의 양들과 그의 장막과 그에게 속한 모든 것을 이끌고 아골 골짜기로 가서 여호수아가 이르되 네가 어찌하여 우리를 괴롭게 하였느냐 여호와께서 오늘 너를 괴롭게 하시리라 하니 온 이스라엘이 그를 돌로 치고 물건들도 돌로 치고 불사르고 그 위에 돌무더기를 크게 쌓았더니 오늘날까지 있더라 여호와께서 그의 맹렬한 진노를 그치시니 그러므로 그 곳 이름을 오늘까지 아골 골짜기라 부르더라."**

여리고 성을 무혈입성 할 수 있었던 것은 이스라엘에게 주신 하나님의 전적인 은혜였습니다. 그들은 다만 하나님의 지시하심에 순종하기만 하면 되었습니다. 그런데 여리고 보다 훨씬 작은 아이 성 전투에서 그야 말로 대패를 하고 맙니다.

"그 원인은 무엇입니까?"라고 여호수아가 엎드려 하나님께 여쭈었을 때 하나님의 대답이 무엇입니까?

### 첫째 : 오만함입니다.

사람이 무엇이 잘 될 때 더욱 겸손해야 하는데 그렇지가 못합니다. 그래서 성경말씀에도 선줄로 생각하는 자는 넘어질까 조심하라 하셨습니다.(고전10:12) 여리고 성을 점령한 것에 잔뜩 흥분하고 있던 이스라엘 백성들은 아이성을 정탐하고 돌아와서 이렇게 보고합니다.

(수7:3) "백성을 다 올라가게 하지 말고 이삼천 명만 올라가서 아이를 치게 하소서 그들은 소수이니 모든 백성이 그리로 보내어 수고롭게 하지 마소서"

전쟁이 사람의 많고 적음에 달려 있지 않습니다.

(삼상17:47) "여호와의 구원하심이 칼과 창에 있지 아니함을 이 무리에게 알게 하리라 전쟁은 여호와께 속한 것인즉 그가 너희를 우리 손에 넘기시리라."

하나님 앞에 겸손히 믿음을 고백하며 나아가면 승리할 전쟁 이였는데 이스라엘은 오만함으로 죄의 종이 되고 전쟁에서 패하고 말았습니다. 그들은 자신들의 마음에 밀려드는 오만함의 도적을 물리치지 못하였습니다.

(잠16:18) "교만은 패망의 선봉이요 거만한 마음은 넘어짐의 앞잡이니라."

이스라엘의 마음을 훔친 사단은 그들을 충동질하여 하나님 앞에 드려져야 할 물질에 대해서도 도둑질 하게 합니다. 마치 압살롬이 백성들의 마음을 훔치고는 아버지 다윗의 왕위와 재산을 도둑질 하는 것과 같습니다.

(삼하15:6) "~이스라엘 사람의 마음을 압살롬이 훔치니라."

하와의 마음을 훔친 사단의 다음 전략은 아담과 하와를 동시에 무너뜨리고 에덴에서 쫓겨나게 하는 것 이였습니다.

(잠25:28) "자기의 마음을 제어하지 아니하는 자는 성읍이 무너지고 성벽이 없는 것과 같으니라."

죄의 통로가 되는 것이 아니라 하나님 앞에 믿음을 지키는 것이 승자의 길입니다.

(사26:2~3) "너희는 문들을 열고 신의를 지키는 의로운 나라가 들어오게 할지어다. 주께서 심지가 견고한 자를 평강하고 평강하도록 지키시리니 이는 그가 주를 신뢰함 이니이다."


## 둘째 : 탐욕이 문제였습니다.

이스라엘 백성들의 오만함은 아간의 범죄로 연결되었습니다. 여리고 성을 허락하시면서 하나님은 이스라엘 백성들에게 어떤 물품도 취하지 말라 하셨습니다.(수6:17~19) 그런데 여호와께 온전히 바쳐져야 될 물품들을 아간이 도둑질 합니다.

(수7:21) "내가 노략한 물건 중에 시날산의 외투 한 벌과 은 이백 세겔과 오십 세겔 중의 금덩이 하나를 보고 탐내어 취하였나이다 보소서 이제 그 물건들을 내 장막 땅속에 감추었는데 은은 그 밑에 있나이다"

'온전히 받쳐진 물건' 이라는 표현이 수6:17,18,21, 7:1,2,11, 13,13,15에서 반복적으로 말씀하고 있습니다.

(마5:48) "그러므로 하늘에 계신 너희 아버지의 온전하심과 같이 너희도 온전하라."

여기서 '온전하라'는 말씀은 '거룩하라, 성결하라'와 같은 뜻입니다.

**(마6:19) "너희를 위하여 보물을 땅에 쌓아 두지 말라 거기는 좀과 동록이 해하며 도적이 구멍을 뚫고 도적질하느니라"**

여리고 성의 전투는 첫 전투였고 그 첫 것은 하나님께 바쳐진 것입니다. 그것을 도적질하는 것은 하나님이 아닌 물질을 주인 삼은 것입니다.

**(마6:24) "한 사람이 두 주인을 섬기지 못할 것이니 혹 이를 미워하며 저를 사랑하거나 혹 이를 중히 여기며 저를 경히 여김이라 너희가 하나님가 재물을 겸하여 섬기지 못하느니라"**

이스라엘을 유월절 어린양의 대속으로 애굽에서 구원해 내신 출애굽 이후 하나님은 구원받은 생명에 대해 속전세를 내게 하셨습니다.

**(출30:12) "네가 이스라엘 자손의 수효를 조사할 때에 조사 받은 각 사람은 그들을 계수 할 때에 자기의 생명의 속전을 여호와께 드릴지니 이는 그것을 계수 할 때에 그들 중에 질병이 없게 하려 함이라."**

여리고 전투의 승리에서 거둔 모든 물질과 생명은 가나안을 점령하기 위한 첫 것 속전세 였습니다. 이방인 땅 이였던 가나안을 하나님 땅으로 만드시기 위해 하나님은 이스라엘의 온전한 거룩과 성결된 마음이 필요했습니다. 그렇지 않으면 가나안 족속의 죄 가운데로 빠져 들기 때문입니다.

'나' 대신 죽으신 어린양 예수그리스도의 속죄 사역과 하나님의 은혜를 기억하고 그 은혜의 보좌로 나아가는 온전한 마음을 받으시기를 원하신 하나님 앞에 드려진 것은 아간의 범죄 입니다. 그러므로 하나님은 작은 아이성에서 패배하게 하실 수밖에 없었습니다.

(수7:11~13) "이스라엘이 범죄하여 내가 그들에게 명령한 나의 언약을 어겼으며 또한 그들이 온전히 바친 물건을 가져가고 도둑질하며 속이고 그것을 그들의 물건들 가운데 두었느니라 그러므로 이스라엘 자손들이 그들의 원수 앞에 능히 맞서지 못하고 그 앞에서 돌아섰나니 이는 그들도 온전히 바친 것이 됨이라 그 온전히 바친 물건을 너희 중에서 멸하지 아니하면 내가 다시는 너희와 함께 있지 아니하리라. 너는 일어나서 백성을 거룩하게 하여 이르기를 너희는 내일을 위하여 스스로 거룩하게 하라 이스라엘의 하나님 여호와의 말씀에 이스라엘아 너희 가운데에 온전히 바친 물건이 있나니 너희가 그 온전히 바친 물건을 너희 가운데에서 제하기 까지는 네 원수들 앞에 능히 맞서지 못하리라."

우리의 승리는 예수그리스도의 언약에 대한 믿음이요, 우리의 패배는 죄의 누룩을 제거하지 못할 때 일어납니다.

### 셋째 : 그러함에도 불구하고 입니다.

오만과 도둑질로 범죄 하였음에도 불구하고 사망의 골짜기를 소망의 문으로 만드시는 긍휼입니다. 왕 권을 가진 유다지파 아간의 범죄는 이스라엘 전체의 범죄이며 오늘날 성도의 범죄입니다.

(약1:15) "욕심이 잉태한즉 죄를 낳고 죄가 장성한즉 사망을 낳느니라."

아간이 돌에 맞아죽은 골짜기를 "아골 골짜기" 라 했습니다. 아골 골짜기는 괴로움입니다. 그 괴로움의 골자기를 하나님은 소망의 문으로 만들어 주시는 은혜를 또 허락하십니다. 바로 예수그리스도를 보내어 주심입니다.

(호2:15) "거기서 비로소 그의 포도원을 그에게 주고 아골 골짜기로 소망의 문을 삼아 주리니"

죽음이요 괴로움인 아골 골짜기가 소망의 문이 되기 위해서는 댓가를 지불해야 합니다. 죄로 사망한 우리를 다시 살리시기 위해 예수그리스도께서 성육신하여 오셔서 우리 대신 골고다인 아골 골짜기에서 죽으시고 우리를 의롭다 하시기 위해 부활 하십니다.

그러므로 이제 죄에서 해방되었으며 괴로움에서 놓여났습니다.

마치 모압으로 내려간 나오미가 다 잃어버리고 베들레헴으로 돌아오며 나는 "마라" 라고 고백했을 때 하나님은 보아스를 통한 치유와 회복을 주시는 것 과 같습니다. 다시 기쁨인 나오미로 회복 될 뿐만 아니라 룻을 통한 예수그리스도를 탄생시키시듯이 유다지파의 범죄로 닫힌 소망을 예수그리스도의 죽으심으로 천국의 문을 우리에게 열어 영생을 주셨습니다. 완전한 치유와 회복은 예수그리스도의 십자가의 보혈의 죽으심과 부활을 통하여 이루어집니다.

아간의 범죄는 우리의 범죄였습니다. 또한 예수그리스도를 통한 구원과 영생도 우리의 것입니다. 나의 죄 됨에 대한 고백뿐만 아니라 예수그리스도의 보혈의 구속에 대한 고백으로 우리 자신을 온전히 구별하시기를 원합니다. 영원한 소망이시요 생명이신 예수그리스도께 우리 마음과 삶을 온전히 바쳐드림으로 기쁨이 충만하시기를 축원 드립니다.

# 에발 산과 그리심 산

(수8:30~35) "그 때에 여호수아가 하나님 여호와를 위하여 에발 산에 한 제단을 쌓았으니 이는 여호와의 종 모세가 이스라엘 자손에게 명령한 것과 모세의 율법 책에 기록된 대로 쇠 연장으로 다듬지 아니한 새 돌로 만든 제단이라

무리가 여호와께 번제물과 화목제물을 그 위에 드렸으며 여호수아가 거기서 모세가 기록한 율법을 이스라엘 자손의 목전에서 그 돌에 기록하매 온 이스라엘과 그 장로들과 관리들과 재판장들과 본토인뿐 아니라 이방인까지 여호와의 언약궤를 멘 레위 사람 제사장들 앞에서 궤의 좌우에 서되 절반은 그리심 산 앞에 절반은 에발 산 앞에 섰으니 이는 전에 여호와의 종 모세가 이스라엘 백성에게 축복하라고 명령한 대로 함이라 그 후에 여호수아가 율법 책에 기록된 모든 것 대로 축복과 저주하는 율법의 모든 말씀을 낭독하였으니 모세가 명령한 것은 여호수아가 이스라엘 온 회중과 여자들과 아이와 그들 중에 동행하는 거류민들 앞에서 낭독하지 아니한 말이 하나도 없었더라."

본문 연관된 성경 말씀은 신명기 11장 29절입니다.
복과 저주를 너희 앞에 두나니 …
여호와의 명령을 들으면 그리심 산에서 축복선포
여호와의 명령을 난 들으면 에발 산에서 저주선포.
이 두 산의 제단이 의미하는 것이 무엇이겠습니까?

**첫째 : 전쟁 승리 후 하나님을 인정하는 제단입니다.**

여리고와 아이 성을 정복하게 하신 후 하나님께서 여호수아에게 이스라엘 백성들과 함께 에발 산에 제단을 쌓게 하십니다. 제단을 쌓을 때 쇠 연장으로 다듬지 않는 돌로 쌓게 하는데 이것은 하나님 앞에 나갈 때 쇠 소리와 같은 내 육의 소리나 불협화음을 내지 말라는 것입니다. 인간적이고 정욕적인 소리가 나서는 안 되며 또 인위적인 요소들로 꾸미지 말고 나오라는 것입니다.

**(출20:25) "네가 내게 돌로 단을 쌓거든 다듬은 돌로 쌓지 말라 네가 정으로 그것을 쪼면 부정하게 함이니라"**

왜냐하면, 인위적인 어떤 행위나 모양으로 구원을 받는 것이 아니기 때문입니다. 오직 하나님의 은혜로 보좌에 나아갈 수 있음을 뜻합니다.

**(롬3:28)** **"그러므로 사람이 의롭다 하심을 얻는 것은 율법의 행위에 있지 않고 믿음으로 되는 줄 우리가 인정 하노라."**

출애굽기에서는 제단에 대해 더 세밀하게 말씀하고 있습니다.

**(출20:24)** **"내게 토단을 쌓고 그 위에 네 양과 소로 네 번제와 화목제를 드리라"**

이 토단은 바로 우리 자신입니다. 흙으로 만들어진 그 연약함에 쌓여 있는 우리 자신을 말씀 하십니다. 양과 소는 진리 되시는 예수그리스도이시요. 연약한 질그릇 같은 우리를 위해 친히 내어 주신 바 되시는 예수그리스도 이십니다.

이 제단에서 예수님은 양과 소가 되셔서 친히 번제와 화목제 사역을 행하십니다. 우리 안에 오셔서 우리의 모든 연약함을 대속하시는 예수그리스도의 속죄사역으로 말미암아 비로소 우리는 하나님의 아들이 되는 복을 받았습니다. 영적인 전쟁에서 승리할 수 있었던 것도 하나님의 은혜입니다. 저주가 선포되는 에발 산에 쌓은 제단은 육신적이고 세상적인 전쟁의 승리를 통해 영적 전쟁에서 이기게 하실 예수그리스도의 사역에 대해 인정하고 감사하는 제단입니다.

**둘째 : 그리심 산의 축복과 에발 산의 저주입니다.**

세겜 땅을 사이에 두고 그리심 산과 에발 산이 있습니다. 남쪽 그리심 산은 해발 845m로 햇빛을 받아 나무가 무성하게 자라는 곳입니다. 북쪽의 에발 산은 해발 940m로 해를 등지고 있어 나무가 잘

자라지 않아 헐벗은 산입니다. 그리심 산의 축복의 비결은 해를 마주하고 있다는 것입니다. 반대로 에발 산의 저주의 이유는 해를 등지고 있다는 것입니다. 해는 예수그리스도 이십니다.

(말4:2) **"내 이름을 경외하는 너희에게는 공의로운 해가 떠올라서 치료하는 광선을 비추리니 너희가 나가서 외양간에서 나온 송아지 같이 뛰리라."**

(눅1:77~79) **"주의 백성에게 그 죄 사함으로 말미암는 구원을 알게 하리니 이는 우리 하나님의 긍휼로 인함이라 이로서 돋는 해가 위로부터 우리에게 임하여 어둠과 죽음의 그늘에 앉은 자에게 비치고 우리 발을 평강의 길로 인도 하시리로다."**

우리 인생에 예수 그리스도가 없으면 이미 암흑이요 사망입니다. 그리심 산의 뜻은 "찍어내다, 베어내다, 자르다, 제거하다."입니다. 에발 산의 뜻은 "벌거숭이 , 민둥산, 헐벗다."입니다. 두 산의 이름 뜻이 같은듯 하면서도 다릅니다. 즉, 찍어내고 베어내고 자르면 벌거숭이, 민둥산, 헐벗은 산 이 될 텐데 그리심 산은 축복을 상징하고 에발 산은 저주를 상징 합니다. 왜냐하면 해의 기준이 다르기 때문입니다.

예수그리스도를 영접한다는 것은 내 의를 찍어내고 잘라내고 제거하는 것입니다. 그래서 (마16:24) **"누구든지 나를 따르려거든 자기를 부인하고 자기 십자가를 지고 나를 쫓을 것"**이라 하셨습니다. 해를 뜻하는 예수그리스도의 기준에서 악한 것을 제거하고 잘라내면 내가 없어지고 예수님만 보이게 되니 축복입니다. 내 안의 바알과 아세라를 찍어내면 온전하신 하나님이 더러 나게 되니 그리심 산의 축복이 됩니다. 반대로 내 의를 잘라내지 않고 베어내지 않고 해 이신 하나님의 속성인 사랑과 은혜들을 잘라내고 베어내면 민둥산, 헐벗은 산인 에발 산의 저주가 됩니다. 그곳에는 해가 없으므로 그리스도의 생명이 자랄 수가 없습니다. 사도바울이 날마다 자기를 쳐서 복종시키는 것은 그리스도안에 살기 위함입니다.(고전9:27)

### 셋째 : 변하여 새 사람 되는 곳이 에발 산입니다.

저주는 영원한 저주가 아니라는데 소망이 있습니다. 에발산에 쓰인 저주라는 단어는 하나님과의 영원한 단절이 아니라 하나님의 기대에 조금 목 미치는 "칼랄" 이라는 원어를 쓰고 있습니다. 언제든지 다시 축복의 상태로 돌아 갈 수 있는 길을 열어 두셨습니다. 마치 아담과 하와를 에덴에서 추방하시면서 동산 동쪽에 그룹들과 두루 도는 불 칼을 두어 생명나무의 길을 지키게 하시는 하나님의 은혜와 같습니다. 생명나무이신 예수그리스도께로 오히려 인도하시고자 하심과 같이 에발 산의 저주는 그리심 산의 축복으로 인도하시고 있습니다. 이 두 산 앞에 모인 사람들은 광야를 거쳐 가나안에 들어 온 사람들입니다.

(수8:33) "온 이스라엘과 그 장로들과 유사들과 재판장들과 본토인 뿐 아니라 이방인까지 여호와의 언약궤를 멘 레위 사람 제사장들 앞에서 궤의 좌우에 서되 절반은 그리심산 앞에, 절반은 에발산 앞에 섰으니 이는 이왕에 여호와의 종 모세가 이스라엘 백성에게 축복하라고 명한대로 함이라"

이스라엘 백성뿐만 아니라 이방인까지 함께 법궤 앞에 서 있습니다. (마9:13) "나는 의인을 부르러 온 것이 아니요 죄인을 부르러 왔노라" 하셨습니다. 하나님의 기준에 미달되는 죄인 된 우리를 위해 예수님은 친히 에발 산 제단에서 번제물과 화목제물이 되셨습니다. 그 자신을 비워 우리의 수치를 가려 주셨습니다. 이 은혜로 저주가 변하여 축복이 되고 사망이 변하여 생명이 되었습니다.

88

# 벧세메스 암소

(삼상6:7~16) "그러므로 새 수레를 하나 만들고 멍에를 메어 보지 아니한 젖 나는 소 두 마리를 끌어다가 소에 수레를 메우고 그 송아지들은 떼어 집으로 돌려보내고 여호와의 궤를 가져다가 수레에 싣고 속건제로 드릴 금으로 만든 물건들은 상자에 담아 궤 곁에 두고 그것을 보내어 가게하고 보고 있다가 만일 궤가 그 본 지역 길로 올라가서 벧세메스로 가면 이 큰 재앙은 그가 우리에게 내린 것이요 그렇지 아니하면 우리를 친 것이 그의 손이 아니요 우연히 당한 것인 줄 알리라 하니라 그 사람들이 그같이 하여 젖 나는 소 둘을 끌어다가 수레를 메우고 송아지들은 집에 가두고 여호와의 궤와 및 금 쥐와 그들의 독종의 형상을 담은 상자를 수레 위에 실으니 암소가 벧세메스 길로 바로 행하여 대로로 가며 갈 때에 울고 좌우로 치우치지 아니하였고 블레셋 방백들은 벧세메스 경계선까지 따라 가니라 벧세메스 사람들이 골짜기에서 밀을 베다가 눈을 들어 궤를 보고 그 본 것을 기뻐하더니 수레가 벧세메스 사람 여호수아의 밭 큰 돌 있는 곳에 이르러 선지라 무리가 수레의 나무를 패고 그 암소들을 번제물로 여호와께 드리고 레위인은 여호와의 궤와 그 궤와 함께 있는 금 보물 담긴 상자를 내려다가 큰 돌 위에 두매 그 날에 벧세메스 사람들이 여호와께 번제와 다른 제사를 드리니라 블레셋 다섯 방백이 이것을 보고 그날에 에그론으로 돌아갔더라."

출애굽하고 요단을 건너 땅을 정복하고 나면 이제 그 땅에서 사명자로 거듭 나야 합니다. 하나님께서 우리를 부르시고 우리에게 영적인 지경을 주신 후 분명한 메시지를 주십니다. 이것을 놓쳐 버리면 우리는 하나님 앞에 게으르고 악한 종이 되는 것입니다.

본문에서, 블레셋 땅에 있던 법궤를 이스라엘로 옮기시는 일에 벧세메스 암소를 사용하시는 것을 보게 됩니다. 이 벧세메스 암소가 오늘 저와 여러분입니다. 그렇다면 벧세메스 암소를 통해 우리에게 주시는 하나님의 권고하심은 무엇입니까?

## 첫째 : 벧세메스의 사명은 법궤를 메는 사명입니다.

삼상4장에서 이스라엘이 블레셋과의 전투에서 패배를 하고 법궤를 빼앗깁니다. 빼앗은 법궤를 다곤 신전에 가져다 두는데 블레셋에 재앙이 연속적으로 일어나게 됩니다. 그러자 그들은 법궤를 이스라엘에게 돌려보내므로 하나님의 역사인지 우연의 일치인지 알아보기로 합니다. 암 소 두 마리는 온갖 불리한 조건 가운데에서 선발 됩니다. 이를테면, 새 수레에 한 번도 멍에 메어 보지 않은 젖 나는 암소, 각각의 장소에서 온 두 마리 암소 임에도 불구하고 법궤를 실어 이스라엘 진영으로 보냅니다.

법궤는 하나님의 약속이 있는 궤 이므로 언약궤이며, 하나님의 법이 들어 있으므로 법궤이며, 하나님의 증거가 있으므로 증거궤 입니다. 이 모든 명칭 속에는 하나님의 임재 하심이 있습니다. 그래서 법궤가 있는 성막을 만들 때 하나님은 (출25:22, 30:6) **"내가 거기서 너와 만나리라."** 하십니다. 법궤는 구약의 제사장 지파인 레위의 아들 중에서도 고핫 지파가 어깨에 메고 옮겼습니다.(민4:15) 그 만큼 법궤는 신성하고 거룩하신 하나님의 성별됨을 나타내는 것이기도 합니다.

이 법궤가 바로 오실 예수그리스도의 모형입니다. 그 예수그리스도가 육신으로 오시기 전의 상태인 말씀이요 하나님의 임재의 상징이 법궤입니다. 그러므로 벧세메스 암소가 수레에 싣고 가는 것은 하나님의 언약이요 증거이며 법이요 임재인 것입니다.

이스라엘 백성들은 광야를 행진 할 때에도, 전쟁의 위급한 상황에서도 법궤가 앞서 가는 것을 보았습니다. 언제나 그들에게는 하나님의 임재하심이 눈으로 보여 졌습니다.

(신1:33) "그는 너희보다 먼저 그 길을 가시며 장막 칠 곳을 찾으시고 밤에는 불로, 낮에는 구름으로 너희가 갈 길을 지시하신 자시니라."

하나님과 하나님 백성들의 만남과 소통이 이루어지게 하시기 위해 법궤를 주셨습니다. 이 법궤를 고핫 자손을 통하여 옮기게 하셨고, 벧세메스 암소를 통하여 옮기게 하셨고 우리에게 맡겨 주셨습니다.

(고전4:1) "사람이 마땅히 우리를 그리스도의 일군이요 하나님의 비밀을 맡은 자로 여길지어다."

성도의복 중에 복은 하나님의 말씀을 보고 듣고 지켜 행하며 그리스도와 연합된다는 것입니다.

(계1:3) "이 예언의 말씀을 읽는 자와 듣는 자와 그 가운데에 기록한 것을 지키는 자는 복이 있나니 때가 가까움이니라."

또 성도의 가장 큰 복은 하나님의 말씀을 다른 사람들에게 전 할 수 있는 특별한 은혜를 입었다는 것입니다.

(롬3:1~2) "그런즉 유대인이 나음이 무엇이며 할례의 유익이 무엇이냐 범사에 많으니 우선은 그들이 하나님의 말씀을 맡았음이니라."

벧센메스의 암소가 모든 악 조건 속에서도 법궤를 메고 이스라엘 국경을 넘어 갈 수 있음도 하나님의 말씀의 은혜가 그를 인도하셨기 때문입니다. 그러하듯이 성도가 세상 환란 가운데에서도 믿음의 길을 갈 수 있는 것은 하나님의 언약이 우리를 붙들고 가시기 때문입니다. 그러므로 말씀의 법궤를 메는 사명에 헌신되어짐을 기뻐하시고 감사함으로 순종되어지시기를 바랍니다.

**둘째 : 벧세메스 암소의 사명은 속죄의 사역입니다.**

벧세메스 암소가 싣고 온 것은 속건제로 드려질 금 독종 다섯 마리와 금 쥐 다섯 마리입니다. 이것은 블레셋 방백과 블레셋 백성들을 뜻 합니다. 그들이 하나님을 모독하고 그들의 신전에 법궤를 두는 오만함과 어리석음의 죄입니다. 하나님은 이스라엘 백성과 이방인들을 함께 출애굽시켜 주시는 은혜를 베푸셨습니다. 이번에도 이스라엘뿐만 아니라 블레셋 사람에게도 하나님의 구원하심을 나타내십니다. 예수그리스도께서 십자가위에서 죽으실 때 성소의 휘장이 위에서 아래로 찢어지고 땅이 진동하고 무덤이 열리며 죽은 자들이 일어나는 것을 본 로마의 백부장이 고백합니다.

(마27:54) **"이는 진실로 하나님의 아들이었도다."**

사도바울은 (롬15:16) **"이방인을 제물로 드리는 것이 성령 안에서 거룩하게 되어 받으실 만하게 하려 하심이라."**라고 합니다.

벧세메스 암소는 속건 제물을 싣고 좌우로 치우치지 않고 여호수아의 밭에 있는 큰 돌 앞에 멈추어 섭니다. 여호수아의 이름 뜻은 '여호와는 구원이시다.'입니다. 죽을 수밖에 없는 우리를 말씀으로 인도 하셔서 예수그리스 앞에 인도 하여 죄 사함을 받을 뿐만 아니라 구원을 받게 하시고 하나님의 거룩한 제사장이 되게 하시는 모습을 보여 주십니다.

법궤가 블레셋에게 빼앗긴 장소가 에벤에셀 지역입니다. 에벤에셀의 뜻은 '도움의 돌'입니다. 예수그리스도를 뜻 합니다. 연약한 우리 성도를 도우셔서 하나님의 은혜 안으로 초청해 주셨습니다. 하나님의 사랑은 예수그리스도를 통하여 모든 사람들을 (유대인이나 이방인이나) 구원하시기를 원하시고 더 나아가 하나님의 거룩한 제사장이 되기를 원하십니다.

(벧전2:4~5) "보배로우신 산돌이신 예수께 나아가 너희도 신령한 집으로 세워지고 예수그리스도로 말미암아 하나님이 기쁘게 받으실 신령한 제사를 드릴 거룩한 제사장이 될지니라."

벧세메스 암소는 모든 속건 제물을 드리고 수레와 함께 번제물로 드려집니다. 예수그리스도의 완전하시고 온전하신 구속의 제물 되심을 나타내고 있습니다. 이제 예수그리스도의 속죄 사역이 구원받은 성도와 교회가 해야 할 일이 되었습니다. 그것은, 말씀으로 전도하고 선교하는 일입니다. 말씀의 십자가를 지고 예수그리스도 앞에 설 때까지 좌우로 치우치지 않고 전진하는 것입니다. 거룩한 이끄심에 순종 되어지는 벧세메스 암소가 됩시다.

# 느보산

(신34:1~7) "모세가 모압 평지에서 느보 산에 올라가 여리고 맞은편 비스가 산꼭대기에 이르매 여호와께서 길르앗 온 땅을 단까지 보이시고 또 온 납달리와 에브라임과 므낫세의 땅과 서해까지의 유다 온 땅과 네겝과 종려나무의 성읍 여리고 골짜기 평지를 소알까지 보이시고 여호와께서 그에게 이르시되 이는 내가 아브라함과 이삭과 야곱에게 맹세하여 그의 후손에게 주리라 한 땅이라 내가 네 눈으로 보게 하였거니와 너는 그리로 건너가지 못하리라 하시매 이에 여호와의 종 모세가 여호와의 말씀대로 모압 땅에서 죽어 벳브올 맞은편 모압 땅에 있는 골짜기에 장사되었고 오늘까지 그의 묻힌 곳을 아는 자가 없느니라 모세가 죽을 때 나이 백이십 세였으나 그의 눈이 흐리지 아니하였고 기력이

쇠하지 아니하였더라."

느보산은 민수기 27장12절, 신명기 32:49절, 신명기 34장1절에
등장합니다. 공통점은 하나님께서 모세에게 느보산에 올라 주리라
고 약속한 가나안 땅을 바라보게 하시는 것입니다. 이것을 통하여
하나님의 뜻이 무엇인지 깨닫기를 원합니다.

### 첫째 : 바라봄의 법칙입니다.

무엇을 바라보느냐? 어떻게 바라보느냐?

(히12:2) "믿음의 주요 또 온전하게 하시는 이인 예수를 바라보자" 하셨는
데 모세가 바라보아야 할 것은 예수 그리스도 라는 것을 느보산에
서 하나님은 가르치고 계십니다. 모세가 걸어온 40년 광야 인생의
끝은 가나안이 아니라 느보산 꼭대기였습니다.

(신34:1) "모세가 모압 평지에서 느보 산에 올라가 여리고 맞은편 비스가 꼭
대기에 이르매"

다윗이 40년 재위의 끝은 성전 건축물품을 창고에 들이는 것 이
였습니다.

(대상29:2) "내가 이미 내 하나님의 성전을 위하여 힘을 다하여 준비하였나
니 곧 기구를 만들 금과 은과 놋과 철과 나무와 도 마노와 가공할 검은 보석과
채석과 다른 모든 보석과 옥돌이 매우 많으며"

모세의 소원은 가나안에 들어가는 것 이였고 다윗의 소원은 성전
건축 이였습니다. 그럼에도 불구하고 그들은 목표지점의 입구에서
멈추어 서야 했습니다. 모세에게 멈춤을 명하신 분도 하나님 이셨
고 다윗에게 멈춤을 명령하신 분도 하나님 이십니다.

(신32:49~50) "너는 여리고 맞은편 모압 땅에 있는 아바림 산에 올라가 느

보 산에 이르러 내가 이스라엘 자손에게 기업으로 주는 가나안 땅을 바라보라 네 형 아론이 호르 산에서 죽어 그의 조상에게로 돌아간 것 같이 너도 올라가는 이 산에서 죽어 네 조상에게로 돌아가리니"

모세가 느보산에서 멈춘 것도, 다윗이 성전건축 준비에서 멈춘 것도 하나님의 주권을 인정하고 오직 예수그리스도만 바라보라는 말씀입니다.

모세가 가나안을 못 들어 간 것은

(민27:14) "이는 신 광야에서 회중이 분쟁할 때에 너희가 내 명령을 거역하고 그 물가에서 내 거룩함을 그들의 목전에 나타내지 아니 하였음이니라 이 물은 신 광야 가데스의 므리바 물이니라."

다윗이 꿈에도 소원인 성전 건축을 할 수 없었던 것은

(대상28:3) "하나님이 내게 이르시되 너는 전쟁을 많이 한 사람이라 피를 많이 흘렸으니 내 이름을 위하여 성전을 건축하지 못하리라 하셨느니라."

우리는 목표가 분명한데도 그 목표 지점에서 눈을 돌려 자꾸만 다른 것을 보려고 합니다. 그리고 바라볼 때도 하나님의 마음과 시각으로 보기보다는 내 마음과 내 보기에 좋은 대로 행합니다. 이런 잘못된 관점의 바라봄으로 인하여 모세는 하나님의 거룩의 영광 보다는 자신의 혈기와 의를 더 나타내었고 다윗은 하나님의 화목과 평강 보다 자신과 국가의 번영을 위해 원수 맺음을 많이 했습니다.

느보산의 뜻은 '높다' 혹은 '지혜'입니다. 오직 예수 그리스도를 높이고 지혜이신 하나님께 여쭈어 가로되 하여야 합니다. 내 보기에 좋은 대로가 아니라 하나님 보시기에 좋은 대로 입니다. 성도는 오직 하나님만 나타내야 합니다. 우리를 나타내는 것은 우리 자신이 아니라 하나님이 하시는 것입니다.

(벧전5:6) "그러므로 하나님의 능하신 손아래에서 겸손 하라 때가 되면 너희

를 높이시리라."

### 둘째 : 언약의 변치 않으시는 하나님을 바라보라.

모세가 느보산 꼭대기에서 죽었다고 하여 그가 천국에 들어가지 못한 것은 아닙니다. 그 증거가 신약에서 예수님께서 직접 모세를 여러 번 언급하시고 계시고 있습니다. 특별히 **마17:3, 막9:4, 눅9:30** 에 변화산에서 모세와 엘리야가 예수님과 대화하는 장면이 나옵니다. 또, 히브리서 11장 믿음의 조상에서 모세를 기록하고 있기 때문입니다.

**(히11:24~26) "믿음으로 모세는 장성하여 바로의 공주의 아들이라 칭함 받기를 거절하고 도리어 하나님의 백성과 함께 고난 받기를 잠시 죄악의 낙을 누리는 것 보다 더 좋아하고 그리스도를 위하여 받는 수모를 애굽의 모든 보화보다 더 큰 재물로 여겼으니 이는 상 주심을 바라봄이라."**

그러므로 모세는 천국에 들어갔습니다. 하나님의 언약의 사랑을 바라보라고 그리고 그곳으로 인도하시겠다는 강력한 메시지가 모세를 느보산에 이끄셔서 가나안을 바라보게 하신 것입니다. 우리의 시민권은 하늘에 있는 것입니다.

**(빌3:20~21) "그러나 우리의 시민권은 하늘에 있는지라  거기로부터 구원하는 자 곧 주 예수 그리스도를 기다리노니 그는 만물을 자기에게 복종하게 하실 수 있는 자의 역사로 우리의 낮은 몸을 자기 영광의 몸의 형체와 같이 변하게 하시리라."**

느보산에 가면 놋 뱀이 장대위에 달려 관광객을 맞이한다고 합니다. 자신들에게 불평과 불순종의 죄를 짓게 하고 물어 죽음에 이르게 한 불 뱀을 만들어 달아야 하는데 모세는 놋 뱀을 만들어 장대에 높이 메어 답니다.

(민21:8~9) "여호와께서 모세에게 이르시되 불 뱀을 만들어 장대 위에 매달 아라 물린 자마다 그것을 보면 살리라 모세가 놋 뱀을 만들어 장대 위에 다니 뱀에게 물린 자가 놋 뱀을 쳐다본즉 모두 살더라."

율법이 죄에서 우리를 구원 할 수 없으나 복음이신 예수그리스도 가 친히 십자가를 지심으로 우리를 구원하시겠다는 언약의 예표입 니다.

(요3:14) "모세가 광야에서 뱀을 든 것 같이 인자도 들려야 하리니 이는 그를 믿는 자마다 영생을 얻게 하려 하심이니라."

우리의 의로움을 쳐다보고 하나님이 구원하심이 아니요 오직 우 리 안에 사시는 그리스도로 말미암아 우리를 구원하시겠다는 언약 입니다. 자기 사람을 사랑하시되 끝까지 사랑하시는 예수그리스도 께서 (요13:1) 우리 죄를 용서하시고 보혈로 씻으셔서 영원한 안식이 며 생명을 주십니다.

할렐루야! 오직 예수그리스도를 바라보심으로 영적인 눈이 흐려 지지 않고 영적인 기력이 쇠하여 지지 않는 복이 늘 함께 하시기를 축원 드립니다.

# 오직 예수

(눅9:28~36) "이 말씀을 하신 후 팔 일쯤 되어 예수께서 베드로와 요한과 야 고보를 데리고 기도하시러 산에 올라 가사 기도하실 때에 용모가 변화되고 그 옷이 희어져 광채가 나더라 문득 두 사람이 예수와 함께 말하니 이는 모세와 엘 리야라 영광중에 나타나서 장차 예수께서 예루살렘에서 별세하실 것을 말할

새 베드로와 및 함께 있는 자들이 깊이 졸다가 온전히 깨어나 예수의 영광과 및 함께 선 두 사람을 보더니 두 사람이 떠날 때에 베드로가 예수께 여짜오되 주여 우리가 여기 있는 것이 좋사오니 우리가 초막 셋을 짓되 하나는 주를 위하여, 하나는 모세를 위하여, 하나는 엘리야를 위하여 하사이다 하되 자기가 하는 말을 자기도 알지 못하더라 이 말 할 즈음에 구름이 와서 그들을 덮는지라 구름 속으로 들어갈 때에 그들이 무서워하더니 구름 속에서 소리가 나서 이르되 이는 나의 아들 곧 택함을 받은 자니 너희는 그의 말을 들으라 하고 소리가 그치매 오직 예수만 보이더라 제자들이 잠잠하여 그 본 것을 무엇이든지 그 때에는 아무에게도 이르지 아니 하니라"

예수님의 공생애 사역기간 동안 늘 함께 하는 제자들이 있습니다. 야고보와 요한과 베드로입니다. 이 세 명은 12제자 중에서도 특별히 사랑 받은 제자라고 할 수 있습니다. 예수님께서 회당장 야이로의 딸을 살려내실 때 함께 합니다.

(눅8:51) "그 집에 이르러 베드로와 요한과 야고보와 아이의 부모 외에는 함께 들어가기를 허락하지 아니하시니라."

또, 겟세마네 기도의 자리에도 이 세 사람을 데리시고 가십니다. (막14:33) 그리고 변화산 기도에 베드로 야고보 요한과 함께 하십니다. 예수님께서 베드로와 야고보와 요한과 함께 다볼산에서 기도하실 때 예수님의 모습이 변형되십니다. 그래서 다볼산의 또 다른 이름이 '변화산' 입니다. 이 사건에서 우리가 깊이 묵상해야 할 것들이 있습니다.

## 첫째 : 부활의 신앙을 가져라는 말씀입니다.

변화산의 사건은 예수님께서 제자들에게 자신의 죽으심과 부활을 처음으로 이르시고 난 후 일어난 첫 번째 사건입니다. 주님은 십자가의 죽으심만 말씀하시는 것이 아니라 부활을 같이 말씀하시면서 (마16:13~28 ,막8:27~9:1, 눅9:18~27) 덧붙여 이렇게 말씀 하십니다.

(눅9:27) **"내가 참으로 이르노니 여기 서 있는 사람 중에 죽기 전에 하나님의 나라를 볼 자들도 있느니라."**

예언하신 것처럼 훗날 예수님께서 부활 하셔서 제자들을 포함한 5백여 무리들 앞에 여러 차례 나타나십니다. 이에 대한 증언을 고린도전서 15장에서 하고 있습니다.

(고전15:5~6) **"게바에게 보이시고 후에 열 두 제자에게와 그 후에 오백여 형제에게 일시에 보이셨나니 그 중에 지금까지 다수는 살아 있고 어떤 사람들은 잠들었으며"**

죽으심과 부활을 말씀 하신 후 팔일 후에 변화산 사건이 일어났습니다. 팔일이라는 의미는 부활을 상징 합니다. 예수님의 부활도 안식 후 첫 날인 팔일에 일어났습니다. 하나님께서 언약으로 이스라엘 백성들은 남자가 태어나면 팔일 째 되는 날 할례식을 행하도록 하셨습니다.

(창17:12) **"너희의 대대로 모든 남자는 집에서 난 자나 또는 너희 자손이 아니라 이방 사람에게서 돈으로 산 자를 막론하고 난 지 팔 일 만에 할례를 받을 것이라"**

언약대로 이삭이 태어 난 지 팔일 만에 할례를 행합니다.

(창21:4) **'그 아들 이삭이 난 지 팔일 만에 그가 하나님이 명령하신 대로 할례를 행하였더라."**

세례요한도 마찬가지로 할례를 행합니다.

(눅1:59) **"팔 일이 되매 아이를 할례하러 와서 그 아버지의 이름을 따라 사가랴 라 하고자 하더니"**

할례 규정대로 예수님께서도 태어나신지 팔일 째 되던 날 할례를 받으셨습니다.

(눅 2;21) **"할례 할 팔 일이 되매 그 이름을 예수라 하니 곧 잉태하기 전에 천사가 일컫는 바러라."**

할례는 피의 언약입니다. 예수님의 피 언약이 구약에 나타난 대표적인 할례언약입니다. 성도는 예수님과 피로 맺은 관계가 되었습니다. 이스라엘 남자들은 태어 난 지 팔일 만에 할례를 행하고 이름을 지음 받습니다. 보혈의 공로로 옛 사람이 죽고 부활의 신앙으로 거듭 난 사람은 새 사람을 입는 것을 뜻합니다.

(고후5:17) **"그런즉 누구든지 그리스도 안에 있으면 새로운 피조물이라 이전 것은 지나갔으니 보라 새 것이 되었도다."**

실재로 예수님이 십자가에서 죽으시기 이전에 일어난 변화산 사건은 사랑하는 제자들에게 영으로 부활을 경험하게 하신 사건입니다. 먼저 변화산에서 부활을 깨닫고 훗날 사망권세를 이기시고 부활하신 예수님을 실재 경험 했던 베드로와 야고보와 요한은 예루살렘 교회에 기둥과 같이 쓰임 받게 됩니다.

(갈 2:9) **"또 기둥같이 여기는 야고보와 게바와 요한"**

오늘 우리의 신앙이 죽으심의 신앙뿐만 아니라 부활의 신앙으로 세워져야 함을 변화산 사건이 요청하고 있음을 믿으시기 바랍니다.

**둘째 : 변화산 사건은 영원한 집을 말씀하시고 계십니다.**

변화되신 예수님과 모세와 엘리야가 대화하는 것을 본 베드로가 우리가 여기 있는 것이 좋사오니 초막 셋을 짓겠다고 합니다. (눅 9:33) 이 말을 주님이 기뻐하실 리가 없습니다. 왜 그렇습니까? 왜 주님이 집 지어 드리겠다고 하는데도 기뻐하지 않겠습니까? 초막집은 베드로의 고백대로 '여기가 좋사오니'의 신앙입니다. 이스라엘 백성들이 가나안 땅에 들어가서 초막절을 지켰습니다.

(레23:42) "너희는 이레 동안 초막에 거주하되 이스라엘에서 난 자는 다 초막에 거주할지니"

(느8:14~17) "율법에 기록된 바를 본즉 여호와께서 모세를 통하여 말씀하시기를 이스라엘 자손은 일곱째 달 절기에 초막에서 거할 지니라 하였고 또 일렀으되 모든 성읍과 예루살렘에 공포하여 이르기를 너희는 산에 가서 감람나무 가지와 들 감람나무 가지와 화석나무 가지를 가져다가 기록한 바를 따라 초막을 지으라 하지라 백성이 이에 나가서 나뭇가지를 가져다가 혹은 지붕 위에, 혹은 뜰 안에, 혹은 하나님의 전 뜰에, 혹은 수문 광장에, 혹은 에브라임 문 광장에 초막을 짓되 사로잡혔다가 돌아온 회중이 다 초막을 짓고 ~"

하나님께서 초막절을 지키게 하신 것은 출애굽의 광야 길에서도 지키시고 보호하신 하나님을 기억하라는 것입니다. 광야의 인생길은 나그네 인생길 이며 그 인생의 최종적인 목적지는 영원한 나라 예수 그리스도 이심을 잊지 말라는 것입니다.

인생에서 여러 모양의 집을 지을 수 있습니다.

(고전3:11~15) "이 닦아 둔 것 외에 능히 다른 터를 닦아 둘 자가 없으니 이 터는 곧 예수 그리스도라 만일 누구든지 금이나 은이나 보석이나 나무나 풀이나 짚으로 이 터 위에 세우면 각 사람의 공적이 나타날 터인데 그 날이 공적을 밝히리니 이는 불로 나타내고 그 불이 각 사람의 공적이 어떠한 것을 시험할 것이라 만일 누구든지 그 위에 세운 공적이 그대로 있으면 상을 받고 누구든지 그 공적이 불타면 해를 받으리니 그러나 자신은 구원을 받되 불 가운데서 받은 것 같으니라"

예수그리스도를 아는 사람은 예수의 집을 지으며 나그네 같은 인생길을 걸어가야 합니다. 예수께서 우리 안에 충만히 거하시고 우리가 예수님 안에 온전히 들어가면 가장 보배롭고 존귀한 집이 됩니다. 임마누엘의 집은 광풍이 불어도 용광로 같은 불이 온다 할지라도 견고히 무너지지 않는 집이 됩니다.

(마7:24~25) "그러므로 누구든지 나의 이 말을 듣고 행하는 자는 그 집을 반석위에 지은 지혜로운 사람 같으니 비가 내리고 창수가 나고 바람이 불어 그 집에 부딪치되 무너지지 아니하나니 이는 주추를 반석위에 놓은 까닭이요"

먼저 우리 자신이 하나님의 집이요 성전 됨으로 견고히 세워진다면 가장 큰 영광을 하나님께 돌려 드리는 것이 될 것입니다. 예수로 지어진 집은 변화 산 은혜를 가지고 죄인들 속으로 들어가는 신앙입니다. 베드로가 이곳에 초막 셋을 지어 살겠다는 것은 안주하는 신앙입니다. 예수님을 3년 동안 따라다녔지만 아직 진정한 동역이 무엇인지 알지 못하고 있습니다.

(고전3:9) "우리는 하나님의 동역자 들이요 너희는 하나님의 밭이요 하나님의 집이니라."

하나님의 동역은 "내가 좋은 곳" 에서가 아니라 "주님이 가라" 하시는 곳에 있습니다. 찬송 442장 "저 장미꽃 위에 이슬" 가사를 보며 은혜를 받습니다. 밤 깊도록 동산 안에 주와 함께 있으려 하나 괴론 세상에 할 일 많아서 날 가라 명하신다.

은혜 받은 자리에서 초막을 짓고 머무는 것이 아니라 주님 가라 명하시는 세상 속으로 가서  영원한 나라 영원한 생명이 있는 예수의 집을 지어드리는 인생길이 되시기 바랍니다.

**셋째 : 변화 산 사건은 오직 예수만 보여야 한다는 것을 말씀합니다.**
예수님의 용모가 변화 하였을 때 제자들이 본 것은 예수님과  모

세와 엘리야였습니다. 모세는 시내산에서 율법을 전수 받고 성막을 만들어 제사제도를 확립한 행위의 의로움을 상징합니다. 엘리야는 선지자의 대표자로 하나님의 말씀의 지식적인 의를 뜻 합니다. 율법이나 선지자의 예언으로 구원을 받을 수도 없거니와 의롭다 하심을 얻을 육체가 없습니다.

(롬3:20) "율법의 행위로 그의 앞에 의롭다 하심을 얻을 육체가 없나니 율법으로는 죄를 깨달음이라."

그러므로 예수와 모세와 엘리야를 동등한 위치에서 보여 지면 안됩니다. 제자들의 상태는 본문 32절과 같이 깊이 졸다가 깨어난 상태입니다. 주님이 기도하실 때 베드로는 깊이 졸았습니다. 이들은 겟세마네기도 때에도 잤습니다.

(눅22:46) "이르시되 어찌하여 자느냐 시험에 들지 않게 일어나 기도하라 하시니라."

기도해야 할 때 기도하지 않으면 영적인 분별력이 없어집니다. 기도 할 때 자면 가장 소중한 진리를 잃어버릴 수도 있습니다. 베드로와 야고보와 요한은 기도의 자리에서 깊이 졸거나 잤기 때문에 예수님의 모습과 함께 모세와 엘리야를 볼 뿐만 아니라 동등한 위치에서 판단하게 됩니다. 모세와 엘리야는 예수그리스도의 그림자입니다.

(갈3;23~25) "믿음이 오기 전에 우리는 율법 아래에 매임바 되고 계시될 믿음의 때까지 갇혔느니라 이같이 율법이 우리를 그리스도께로 인도하는 초등교사가 되어 우리로 하여금 믿음으로 말미암아 의롭다 함을 얻게 하려 함이라 믿음이 온 이후로는 초등교사 아래에 있지 아니 하도다"

복음을 선물로 받은 성도에게는 오직 실체이신 예수그리스도만 보여져야 합니다.

(엡2:8~9) "너희는 그 은혜에 의하여 믿음으로 구원을 받았으니 이것은 너희

에게서 난 것이 아니요 하나님의 선물이라 행위에서 난 것이 아니니 이는 누구든지 자랑하지 못하게 하려 함이라."

깊이 잠자는 상태에서 온전히 깨어나 은혜 속에 들어가면 오직 예수만 보입니다. 구름은 하나님의 영광이요 임재이며 은혜 입니다. 그때 비로소 예수그리스도의 별세가 깨달아지고 변화산의 교훈이 깨달아 지게 됩니다.

(눅9:31) **"영광 중에 나타나서 장차 예수께서 예루살렘에서 별세하실 것을 말할 새"**

우리를 의롭다 하시기 위해 죽으시고 우리를 영원한 생명으로 인도하시기 위해 죽으셔야 하는 예수그리스도의 낮아지심이 오늘 저와 여러분의 눈을 밝히기를 소원 합니다. 또한 깨달아질 뿐만 아니라 그 분의 제자의 길을 걷는 자리에 있으시기를 축원합니다.

(갈2:20) **"내가 그리스도와 함께 십자가에 못 박혔나니 그런즉 이제는 내가 산 것이 아니요 오직 내 안에 그리스도가 사신 것이라."**

그리스도만 보이고 그리스도 안에서 정과 육이 못 박히면 골고다의 예수, 부활의 예수는 오늘 우리의 영원한 소망이요 예루살렘이 됩니다.

(히12:1) **"믿음의 주요 또 온전하게 하시는 이인 예수를 바라보자."**

산(천국) 위에서도 산 아래(지상)에서도 예수만 보이면 그 곳이 바로 변화산 입니다. 오직 예수 바라봄의 승리가 오늘 교회와 저와 여러분에게 있음을 선포 합니다.

# 얍복강의 브니엘

(창32:23~32) "그들을 인도하여 시내를 건너가게 하며 그의 소유도 건너가게 하고 야곱은 홀로 남았더니 어떤 사람이 날이 새도록 야곱과 씨름하다가 자기가 야곱을 이기지 못함을 보고 그가 야곱의 허벅지 관절을 치매 야곱의 허벅지 관절이 그 사람과 씨름할 때에 어긋났더라 그가 이르되 날이 새려하니 나로 가게 하라 야곱이 이르되 당신이 내게 축복하지 아니하면 가게 하지 아니하겠나이다 그 사람이 그에게 이르되 네 이름이 무엇이냐 그가 이르되 야곱이니이다 그가 이르되 네 이름을 다시는 야곱이라 부를 것이 아니요 이스라엘이라 부를 것이니 이는 네게 하나님과 및 사람들과 겨루어 이겼음이니라 야곱이 청하여 이르되 당신의 이름을 알려 주소서 그 사람이 이르되 어찌하여 내 이름을 묻느냐 하고 거기서 야곱에게 축복한지라 그러므로 야곱이 그 곳 이름을 브니엘이라 하였으니 그가 이르기를 내가 하나님과 대면하여 보았으나 내 생명이 보전되었다 함이더라 그가 브니엘을 지날 때에 해가 돋았고 그의 허벅지로 말미암아 절었더라 그 사람이 야곱의 허벅지 관절에 있는 둔부의 힘줄을 쳤으므로 이스라엘 사람들이 지금까지 허벅지 관절에 있는 둔부의 힘줄을 먹지 아니하였더라"

위기를 기회로 바꾸는 지혜로운 야곱을 보게 됩니다. 이전에 축복을 고난으로 바꾼 어리석은 야곱이 이제 지혜로운 자가 되어 얍복강 전투에 임합니다. 여기에서 야곱이 이룬 인생 대 역전극을 우리는 보아야 하겠습니다. 저주가 축복으로, 고난이 은혜로 바꾸어지는 것은 언제 입니까?

**첫째 : 하나님을 붙잡을 때입니다.**

형 에서의 장자권을 속임수로 가로챈 야곱이 20년의 고단한 처가살이 도망자 신세를 얍복강에서의 영적 전투인 기도를 통하여 다 흘려보내 버립니다. 얍복강의 기도에 이르기까지 야곱은 인간적인 방법으로 자신의 인생을 기경해 나갑니다. 형 에서의 발꿈치를 잡고 태어난 것에서 장자의 축복을 속임수로 가로챘습니다. 그러나 그것은 축복을 고난으로 바꾸는 어리석은 행위 이였습니다. 에서의 분노와 죽음의 위협에서 하란으로 도망가 20년 동안 외삼촌 라반의 집에서 종이 아닌 종이 되어 살아갑니다. 그의 인생은 참으로 고단 했음을 고백합니다.

(창31:40) "내가 이와 같이 낮에는 더위와 밤에는 추위를 무릅쓰고 눈 붙일 겨를도 없이 지냈나이다."

마침내 하나님의 부르심에 벧엘로 향하지만, 형 에서가 400명의 군대와 함께 분노의 질주를 해 온다는 사실을 듣게 됩니다.

(창32:6~8) "사자들이 야곱에게 돌아와 이르되 우리가 주인의 형 에서에게 이른즉 그가 사백명을 거느리고 주인을 만나려고 오더이다 야곱이 심히 두렵고 답답하여 자기와 함께 한 동행자와 양과 소와 낙타를 두 떼로 나누고 이르되 에서가 와서 한 떼를 치면 남은 한 떼는 피하리라 하고"

마치 이스라엘 백성들이 출애굽 할 때 바로의 군대가 쫓아오는 것과 같습니다. 야곱은 인간적인 방법으로 형 에서의 분노를 풀려고 합니다. 그러나 이런 인간적이고 물질적인 화해의 방법이 문제 해결에 아무런 도움이 되지 않습니다. 왜냐하면 야곱의 뒤틀린 인생은 육신의 문제 이전에 영적인 문제이기 때문입니다.

(창25:23) "여호와께서 그에게 이르시되 두 국민이 네 태중에 있구나 두 민족이 네 복중에 서부터 나누이리라 이 족속이 저 족속보다 강하겠고 큰 자가 어린 자를 섬기리라."

하나님의 언약은 야곱에게 있었는데 그 예정하심은 어머니 리브가의 배속에 있을 때부터였습니다. 그럼에도 불구하고 야곱이 만난 고난의 이유는 하나님의 선택과 언약에 대해 불신했기 때문입니다.

**(말1:2~3) "여호와께서 이르시되 내가 너희를 사랑하였노라 하나 너희는 이르기를 주께서 어떻게 우리를 사랑하셨나이까 하는도다 나 여호와가 말하노라 에서는 야곱의 형이 아니냐 그러나 내가 야곱을 사랑하였고 에서는 미워하였으며"**

야곱이 고난에서 벗어나는 길은 자신 힘으로는 아무것도 할 수 없고 오직 하나님의 은혜로 이루어진다는 것을 고백하고 하나님을 신뢰하는 것입니다. 그것이 얍복강 기도에서 야곱이 천사에게 당신이 내게 축복하지 아니하면 가게 하지 않겠나이다. 라고 고백함으로 얻어집니다.

**(창32:27) "그 사람이 그에게 이르되 네 이름이 무엇이냐 그가 이르되 야곱이니이다"**

연약함과 죄악 된 인생이었음을 고백하는 야곱을 보게 됩니다. 모든 인간적인 방법이 멈추었을 때 만나는 것이 얍복강 기도입니다.

**(창32:28) "그가 이르되 네 이름을 다시는 야곱이라 부를 것이 아니요 이스라엘이라 부를 것이니 이는 네가 하나님과 사람으로 더불어 겨루어 이기었음이니라"**

새 인생의 탄생입니다.


**둘째 : 자아가 부러지고 예수로 세워지는 축복입니다.**

야곱은 홀로 날이 새도록 기도합니다. 그리고 허벅지 관절이 부러집니다. 자신의 힘을 의지 하지 말고 하나님의 이름으로 살아야 한다는 것을 몸으로 새겨 주신 것입니다. 도망자 야곱이며, 속이고 빼앗는 야곱에서 이스라엘로 이름이 바뀝니다. 인생이 바꾸어집니다.

야곱이 이스라엘 민족이 되고 나라가 됩니다. 한 사람을 들어서 놀랍게 쓰시는 하나님의 경륜을 보게 됩니다. 이제 하나님의 이름으로 열방과 민족을 낳고 영적 영향력을 끼칠 것입니다. 야곱은 하나님을 보았으나 생명을 잃지 않았다 하여 이곳 지명을 브니엘 이라 하였습니다.

(창32:31) "브니엘을 지날 때에 해가 돋았더라"

하나님의 얼굴을 보아야 해가 돋습니다. 어둠의 인생은 빛 되시는 예수그리스도를 만나면 구원을 얻고 생명을 얻습니다.

(요1:9) "참 빛 곧 세상에 와서 각 사람에게 비추는 빛이 있었나니"

'얍복' 의 뜻이 '비워내다'입니다. 자신의 지식과 힘과 능력을 다 비워내고 만나는 분이 예수그리스도입니다. 자기 것 비워내면 그 비원 낸 자리에 하나님의 생명의 빛으로 채워주십니다. 야곱은 긴 인생동안 단단하게 세워온 자아를 부수어 내시고 예수의 사람으로 다시 세워지고 빛으로 채워지는 자신의 내면적이요 영적인 상태를 보고 있습니다. 믿음의 사람들은 반드시 환도 뼈가 부러지는 역사를 경험하게 되어 있습니다. 부러지고 다시 세워지는 역사를 바울도 무수히 경험합니다.

(고후11:30) "내가 부득불 자랑할진대 내가 약한 것을 자랑하리라."

(고후12:5) "약한 것들 외에 자랑치 아니하리라"

우리 약함을 통해 강하게 역사 하시는 예수그리스도의 흔적을 가지시기 바랍니다.

(고후12:9) "나에게 이르시기를 내 은혜가 네게 족하도다 이는 내 능력이 약한 데서 온전하여짐이라 하신지라 그러므로 도리어 크게 기뻐함으로 나의 여러 약한 것들에 대하여 자랑하리니 이는 그리스도의 능력이 내게 머물게 하려 함이라."

(골1:24) "나는 이제 너희를 위하여 받는 괴로움을 기뻐하고 그리스도의 남은 고난을 그의 몸된 교회를 위하여 내 육체에 채우노라"

환도 뼈가 부러지고 그것으로 끝나는 것이 아니라 브니엘을 지나 거룩한 예수의 흔적을 남기는 충성된 영적 이스라엘이 되어야 하겠습니다. 그리하여 이스라엘과 바울의 고백을 할 수 있기를 바랍니다.

(창32:30) "그러므로 야곱이 그곳 이름을 브니엘이라 하였으니 그가 이르기를 내가 하나님과 대면하여 보았으나 내 생명이 보전되었다 함이더라"

(갈6:17) "내 몸에 예수의 흔적을 가졌노라."

사랑하는 성도 여러분, 예수그리스도를 온전히 소망하는 가운데 환도 뼈의 부러짐이 있기를 바랍니다. 또한, 그리스도를 위해 수고하고 헌신할 때 예수의 얼굴을 새기는 흔적이 있기를 바랍니다. 그것이 사는 길이며 진정한 축복입니다.

# 가불 땅

(왕상9:10~14) "솔로몬이 두 집 곧 여호와의 성전과 왕궁을 이십년 만에 건축하기를 마치고 갈릴리 땅의 성읍 스무 곳을 히람에게 주었으니 이는 두로 왕 히람이 솔로몬에게 그 온갖 소원대로 백향목과 잣나무와 금을 제공하였음이라 히람이 두로에서 와서 솔로몬이 자기에게 준 성읍들을 보고 눈에 들지 아니하여 이르기를 내 형제여 내게 준 이 성읍들이 이러한가 하고 이름하여 가불 땅이라 하였더니 그 이름이 오늘까지 있느니라 히람이 금 일백이십 달란트를 왕에게 보내었더라."

솔로몬이 성전 건축에 7년 궁궐 건축에 13년 총 20년 동안의 건축을 마칩니다.

**(왕상6:37~7:1) "넷째 해 시브월에 여호와의 성전 기초를 쌓았고 열한째 해 불월 곧 여덟째 달에 그 설계와 식양대로 성전 건축이 다 끝났으니 솔로몬이 칠년 동안 성전을 건축하였더라"**

성전 건축과 궁 건축에 막대한 재원과 노동력이 동원됩니다. 여기에는 이스라엘뿐만 아니라 이방나라와 백성들도 동원됩니다. 그 중에서도 두루 왕 히람은 많은 금과 은 등 각종 보석뿐만 아니라 레바논의 백향목을 비롯한 목재까지 운반하여 건축에 헌신 합니다. 이것에 대해 솔로몬이 모든 건축을 마치고 감사의 댓가로 갈릴리 땅을 히람에게 줍니다. 그런데 히람이 이 땅을 기뻐하지 않아 "가불 땅" 이라 합니다. 여기에서 성도가 들어야 하는 성령의 음성이 무엇이겠습니까?

**첫째 : 교회를 통한 헌신과 축복의 관계입니다.**

하나님은 우리에게 구원의 은혜와 임마누엘의 축복으로 늘 동행하십니다. 뿐만 아니라 교회를 주셔서 하나님을 예배하게 하시고 하나님의 말씀으로 양육 받게 해 주셨습니다. 다윗에 성전 건축의 소원을 주신 것도, 솔로몬을 통하여 성전이 건축하게 하신 것도 하나님이 우리를 더 친밀하게 만나시기 위한 방법이십니다. 이런 하나님의 사랑을 입었음을 깨닫게 되고 장성한 분량이 되면 우리에게 주신 물질과 시간과 몸을 드려서 헌신하게 됩니다.

그런데 솔로몬도, 히람도 하나님 사랑으로 성숙되어지지 못한 모습을 보여 주고 있습니다. 솔로몬은 히람의 헌신에 대해 하나님의 방법인 진정한 사랑과 축복이 아닌 요식적이고 형식적인 방법으로 갚으려 하였습니다. 히람도 온전한 마음의 헌신과 충성이 아닌 보상을 기대하는 헌신을 하였습니다. 그러므로 솔로몬은 가장 변방인 갈릴리 땅을 주었고 히람은 기뻐하지 않아 "가불 땅"이라 합니다. 가불 땅 이란 '기쁨이 없는 땅, 가치 없는 땅, 황폐한 땅'이라는 뜻입니다.

교회를 섬길 때 우리가 바라보아야 하는 것은 사람이 주는 축복이 아니라 오직 예수그리스도입니다. 오직 주께 감사, 오직 주께 영광, 오직 주께 경배입니다. 멸망의 자식이요 사단의 종노릇 하던 우리를 구원하시고 하나님의 자녀로 삼으신 하나님의 사랑과 긍휼에 대해 감사 밖에 없습니다. 다른 어떤 것으로도 예수그리스도의 십자가 사랑을 대신 할 수 없습니다. 내 마음에 드는 선물을 기대하는 것이 아니라 하나님 앞에 드려질 수 있음에 감사하는 마음이 되어야 합니다.

다윗이 성전 건축의 예물을 드리면서 이렇게 기도합니다.

(대상29:14) "나와 내 백성이 무엇이기에 이처럼 즐거운 마음으로 드릴 힘이 있었나이까 모든 것이 주께로 말미암았사오니 우리가 주의 손에서 받은 것으로 주께 드렸을 뿐 이니이다."

(빌3:3) "하나님의 성령으로 봉사하며 그리스도 예수로 자랑하고 육체를 신뢰하지 아니하는 우리가 곧 할례파라"

우리를 위해 생명을 온전히 내어주신 예수그리스도께 집중할 때 헌신도 축복도 본질을 잃어버리지 않습니다.


## 둘째 : 갈릴리는 예수그리스도 이십니다.

불행하게도 솔로몬은 하나님이 주신 기업인 갈릴리 땅을 하찮게 여겼습니다. 이 땅을 받은 히람도 갈릴리의 축복을 알지 못하고 불평할 뿐만 아니라 솔로몬에게 돌려줍니다.

**(대하8:2) 후람이 자기에게 준 성읍들을 다시 건축하여 이스라엘 자손으로 거기 거하게 하니라**

히람은 진흙 속에 감추어진 진주를 보지 못하였고 솔로몬은 어리석음으로 잃어버린 진주를 하나님의 은혜로 다시 찾았습니다.

갈릴리는 예수그리스도의 구원의 사역이 시작된 곳입니다.

**(막1:14) "요한이 잡힌 후 예수께서 갈릴리에 오셔서 하나님의 복음을 전파하여 가라사대 때가 찼고"**

또한 갈리리는 예수님이 부활하신 후 가장 먼저 제자들을 찾아가셔서 복음 전파의 사명을 재 확인시켜 주신 곳 이십니다. 또 12제자 중 가룟 유다를 제외한 11명의 제자가 부름 받은 곳이 갈릴리입니다. 이곳에서 산상수훈도 이루어 졌고 4복음서에 다 기록된 오병이어의 기적도 있었습니다. 그러므로 갈릴리는 예수님의 사역의 출발지요 마지막 지점이었다고 할 수 있습니다. 갈릴리는 "원, 굴러가다." 라는 뜻이고 해변은 "입술"이라는 원어의 뜻이 내포되어 있습니다. 예수그리스도의 입술이 굴러가는 곳이 갈릴리 해변이고 그 갈릴리 해변의 복음이 멈추어 서는 곳이 골고다입니다.

가불 땅이 아셀 지파의 땅으로 분배 되었습니다. **(수19:27)** 지리상으로 시돈과 두로까지의 해안을 따라 이방세력과 우상으로부터 이스라엘을 파수하는 사명적 위치에 있습니다. 그 사명에 깨어 있었던 대표적인 사람이 아셀 지파의 여선지 안나 였습니다.

**(눅2:376~37) "도 아셀 지파 바누엘의 딸 안나라 하는 선지자가 있어 나이 매우 늙었더라 그가 출가한 후 일곱 해 동안 남편과 살다가 과부가 된지 팔십 사년이라 이 사람이 성전을 떠나지 아니하고 주야에 금식하며 기도함으로 섬**

기더니 ~"

예수님이 태어나신지 팔일 만에 할례를 행하시러 예루살렘 성전에 오실 때 시므온과 함께 있었던 안나는 성육신 하신 예수그리스도를 눈으로 뵈올 뿐만 아니라 복된 소식을 전하는 사람이 되었습니다. 이스라엘 무리들은 예수님이 메시야요 선지자이심에 대해 의심을 할 때 갈릴리 출신임을 이상히 여깁니다.

(요7:41) "그리스도가 어찌 갈릴리에서 나오겠느냐"

또 제사장과 바리새인들은 이렇게 말합니다.

(요7:52) "갈릴리에서는 선지자가 나지 못 하느니라"

(요1:46) "나사렛에서 무슨 선한 것이 날 수 있느냐"

이런 무지막지한 폭언에 가까운 악평에도 불구하고 가불 땅이요 나사렛에 속한 갈릴리는 참 선지자요 대 제사장이시오 영원한 왕이신 예수님이 가장 활발하게 사역하셨던 목양지요 구원의 사명지가 됩니다. 옛 언약의 중심지가 예루살렘이라면 새 언약의 중심지는 갈릴리라 할 수 있습니다. 예수님의 33가지 기적 중에서 25가지 기적이 갈릴리에서 일어났습니다.

솔로몬은 하나님이 주신 기업을 어리석게 옮기려 했고 두로 왕 히람은 눈이 가려져 굴러들어 온 복을 차 버리는 어리석음을 보입니다. 또 이스라엘 백성들과 제사장 서기관 바리새인 모두 갈리리에서 광명한 빛을 보고도 믿지 않았습니다. 그러나 예수님은 이런 모든 멸시와 천대 속에서도 굴복하지 않으시고 구원의 사명을 선포하십니다.

(요21:15) ~ 내 양을 먹이라 내 양을 치라 내 양을 먹이라

그렇다면 우리의 갈릴리는 어디 입니까? 바로 이곳 등대교회입니다. 등대교회가 바로 우리에게 주신 최상의 기업이요, 예수그리스도의 제자를 양육해야 하는 목양지이며 예수그리스도의 왕 되심을 선포하고 구속의 은혜를 전하는 사명지입니다. 할렐루야. 복을 복으로 아는 지혜로운 여러분이 되시기를 축원 드립니다.

# 사마리아

(요4:5~15) "사마리아에 있는 수가라 하는 동네에 이르시니 야곱이 그 아들 요셉에게 준 땅이 가깝고 거기 또 야곱의 우물이 있더라 예수께서 행로에 곤하여 우물곁에 그대로 앉으시니 때가 제 육시쯤 되었더라 사마리아 여자 하나가 물을 길러 왔으매 예수께서 물을 좀 달라 하시니 이는 제자들이 먹을 것을 사러 동네에 들어갔음 이러라 사마리아 여자가 가로되 당신은 유대인으로서 어찌하여 사마리아 여자 나에게 물을 달라 하나이까 하니 이는 유대인이 사마리아인과 상종하지 아니함 이러라 예수께서 대답하여 가라사대 네가 만일 하나님의 선물과 또 네게 물 좀 달라 하는 이가 누구인줄 알았더면 네가 그에게 구하였을 것이요 그가 생수를 네게 주었으리라 여자가 가로되 주여 물 길을 그릇도 없고 이 우물은 깊은데 어디서 이 생수를 얻겠삽나이까 우리 조상 야곱이 이 우물을 우리에게 주었고 또 여기서 자기와 자기 아들들과 짐승이 다 먹었으니 당신이 야곱보다 더 크니이까 예수께서 대답하여 가라사대 이 물을 먹는 자마다 다시 목마르거니와 내가 주는 물을 먹는 자는 영원히 목마르지 아니하리니 나의 주는 물은 그 속에서 영생하도록 솟아나는 샘물이 되리라 여자가 가로되 주여 이런 물을 내게 주사 목마르지도 않고 또 여기 물 길러 오지도 않게 하옵소서"

본문은 예수님께서 사마리아 여인과 우물가에서 영생에 대해 말씀을 하시는 내용입니다. 사마리아는 '망보는 언덕'이라는 뜻으로 망대 되시는 예수님을 말씀하고 있습니다.

**첫째 : 망대의 사명은 지키고 보호하는 것입니다.**

창16장에 하갈이 사래의 핍박을 피해 도망하는 장면이 목격됩니다. 그 때 하나님은 하갈을 찾아오셔서 위로하시며 여주인 사래에게로 돌려보냅니다. 왜냐하면 하갈은 임신한 상태였기 때문에 그를 광야에서 방황하게 할 수 없었기 때문입니다. 하갈과 그의 배속에 있는 생명을 지키시고 보호하시는 하나님의 사랑을 경험한 하갈이 "브엘라 해로이" 라 합니다.

**(창16:13~14) "하갈이 자기에게 이르신 여호와의 이름을 나를 살피시는 하나님이라 하였으니 이는 내가 어떻게 여기서 나를 살피시는 하나님을 뵈었는고 함이라 이러므로 그 샘을 브엘라 해로이라 불렀으며 그것은 가데스와 베렛 사이에 있더라."**

또, 창세기31장에서 야곱은 언약의 장소인 벧엘로 돌아가기로 결심하고 외삼촌 라반의 집을 떠나게 됩니다. 그런데, 집안에 있던 드라빔이 없어진 것을 발견한 라반이 군사들을 이끌고 야곱을 추격하여 옵니다. 그 추격 끝에 두 사람 사이에 평화의 조약을 맺게 됩니다. 돌무더기를 쌓아놓고 '증거의 무더기' 라는 뜻의 '여갈사하두다' '갈르엣' 이라 합니다. 또 미스바라 이름 합니다.

**(창31:49) "또 미스바라 하였으니 이는 그의 말에 우리가 서로 떠나 있을 때에 여호와께서 나와 너 사이를 살피시옵소서 함이라."**

미스바의 속뜻도 "망대의 기둥"입니다. 즉, '파수하다, 탐정하다' 라는 뜻이 함께 쓰입니다. 이렇게 하나님은 가장 연약한 자를 감찰하시고 지키시고 파수하시는 망대가 되십니다. 예수님은 사마리아 여인을 찾아오십니다. 움직이는 망대 이십니다. 하갈을 찾아 가시고, 야곱을 찾아 가시고, 사마리아 여인을 찾아 가셔서 영생을 주십니다. 우리를 망대에서 감찰하시는 주님께서 오늘 저와 여러분을 찾아오십니다.

(눅5:32) "내가 의인을 부르러 온 것이 아니요 죄인을 불러 회개시키러 왔노라"

그분의 오심은 생명이 오는 소리 입니다.


## 둘째 : 좌우를 분별하지 못하는 자에게 길이 되십니다.

"수가" 라는 뜻은 '술 취하다'입니다. 세상 사람의 기준과 같이 잘못된 진리에 취한 상태입니다. 망대에서 세상 술에 취한 여인을 보시고 그에게 찾아 오셔서 진리의 언약에 대해 말씀 하십니다. 사마리아는 북이스라엘의 가장 악한 왕 중의 한 사람인 아합의 아버지 오므리가 왕이 되어 세운 성입니다.

(왕상16:24·25) "그가 은 두 달란트로 세멜에게서 사마리아 산을 사고 그 산 위에 성읍을 건축하고 그 건축한 성읍 이름을 그 산 주인이었던 세멜의 이름을 따라 사마리아라 일컬었더라 오므리가 여호와 보시기에 악을 행하되 그 전의 모든 사람보다 더욱 악하게 행하여"

그 후 B.C 722 북 이스라엘이 앗수르에 멸망 하게 됩니다. 이로 인하여 앗수르의 이방인들이 사마리아로 이주하여 오면서 혼혈인이 태어나게 됩니다. 혈통적 혼혈뿐만 아니라 영적인 혼란 가운데 이방신과 여호와의 신앙이 혼재하게 됩니다. 종교와 문화, 인종의 혼혈은 사마리아에 사는 사람들을 부정한 사람으로 인식하기에 부족함이 없었습니다. 특별히 사마리아에 사는 여인들을 향한 시선이 곱지 않았습니다.

그런 가운데 본문의 사마리아 여인은 율법적으로 부정한 여인이었고 종교적으로 잘못된 진리에 취해 있었습니다.

**(요4:9) "사마리아 여자가 이르되 당시는 유대인으로서 어찌하여 사마리아 여자인 나에게 물을 달라 하나이까 하니 이는 유대인이 사마리아인과 상종하지 아니함 이러라"**

이런 사마리아 여인에게 예수님은 찾아 오셔서 하나님의 선물을 주시겠다 하십니다.

**(요4:10) "예수께서 대답하여 이르시되 네가 만일 하나님의 선물과 또 네게 물 좀 달라 하는 이가 누구인 줄 알았더라면 네가 그에게 구하였을 것이요 그가 생수를 네게 주었으리라."**

선물이 무엇입니까? 예수님은 선물을 "생수"로 연계하여 말씀하십니다. 행8장에서 박해를 피해 흩어진 사도들이 사마리아에서 복음을 전하고 세례를 줍니다 그리고 마술사 시몬에게 하나님의 선물에 대해 말씀합니다.

**(행8:20) "베드로가 이르되 네게 하나님의 선물을 돈 주고 살줄로 생각하였으니 네 은과 네가 함께 망할지어다."**

하나님의 선물이 "성령"인 것입니다.

**(엡2:8) "너희는 그 은혜에 의하여 믿음으로 구원을 받았으니 이것은 너희에게서 난 것이 아니요 하나님의 선물이라."**

또, 하나님의 선물이 믿음으로 받는 구원입니다. 생수, 성령, 구원이 모두 선물입니다. 이것을 주시는 분은 바로 예수그리스도 자신임을 밝히십니다.

**(요4:14) "내가 주는 물을 마시는 자는 영원히 목마르지 아니하리니 내가 주는 물은 그 속에서 영생하도록 솟아나는 샘물이 되리라"**

예수님이 생수가 되신다면 죽은 물은 누구이겠습니까? 바로 이 여인이 섬겼으나 늘 목말라 할 수 밖에 없었던 다섯 남편과 현재의 남편입니다. 즉, 다섯 남편을 가르키는 것은 모세 오경입니다. 또, 현재의 남편을 가르키는 것은 야곱의 우물과 이 산과 같은 유대인의 전통입니다.

(요4:5~6) "사마리아에 있는 수가라 하는 동네에 이르시니 야곱이 그 아들 요셉에게 준 땅이 가깝고 거기 또 야곱의 우물이 있더라 예수께서 길 가시다가 피곤하여 우물곁에 그대로 앉으시니 때가 여섯 시쯤 되었더라"

(요4:20) "우리 조상들은 이 산에서 예배 하였는데 당신들의 말은 예배할 곳이 예루살렘에 있다 하더이다."

요한복음 4장에 언급되는 '야곱의 우물'은 마15장의 '장로의 유전'과 '사람의 계명'입니다.

(마15:2) "당신들의 제자들이 어찌하여 장로들의 전통을 범 하나이까 떡 먹을 때에 손을 씻지 아니하나이다."

(마15:9) "사람의 계명으로 교훈을 삼아 가르치니 나를 헛되이 경배하는 도다."

또, '이 산'은 그리심 산을 가르키는 것으로 장소적 예배입니다.

(신27;12~13) "너희가 요단을 건넌 후에 시므온과 레위와 유다와 잇사갈과 요셉과 베냐민은 백성을 축복하기 위하여 그리심 산에 서고 르우벤과 갓과 아셀과 스볼론과 단과 납달리는 저주하기 위하여 에발 산에 서고"

(삿9:7) "사람들이 요담에게 그 일을 알리매 요담이 그리심 산 꼭대기로 가서 서서 그의 목소리를 높여 그들에게 외쳐 이르되 세겜 사람들아 내 말을 들으라 그리하여야 하나님이 너희의 말을 들으시리라."

야곱의 우물도, 이산에서도, 장로의 유전에서도, 사람의 계명에서도 생수가 나오지 않습니다. 오직 생수 되시는 예수그리스도를 만나야 되고 그 분의 복된 말씀 속에서 생수가 나옵니다. 장소적인 예배도 아니요 거짓 진리로 예배해서도 안 됩니다. 오직 신령과 진리로 예배 할 때 참 예배가 이루어집니다.

(요4:23) **"아버지께 참되게 예배하는 자들은 영과 진리로 예배할 때가 오나니 곧 이 때라 아버지께서는 자기에게 이렇게 예배하는 자들을 찾으시느니라."**

예배는 성령과 진리 안에서 드려져야 하는데 성령의 임재가 없고 진리를 떠나면 더 이상 하나님께 드리는 예배가 되지 못하고 헛된 예배자가 됩니다. 왜냐하면 하나님이 진리이시기 때문입니다.

(요17:17) **"그들을 진리로 거룩하게 하옵소서 아버지의 말씀은 진리 이니이다."**

성령과 진리로 영광 받으실 분은 오직 예수그리스도 이십니다.

(롬12:1~2) **"그러므로 형제들아 내가 하나님의 모든 자비하심으로 너희를 권하노니 너희 몸을 하나님이 기뻐하시는 거룩한 산 제물로 드리라 이는 너희가 드릴 영적예배니라 너희는 이 세대를 본받지 말고 오직 마음을 새롭게 함으로 변화를 받아 하나님의 선하시고 기뻐하시고 온전하신 뜻이 무엇인지 분별하도록 하라"**

생수 되시는 예수그리스도를 만나면 신령과 진정의 예배자가 됩니다.

(요14:6) **"예수께서 이르시되 내가 곧 길이요 진리요 생명이니 나로 말미암지 않고는 아버지께로 올 자가 없느니라."**

성령과 진리로 예배하는 사람은 구원받은 자요 구원 받은 사람은 언어가 달라집니다.

요4:9 유대인 → 요4:19 선지자 → 요4:25 메시야 곧 그리스도

→ 요4:29 와서 보라 이는 그리스도가 아니냐

할렐루야!

# 예루살렘 입성

(마21:1~11) "그들이 예루살렘에 가까이 가서 감람산 벳바게에 이르렀을 때에 예수께서 두 제자를 보내시며 이르시되 너희는 맞은편으로 가라 그리하며 곧 메인 나귀와 나귀 새끼가 함께 있는 것을 보리니 풀어 내게로 끌어 오라 만일 누가 무슨 말을 하거든 주가 쓰시겠다 하라 그리하면 즉시 보내리라 하시니 이는 선지자를 통하여 하신 말씀을 이루려 하심이라 일렀으되 시온 딸에게 이르기를 네 왕이 네게 임하나니 그는 겸손하여 나귀, 곧 멍에 메는 짐승의 새끼를 탔도다 하라 하였느니라 제자들이 가서 예수께서 명하신 대로 하여 나귀와 나귀 새끼를 끌고 와서 자기들의 겉옷을 그 위에 얹으매 예수께서 그 위에 타시니 무리의 대다수는 그들의 겉옷을 길에 펴고 다른 이들은 나뭇가지를 베어 길에 펴고 앞에서 가고 뒤에서 따르는 무리가 소리 높여 이르되 호산나 다윗의 자손이여 찬송하리로다 주의 이름으로 오시는 이여 가장 높은 곳에서 호산나 하더라 예수께서 예루살렘에 들어가시니 온 성이 소동하여 이르되 이는 누구냐 하거늘 무리가 이르되 갈릴리 나사렛에서 나온 선지자 예수라 하더라."

종려주일은 예수님께서 예루살렘에 들어오실 때 백성들이 종려가지를 흔들며 환영 한 것에서 붙여진 명칭입니다.

(요12:13) "종려나무 가지를 가지고 맞으러 나가 외치되 호산나 찬송하리로다 주의 이름으로 오시는 이 곧 이스라엘의 왕이시여 하더라"

종려나무는 "의인의 번영" "승리"를 뜻 합니다.

(시92:12) "의인은 종려나무 같이 번성하며 레바논 백향목 같이 성장하리로다."

종려주일이 지나면서 6일간 고난 주간입니다.

| 주  일 | 예루살렘 입성 |
|--------|---------------|
| 월요일 | 무화과 저주, 성전 정결 |

| 화요일 | 변론 |
|---|---|
| 수요일 | 음모의 날 |
| 목요일 | 성찬예식과 겟세마네 기도 |
| 금요일 | 죽으심 |
| 토요일 | 무덤에 계심 |
| 주　일 | 부활하심 |

예수그리스도께서 마지막 십자가를 향해 나아가시며 나귀를 타시고 예루살렘에 입성하십니다. 이것은 무엇을 말씀하고 싶으신 것일까요?

### 첫째 : 주인이라는 것을 선포 하십니다.

예수그리스도는 만물의 창조자 이십니다.

(요1:2~3) "그가 태초에 하나님과 함께 계셨고 만물이 그로 말미암아 지은 바 되었으니 지은 것이 하나도 그가 없이는 된 것이 없느니라."

우주 만물의 창조 속에는 하나님의 형상으로 만들어진 사람이 있습니다.

(창1;26) "하나님이 이르시되 우리의 형상을 따라 우리의 모양대로 우리가 사람을 만들고"

(고전8:6) "그러나 우리에게는 한 하나님 곧 아버지가 계시니 만물이 그에게서 났고 우리도 그로 말미암아 있느니라"

그러므로 예수께서 인간의 주인이십니다. 사람에게 허락하신 생명과 시간과 물질뿐만 아니라 그 영혼의 주인이 바로 예수그리스도이십니다. 주일날 예루살렘에 들어오시듯이 예수님은 우리 영혼 깊은 곳에 주인으로 좌정 하시기를 원하십니다. 그리고 그 분이 가지신 평화를 선포하십니다. 주일날 부활하신 후 제자들을 찾아오신 예수님의 첫 말씀도 평안 이였습니다.

(눅24:36) "이 말할 때에 예수께서 친히 그들 가운데 서서 이르시되 너희에게 평강이 있을 지어다 하시니"

(요20:19) "이 날 곧 안식 후 첫날 저녁 때에 제자들이 유대인을 두려워하여 모인 곳의 문들을 닫았더니 예수께서 오사 가운데 서서 이르시되 너희에게 평강이 있을지어다."

옛 사람을 벗어 버리고 새 사람을 입은 성도는 참 주인을 온전한 마음과 믿음으로 영접하고 참 평강을 얻게 됩니다.


**두 번째 : 예수님은 죄의 삯인 사망의 속죄물로 오셨습니다.**

하나님의 형상과 하나님의 모양으로 창조를 받았음에도 불구하고 죄의 종노릇 하여 하나님의 본질을 잃어 버렸습니다. 하나님의 축복 안에 거하기를 원하면서도 하나님의 뜻과 빗나가 있는 사람에게 오는 것은 영원한 사망입니다.

(롬6:23) "죄의 삯은 사망이요"

그런 우리에게 하나님은 예수님을 영원한 생명으로 보내 주셨습니다.

(요3:16) "하나님이 세상을 이처럼 사랑하사 독생자를 주셨으니 이는 그를 믿는 자마다 멸망하지 않고 영생을 얻게 하심이라."

여기서 다시 다음 말씀을 묵상하지 않을 수 없습니다.

(롬6:23) "죄의 삯은 사망이요 하나님의 은사는 그리스도 예수 우리 주 안에 있는 영생이니라."

할렐루야! 사망 대신 영생을 주시기 위해, 예수님께서 친히 우리 대신 죽으시기 위해 예루살렘에 들어오십니다. 우리 안에 있는 불안과 공포를 몰아내고 평강을 주실 뿐만 아니라 사망을 몰아내고 생명 주시기 위해 친히 십자가의 고통과 죽음의 어둠속으로 들어 오십니다. 예수님이 예루살렘에 들어오실 때 타셨던 나귀는 부정한 짐승입니다. 부정한 우리를 대신하여 죽으시는 어린양 입니다.

(출13:13) "나귀의 첫 새끼는 다 어린 양으로 대속할 것이요 그렇게 하지 아니하려면 그 목을 꺾을 것이며 네 아들 중 처음 난 모든 자는 대속 할지니라."

어린 양의 대속의 죽음은 신앙의 고백이 있은 후에 일어납니다.

(마16:16) "주는 그리스도시오 살아 계신 하나님의 아들 이시니이다."

베드로의 신앙 고백 후 예수님은 자기가 예루살렘에 올라가 장로들과 대제사장과 서기관들에게 많은 고난을 받고 죽임을 당하고 제 삼일에 다시 살아나야 할 것을 제자들에게 연속적으로 세 번에 걸쳐 말씀하십니다.

(마16:21) "이때로부터 예수 그리스도께서 자기가 예루살렘에 올라가 장로들과 대제사장들과 서기관들에게 많은 고난을 받고 죽임을 당하고 제 삼일에 살아나야 할 것을 제자들에게 비로소 나타내시니"

(마17:22~23) "갈릴리에 모일 때에 예수께서 제자들에게 이르시되 인자가 장차 사람들의 손에 넘겨져 죽임을 당하고 제 삼일에 살아나리라 하시니 제자들이 매우 근심 하더라"

(마20:18~19) "보라 우리가 예루살렘으로 올라가노니 인자가 대제사장들과 서기관들에게 넘겨지매 그들이 죽이기로 결의하고 이방인들에게 넘겨주어 그를 조롱하며 채찍질하며 십자가에 못 박게 할 것이나 제 삼일에 살아나리라"

구약의 대 속죄일에 아사셀 염소 두 마리를 택하고 제비 뽑아 한 마리는 속죄제로 드리고 한 마리는 광야로 내 보냅니다.

(레16:8~10) "두 염소를 위하여 제비 뽑되 한 제비는 여호와를 위하고 한 제비는 아사셀을 위하여 할찌며 아론은 여호와를 위하여 제비 뽑은 염소를 족죄제로 드리고 아살셀을 위하여 제비 뽑은 염소는 산대로 여호와 앞에 두었다가

그것으로 속죄하고 아사셀을 위하여 광야로 보낼지니라."

이것을 히13:11~14에서 말씀하십니다.

**"이는 죄를 위한 짐승의 피는 대제사장이 가지고 성소에 들어가고 그 육체는 영문 밖에서 불사름이라 그러므로 예수도 자기 피로써 백성을 거룩하게 하려고 성문 밖에서 고난을 받으셨느니라 "**

성소에서 죄를 위하여 죽임당한 염소와 같이 예수님은 유월절을 통해 떡과 포도주로 우리 죄를 위해 내어 주셨습니다. 그리고 광야로 보내진 아사셀 염소와 같이 예수님은 골고다에서 십자가를 지시고 죽임을 당하심으로 구속을 완성 하십니다. 대속의 죽으심을 위한 성찬과 십자가의 죽으심을 위해 예수님은 나귀를 타시고 예루살렘에 들어오셨습니다. 예수님의 죽으심으로 우리는 생명을 얻었고 그 분의 고난으로 우리가 평안을 얻었습니다.

(사53;5~6) **"그가 찔림은 우리의 허물 때문이요 그가 상함은 우리의 죄악 때문이라 그가 징계를 받음으로 우리는 평화를 누리고 그가 채찍에 맞음으로 우리는 나음을 받았도다 우리는 다 양 같아서 그릇 행하여 각기 제 길로 갔거늘 여호와께서는 우리 모두의 죄악을 그에게 담당 시키셨도다."**

우리의 왕이요 주인 되시는 그리스도 안에서의 죄 사함과 평안 누리시고 나누시기를 바랍니다.

# 베들레헴의 소제

(마2:1~6) **"헤롯 왕 때에 예수께서 유대 베들레헴에서 나시매 동방으로부터 박사들이 예루살렘에 이르러 말하되 유대인의 왕으로 나신 이가 어디 계시냐**

우리가 동방에서 그의 별을 보고 그에게 경배하러 왔노라 하니 헤롯 왕과 온 예루살렘이 듣고 소동한지라 왕이 모든 대제사장과 백성의 서기관들을 모아 그리스도가 어디서 나겠느냐 물으니 이르되 유대 베들레헴이오니 이는 선지자로 이렇게 기록 된 바 또 유대 땅 베들레헴아 너는 유대 고을 중에서 가장 작지 아니하도다 네게서 한 다스리는 자가 나와서 내 백성 이스라엘의 목자가 되리라 하였음이니이다."

예수 그리스도의 고난이 오늘 우리에게 말 할 수 없는 은혜요, 감사 신앙이 되시기를 축원 드립니다. 예수님은 출생부터 죽으심의 인생 전체가 고난의 연속 이였습니다. 처녀의 임신으로부터 헤롯의 박해와 죽음의 위기 그리고 예루살렘에서의 핍박과 조롱 마침내 십자가에 죽으심까지 예수님의 이름 뒤에 고난이 라는 수식어가 붙어 다녔습니다.

(사53:3) "그는 멸시를 받아 사람들에게 버림받았으며 간고를 많이 겪었으며 질고를 아는 자라 마치 사람들이 그에게서 얼굴을 가리는 것 같이 멸시를 당하였고 우리도 그를 귀히 여기지 아니하였도다."

예수님은 그의 고난을 예고하시듯이 베들레헴에서 출생하십니다. 베들레헴은 '떡 집' 이라는 뜻을 가지고 있습니다. 하나님의 거룩하시고 온유하신 성품대로 창조함을 받았음에도 불구하고 죄와 완악함으로 가득 찬 우리를 위해 오셨습니다.

**첫째 : 베들레헴의 소제로 오셨습니다.**

죄의 삯은 사망이라는 영원한 심판과 하나님과의 단절의 진노를 우리 대신 온 몸으로 받아 내시기 위해 오셨습니다. 그것이 바로 자신을 부수셔서 떡으로 내어 주시는 것 이였습니다. 죄로 똘똘 뭉쳐져 부셔지지 않는 우리 완고함을 깨트리시기 위해 친히 인간의 몸을 입으시고 오셔서 친히 부셔지고 가루가 되어 주십니다.

구약제사 중에 소제가 있습니다. 소제는 곡물의 가루로 드리든지 가루로 만든 떡을 드리는 제사입니다.

(레2:1) **"누구든지 소제의 예물을 여호와께 드리려거든 고운 가루로 예물을 삼아 그 위에 기름을 붓고 또 그 위에 유향을 놓아"**

통밀이나 보리나 벼가 가루가 되어 지기 위해서는 맷돌이나 절구통에 들어가 공이로 빻아져야 합니다. 부셔지는 아픔이 있어야 고운 가루가 되어 집니다. 그 부셔짐에 더 하여 성령의 기름과 중보적인 기도인 유향이 들어가야 원망이나 탄식의 부셔짐이 아닌 감사와 사랑과 섬김의 부셔짐이 됩니다. 주님은 우리를 위해 친히 부셔지시고 성령으로 함께 하시며 중보자적인 대속으로 하나님과 우리 사이에 화목을 이루셨습니다. 소제는 또 떡으로 만들어 드리기도 하였습니다.

(레2:5) **"철판에 부친 것으로 소제의 예물을 드리려거든 고운 가루에 누룩을 넣지 말고 기름을 섞어 조각으로 나누고 그 위에 기름을 부을지니 이는 소제니라"**

고운 가루에 반드시 들어가야 하는 것은 기름과 유향과 소금입니다. 기름은 성령이요 유향은 중보적인 기도요 소금은 언약의 말씀입니다.

(민18:19) **"너와 네 후손에게 영원한 소금 언약 이니라"**

(대하13:5) **"이스라엘의 하나님께서 소금 언약으로 이스라엘 나라를 영원히 다윗과 그의 자손에게 주신 것을 너희가 알 것 아니냐"**

예수님은 자신을 부수어 우리에게 내어 주시되 성령의 기름 부으심과 제사장적 중보기도와 하나님의 영원한 언약 이 세 가지를 함께 섞어서 주셨습니다.

"이것을 받아 먹으라 이것은 내 몸이니." 라고 하십니다.

(눅2:12) **"구유에 뉘여 있는 아기를 보리니 이것이 너희에게 표적 이니라"**

구유에 친히 누우셔서 소제로 드려지는 생명의 떡이 되셔서 이것 받아먹고 짐승아닌 사람 되라 하시는 것입니다.

(요6:48~51) **"내가 곧 생명의 떡 이니라 너희 조상들은 광야에서 만나를 먹었 어도 죽었거니와 이는 하늘에서 내려오는 떡이니 사람으로 하여금 먹고 죽지 아 니하게 하는 것이니라 나는 하늘에서 내려온 살아 있는 떡이니 사람이 이 떡을 먹으면 영생하리라 내가 줄 떡은 곧 세상의 생명을 위한 내 살이니라 하시더라."**

소제를 드릴 때에 반드시 넣지 말아야 할 것이 있습니다.

(레2:11) **"너희가 여호와께 드리는 모든 소제물에는 누룩을 넣지 말지니 너 희가 누룩이나 꿀을 여호와께 화제로 드려 사르지 못할지니라"**

친히 소제물이 되신 예수님에게는 누룩을 상징하는 죄가 없으시 며 꿀을 상징하는 세상의 유혹이 없으십니다. 소제는 매일 아침저 녁으로 드려졌는데 이것은 예수님께서 알파와 오메가 되심을 나타 냅니다. 베들레헴의 소제가 되신 예수님께서 우리에게 생명의 양식 으로 오셔서 영생을 주셨습니다.

이제 우리 성도가 예수님께 베들레헴의 소제가 되어 드려져야 합 니다. 떡 집인 교회에서 주님을 위해 부서지고 성령과 기도와 말씀 으로 부셔져서 주님 받으시는 예배를 드려야 할 것입니다. 예배와 기도와 선교와 전도 이 모든 것이 우리가 하나님께 올려 드리는 향 기로운 제사 소제가 되어야 하겠습니다.

# 구약의 골고다

(겔37:1~14) "여호와께서 권능으로 내게 임재하시고 그의 영으로 나를 데리고 가서 골짜기 가운데 두셨는데 거기 뼈가 가득 하더라 나를 그 뼈 사방으로 지나가게 하시기로 본즉 그 골짜기 지면에 뼈가 심히 많고 아주 말랐더라 그가 내게 이르시되 인자야 이 뼈들이 능히 살 수 있겠느냐 하시기로 내가 대답하되 주 여호와여 주께서 아시나이다 또 내게 이르시되 너는 이 모든 뼈에게 대언하여 이르기를 너희 마른 뼈들아 여호와의 말씀을 들을 지어다 주 여호와께서 이 뼈들에게 이같이 말씀하시기를 내가 생기를 너희에게 들어가게 하리니 너희가 살아나리라 너희 위에 힘줄을 두고 살을 입히고 가죽으로 덮고 너희 속에 생기를 넣으리니 너희가 살아나리라 또 내가 여호와인줄 너희가 알리라 하셨다 하라 이에 내가 명령을 따라 대언하니 대언할 때에 소리가 나고 움직이며 이 뼈, 저 뼈가 들어 맞아 뼈들이 서로 연결 되더라 내가 또 보니 그 뼈에 힘줄이 생기고 살이 오르며 그 위에 가죽이 덮이나 그 속에 생기는 없더라 또 내게 이르시되 인자야 너는 생기를 향하여 대언하라 생기에게 대언하여 이르기를 주 여호와께서 이같이 말씀하시기를 생기야 사방에서부터 와서 이 죽음을 당한 자에게 붙어서 살아나게 하셨다 하라 이에 내가 그 명령대로 대언하였더니 생기가 그들에게 들어가서 그들이 곧 살아나서 극히 큰 군대더라 또 내게 이르시되 인자야 이 뼈들은 이스라엘 온 족속이라 그들이 이르기를 우리의 뼈들이 말랐고 우리의 소망이 없어졌으니 우리는 다 멸절되었다 하느니라 그러므로 너는 대언하여 그들에게 이르기를 주 여호와께서 이같이 말씀하시기를 내 백성들아 내가 너희 무덤을 열고 너희로 거기에서 나오게 한즉 너희는 내가 여호와인 줄을 알리라 내가 또 내 영을 너희 속에 두어 너희가 살아나게 하고 내가 또 너희를 너희 고국 땅에 두리니 나 여호와가 이 일을 말하고 이룬 줄을 너희가 알리라 여호와의 말씀 이니라"

성도들의 인생 가이드는 성경입니다. 성경의 길을 따라 걷기도 하고 멈추기도 합니다. 길이요 진리 되시는 말씀을 따라 때로는 언덕 길을 오르고 때로는 내리막길 일지라도 즐거이 가고 오솔길도 갑니다. 성경의 말씀은 하나님의 절대적인 권위요 온전하신 긍휼하심이시기 때문에 성도의 신앙이 자랄수록 말씀 중심의 인생이 되어 집니다. 이런 의미에서 오늘도 말씀 따라 은혜의 길을 걸어가시기 바랍니다.

예수그리스도의 사역의 출발은 요단강입니다. 요단에서 세례요한으로부터 세례를 받으십니다. 그때 성령이 비둘기 같이 임하고 성부 하나님께서 성자 예수그리스도를 확증해 주십니다.

**(마3:16~17) "예수께서 세례를 받으시고 곧 물에서 올라오실 새 하늘이 열리고 하나님의 성령이 비둘기 같이 내려 자기 위에 임하심을 보시더니 하늘로부터 소리가 있어 말씀하시되 이는 내 사랑하는 아들이요 내 기뻐하는 자라 하시니라"**

그리고 약 3년간의 유대 광야 사역을 하십니다. 메마른 심령에 성령의 기름 부으심의 사역을 하시고 마지막 기도를 감람산에서 겟세마네 기도를 하십니다.

감람나무가 많이 자란다 하여 감람산입니다. 감람나무에서 짜낸 기름이 감람유 이며 이 감람유는 왕이나 제사장이나 선지자를 세울 때 머리에 붓는 기름이기도 합니다. 또, 성전의 등불을 밝히는 것도 감람유로 하였습니다.

**(레24:2) "이스라엘 자손에게 명령하여 불을 켜기 위하여 감람을 찧어낸 순결한 기름을 네게로 가져오게 하여 계속해서 등잔불을 켜 둘 지며"**

그래서 감람산의 또 다른 이름은 겟세마네입니다. 겟세마네의 뜻은 "기름 짠다"입니다. 예수께서 친히 영혼의 깊은 곳에서 사랑의 기름을 짜 퍼 올리심으로 메마른 유대 백성들과 모든 믿는 자들에게 성령을 부어 주십니다. 주님의 겟세마네 기도의 기름을 부음 받음으로 오늘날 저와 여러분은 왕 같은 제사장이 되었습니다.

(벧전2:9~10) "너희는 택하신 족속이요 왕 같은 제사장들이요 거룩한 나라요 그의 소유가 된 백성이니 이는 너희를 어두운데서 불러내어 그의 기이한 빛에 들어가게 하려 하심이라 너희가 전에는 백성이 아니더니 이제는 하나님의 백성이요 전에는 긍휼을 얻지 못하였더니 이제는 긍휼을 얻은 자니라"

또 우리가 성전이 되었습니다. 이 성전의 기름은 친히 겟세마네에서 짜 내신 기름 즉, 예수그리스도 자신입니다. 감람산 기도 후 체포되시고 마지막 사역의 완성은 골고다에서 일어납니다. 오늘 본문은 예수그리스도의 십자가의 죽으심의 자리인 골고다를 구약에서 먼저 보여 주시는 것입니다. 본문은 하나님께서 뼈들이 가득한 골짜기로 에스겔을 데리고 가셔서 하나님의 말씀을 대언하게 하십니다. 골짜기 가득 흩어져 있는 마른 뼈들은 죄로 인하여 소망이 없어진 유대 백성들의 영적인 상태를 말씀합니다. 이 죄에 대한 처절한 진단과 고백이 일어납니다.

(겔47:11) "또 내게 이르시되 인자야 이 뼈들은 이스라엘 온 족속이라 그들이 이르기를 우리의 뼈들이 말랐고 우리의 소망이 없어졌으니 우리는 다 멸절되었다 하느니라."

그럼에도 불구하고 하나님의 사랑하심은 생명의 말씀으로 다시 회복시켜 주시는 것입니다.

(겔37:12) "그러므로 너는 대언하여 그들에게 이르기를 주 여호와께서 이같이 말씀하시기를 내 백성들아 내가 너희 무덤을 열고 너희로 거기서 나오게 하고 이스라엘 땅으로 들어가게 하리라 내가 또 내 영을 너희 속에 두어 너희가 살아나게 하고 내가 또 너희를 너희 고국 땅에 두리니 나 여호와가 이 일을 말하고 이룬 줄을 너희가 알리라 여호와의 말씀 이니라"

이 말씀은, 이스라엘의 회복뿐만 아니라 예수그리스도의 부활과 그리스도의 은혜로 우리에게 주어질 영원한 생명을 말씀하시고 계십니다.

여호수아에서 아간의 범죄로 인한 죽음이 나옵니다. 하나님이 여리고성 전투에서 승리를 허락하시면서 아무 생명이나 물건을 취하지 말라 하셨는데도 불구하고 유다지파 아간이 외투와 금덩어리를 도둑질 합니다. 이것에 대해 하나님의 말씀은 단호하십니다.

**(수7:15) "온전히 바친 물건을 가진 자로 뽑힌 자를 불사르되 그와 그의 모든 소유를 그리하라 이는 여호와의 언약을 어기고 이스라엘 가운데에서 망령된 일을 행하였음이라 하셨다 하라"**

이 일로 인하여 죽음의 골짜기가 생겨났습니다.

**(수7:25~26) "여호수아가 이르되 네가 어찌하여 우리를 괴롭게 하였느냐 여호와께서 오늘 너를 괴롭게 하시리라 하니 온 이스라엘이 그를 돌로 치고 물건들도 돌로 치고 불사르고 그 위에 돌무더기를 크게 쌓았더니 오늘까지 있더라 여호와께서 그의 맹렬한 진노를 그치시니 그러므로 그 곳 이름을 오늘까지 아골 골짜기라 부르더라"**

하나님과의 약속을 어기고 망령된 일을 행하는 일은 이미 오래 전 아담 때부터 있었습니다. 하나님 앞에 맺은 언약을 어기는 망령된 일을 행하는 일이 지속적으로 일어나 이스라엘이 바벨론의 포로로 잡혀가는 지경에 까지 왔습니다. 그럼에도 불구하고 하나님의 사랑은 아골 골짜기를 소망의 문으로 만들어 주시겠다는 것입니다.

**(호2:15) "아골 골짜기로 소망의 문을 삼아 주리니 그가 거기서 응대하기를 어렸을 때와 애굽 땅에서 올라오던 날과 같이 하리라."**

'아골 골짜기'라는 뜻은 '괴로움의 골짜기, 환란의 골자기, 해골 골짜기'입니다. 하나님의 말씀을 어긴 곳은 아골 골짜기의 괴로움이 있고 소망이 없습니다.

그런데 상황이 달라질 수 있는 반전이 옵니다. 바로 하나님의 말씀이 들어가는 것입니다.

(겔37:10) "이에 그 명령대로 대언하였더니 생기가 그들에게 들어가매 그들이 곧 살아나서 일어나 서는데 극히 큰 군대더라"

할렐루야

에스겔 골짜기는 여호수아 시대의 아골 골짜기요 예수님이 십자가 지신 골고다입니다. 말씀이 육신이 되어 우리의 죄의 무덤인 심령에 오시고 아골 골짜기와 같은 골고다에서 십자가를 지심으로 소망이 되셨습니다. 골고다는 해골 이라는 뜻입니다.

(마27:33) "골고다 즉 해골의 곳이라는 곳에 이르러"

하나님의 말씀이 들어가 군대로 살아난 뼈들이 이제 놀랍게도 하나님의 성소요 하나님의 백성이 됩니다.

(겔37:26~27) "내가 그들과 화평의 언약을 세워서 영원한 언약이 되게 하고 또 그들을 견고하고 번성하게 하며 내 성소를 그 가운데 세워서 영원히 이르게 하리니 내 처소가 그들 가운데에 있을 것이며 나는 그들의 하나님이 되고 그들은 내 백성이 되리라"

예수님께서 골고다에서 십자가를 지신 후 마른 뼈와 같이 죄로 죽은 심령들이 부활을 합니다.

(마27:52~53) "무덤들이 열리며 자던 성도의 몸이 많이 일어나되 예수의 부활 후에 그들이 무덤에서 나와서 거룩한 성에 들어가 많은 사람에게 보이니라"

우리에게 영원한 소망이 되어 주시기 위해 하나님은 육신을 입고 오셔서 골고다 언덕에서 완성을 이루십니다.

# 깊고 오묘하여라

깊은 산속 옹달샘은
구름 한 폭 휘어~ 청 띄우고
산의 나무를 비춰며
산새들의 지저귐과
온갖 꽃과 열매와 뿌리의
진액을 받아 내는
깊고 오묘한 맛을 내는데


하늘을 담고 사는
우리의 마음도 이와 같아서
품은 뜻이 서로에게 안기 웠고
풍상의 세월을 녹여 우려 나온
인고의 사랑은 하늘을 받아 내고
손끝에서 스쳐 묻어나는 정겨움은
야생화의 깊고 그윽한 향기

시공간을 뛰어넘는
깊고 오묘한 진리는
하나님의 모양과 형상으로 빚은
사람들 사이에 오가는
눈과 입과 몸짓의 언어가 되고
십자가 징금 다리로 맺은 인연은
오랫 도록 서로를 비춰는 하늘 샘 이여라

설교 묶음
# 두 번째

# 부활의 주님

(눅24:1~12) "안식 후 첫날 새벽에 이 여자들이 그 준비한 향품을 가지고 무덤에 가서 돌이 무덤에서 굴러 옮겨진 것을 보고 들어가니 주 예수의 시체가 보이지 아니 하더라 이로 인하여 근심할 때에 문득 찬란한 옷을 입은 두 사람이 곁에 섰는지라 여자들이 두려워 얼굴을 땅에 대니 두 사람이 이르되 어찌하여 살아 있는 자를 죽은 자 가운데서 찾느냐 여기 계시지 않고 살아나셨느니라 갈릴리에 계실 때에 너희에게 어떻게 말씀하셨는지를 기억하라 이르시기를 인자가 죄인의 손에 넘겨져 십자가에 못 박히고 제 삼일에 다시 살아나야 하리라 하셨느니라 한 대 그들이 예수의 말씀을 기억하고 무덤에서 돌아가 이 모든 것을 열한 사도와 다른 모든 이에게 알리니 (이 여자들은 막달라 마리아와 요안나와 야고보의 모친 마리아라 또 그들과 함께 한 다른 여자들도 이것을 사도들에게 알리니라) 사도들은 그의 말이 허탄한 듯이 들려 믿지 아니하나 베드로는 일어나 무덤에 달려가서 구부려 들여다보니 세마포만 보이는지라 그 된 일을 놀랍게 여기며 집으로 돌아 가니라"

예수님께서 인간의 몸을 입으시고 오셔서 십자가의 고난을 받으시고 죽으셨습니다. 그럼에도 불구하고 사흘 만에 부활 하셨습니다. 다른 어떤 종교들에서 섬기는 신과는 다르시다는 것을 나타냅니다. 어떤 다른 신(神)도 자기 백성 앞에서 죽기는 하였으나 부활은 하지 못하였습니다. 그러나 예수님은 부활하셨습니다. 예수님의 부활은 언약의 성취입니다.

십자가의 죽으시기 이전에 세 번이나 제자들에게 죽으심과 부활에 대해 말씀하셨습니다.

(마16:21) "이때로부터 예수 그리스도께서 자기가 예루살렘에 올라가 장로

들과 대제사장들과 서기관들에게 많은 고난을 받고 죽임을 당하고 제 삼일에 살아나야 할 것을 제자들에게 비로소 나타내시니"

(마17:22~23) "갈릴리에 모일 때에 예수께서 제자들에게 이르시되 인자가 장차 사람들의 손에 넘겨져 죽임을 당하고 제 삼일에 살아나리라 하시니 제자들이 매우 근심 하더라"

(마20:18~19) "보라 우리가 예루살렘으로 올라가노니 인자가 대제사장들과 서기관들에게 넘겨지매 그들이 죽이기로 결의하고 이방인들에게 넘겨주어 그를 조롱하며 채찍질하며 십자가에 못 박게 할 것이나 제 삼일에 살아나리라"

그래서 무덤에서 여인들을 만난 천사는 갈릴리의 말씀을 기억하라 (눅 24:6) 하였습니다.

(고전15:3~4) "성경대로 그리스도께서 우리 죄를 위하여 죽으시고 장사 지낸바 되셨다가 성경대로 사흘 만에 다시 살아나사"

예수그리스도의 탄생도 성경대로 즉, 언약대로 이루어진 것이고 죽으심과 부활도 성경의 언약대로입니다. 하나님의 말씀은 일점일획도 변함이 없으며 그대로 성취되어짐을 기억하시기 바랍니다. 그리스도 예수님의 부활은 곧 모든 믿는 자의 부활이 될 것입니다. 예수님의 부활하심은 예수님이 죄 없으심에 대한 하나님의 증언입니다. 또, 성도의 부활을 약속 하는 것입니다.

(고전15:12~13) "그리스도께서 죽은 자 가운데서 다시 살아 나셨다 전파되었거늘 너희 중에서 어떤 사람들은 어찌하여 죽은 자 가운데서 부활이 없다하느냐 만일 죽은 자의 부활이 없으면 그리스도도 다시 살아나지 못하셨으리라."

(고전15:20~21) "그러나 이제 그리스도께서 죽은 자 가운데서 다시 살아나사 잠자는 자들의 첫 열매가 되셨도다 사망이 한 사람으로 말미암았으니 죽은 자의 부활도 한 사람으로 말미암는도다"

성도들의 최종적인 승리는 부활입니다. 나사로의 부활과 요나의 부활을 통해 우리에게 부활의 신앙을 가르치십니다.

(마16:4) "악하고 음란한 세대가 표적을 구하나 요나의 표적밖에는 보여 줄 표적이 없다"

최고의 표적과 기적은 바로 예수그리스도의 부활이십니다. 또, 최고의 긍휼과 사랑은 예수그리스도를 믿는 모든 사람들이 죄에 죽고 의에 살며 부활의 영생가운데 있는 것입니다. 그러므로 성도에게 예수그리스도의 부활은 언약의 성취일 뿐만 아니라 산 소망이 됩니다.

(벧전1:3~4) "우리 주 예수 그리스도의 아버지 하나님을 찬송하리로다 그의 많으신 긍휼대로 예수그리스도를 죽은 자 가운데서 부활하게 하심으로 말미암 아 우리를 거듭나게 하사 산 소망이 잇게 하시며 썩지 않고 더럽지 않고 쇠하지 아니하는 유업을 잇게 하시나니 곧 너희를 위하여 하늘에 간직하신 것이라."

이제 성도가 누리는 부활의 복을 증언해야 하겠습니다.

마리아와 여인들이 예수님의 무덤을 찾아 갔을 때 천사가

(눅24:5) "어찌하여 살아 있는 자를 죽은 자 가운데서 찾느냐"라고 합니다.

이 말은 칭찬이 아니라 질책입니다. 우리의 신앙이 아직도 부활을 믿지 못하고 무덤을 찾아간 여인과 같습니다. 부활을 듣고도 믿지 못하는 사도들과 같지 않은지 재차 점검해 보아야 할 것입니다. 부활의 예수님을 만나야 참 제자가 될 수 있고 산 소망을 가진 성도가 됩니다. 그 부활의 주님을 확신할 때 우리 신앙의 생활에서 부활이 일어납니다. 땅에 사로잡힌 자가 아니라 하늘의 권세와 영광으로 산 자의 증언이 일어나는 삶은 부활의 신앙일 때 가능합니다. 예수님은 죽은 자가 아닌 산 자 이십니다. 그 분의 부활이 십자가 군대로 부름 받은 성도들을 통하여 계속적으로 일어나고 있습니다.

**찬송 352장**

십자가 군병들아 주 위해 일어나/ 기 들고 앞서 나가 담대히 싸우라

주께서 승전하고 영광을 얻도록/ 그 군대 거느리사 이기게 하시네

# 세례요한의 사역

(마3:1~3) "그 때에 세례 요한이 이르러 유대광야에서 전파하여 말하되 회개하라 천국이 가까이 왔느니라 하였으니 그는 선지자 이사야를 통하여 말씀하신 자라 일렀으되 광야에 외치는 자의 소리가 있어 이르되 너희는 주의 길을 준비하라 그가 오실 길을 곧게 하라 하였느니라."

이스라엘 백성들이 출애굽하여 가나안에 들어가기 위해 통과해야 하는 길 중에 왕의 대로가 있습니다. 남쪽으로는 아카바만에 있는 에시온게벨 부터 북쪽으로는 다메섹까지 이르는 길입니다. 에돔 땅을 통과 하는 길이며 주로 무역 대상들이 선호했던 길입니다. 왕의 대로는 말 그대로 풀이하면 왕의 큰 길입니다. 원어 '메씰라'는 '돋우다' '수축하다' '높게 돋운 길' 이라는 뜻이 있습니다.

세례요한이 주님이 오실 길을 준비하며 이사야의 말씀을 인용합니다.

(눅3:4~5) "선지자 이사야의 책에 쓴 바 광야에서 외치는 자의 소리가 있어 이르되 너희는 주의 길을 준비하라 그의 오실 길을 곧게 하라 모든 골짜기가 메워지고 모든 산과 작은 산이 낮아지고 굽은 것이 곧아지고 험한 길이 평탄하여

**질 것이요"**

이것은 무슨 말씀입니까? 이스라엘의 12지파 중에서 왕이 나온 지파가 유대 지파입니다. 예수님도 유대 지파 다윗의 후손이십니다. 유대 지파가 사는 땅이 유대 땅입니다. 왕의 지파의 땅이요 메시야 예수님이 오실 땅의 자손들이 더 은혜로워야 하는데 실재로는 '유대 광야' 입니다. 그들의 심령의 상태는 옥토가 아니라 메마른 광야입니다. 구부러져 있으므로 그 심령을 곧게 해야 하고 은혜 없이 황폐하게 움푹 파이고 파괴 되어 있으므로 메워져야 합니다. 또, 교만과 죄로 높아진 산이 깍아져 낮아져야 합니다. 그들의 영적인 심령의 상태는 왕이 오실 수 없는 상태이기 때문에 외치는 자의 소리를 통해 왕의 대로를 만들어야 합니다. 이 사역이 요한의 사역 이였으며 오늘날 다시 오실 예수그리스도의 길을 준비해야 하는 우리 성도들의 사역입니다. 이것은 우리가 최초로 걷는 길이 아니라 먼저 가신 분이 있는 닦여진 길입니다.

(사57:14~15) "그가 말하기를 돋우고 돋우어 길을 수축하여 내 백성의 길에서 거치는 것을 제하여 버리라 하리라 지극히 존귀하며 영원히 거하시며 거룩하다 이름 하는 이가 이와 같이 말씀하시되 내가 높고 거룩한 곳에 있으며 또한 통회하고 마음이 겸손한 자와 함께 하나니 이는 겸손한 자의 영을 소생시키시며 통회하는 자의 마음을 소생시키려 함이라."

그래서 세례요한은 유대 광야에서 "회개하라 천국이 가까이 왔느니라 "고 회개의 세례를 전파하였습니다.

예수님께서도 요단에서 세례를 받으시고 사역을 시작하시면서

(마4:17) "회개하라 천국이 가까이 왔느니라." 하십니다.

이미 우리 앞서 주님께서 성도의 길을 예비하고 계셨습니다. 거룩을 잃어버린 인간의 심령에 회개하고 애통해 하는 겸손한 마음을

주셔서 거룩하신 왕 되시는 예수님이 들어오시는 길을 예비하여 주셨습니다. 그 왕의 대로에 주님이 오실 뿐만 아니라 새로 거듭나 왕 되어진 새 사람 입은 우리가 걷게 하셨습니다. 왜냐 하면 성도는 왕 같은 제사장이기 때문입니다.

(벧전 2:9) "그러나 너희는 택하신 족속이요 왕 같은 제사장들이요 거룩한 나라요 그의 소유가 된 백성이니 이는 너희를 어두운데서 불러내어 그의 기이한 빛에 들어가게 하신 이의 아름다운 덕을 선포하게 하려 하심이라 너희가 전에는 백성이 아니더니 이제는 하나님의 백성이요 전에는 긍휼을 얻지 못하였더니 이제는 긍휼을 얻은 자니라"

교만으로 높아진 우리 마음이 죄인 줄 알지 못하다가 하나님의 낮아지심을 발견하는 순간 철없이 스스로 높아진 우리의 죄를 발견하게 됩니다.

(빌2:5~8) "너희 안에 이 마음을 품으라 곧 그리스도 예수의 마음이니 그는 근본 하나님의 본체시나 하나님과 동등 됨을 취할 것으로 여기지 아니하시고 오히려 자기를 비워 종의 형체를 가지 사 사람들과 같이 되셨고 사람의 모양으로 나타나사 자기를 낮추시고 죽기까지 복종하셨으니 곧 십자가에 죽으심이라"

이스라엘 백성들이 가나안을 들어가기 위해 에돔 족속에게 왕의 대로를 통과할 수 있게 해 달라고 요청하지만 거절당합니다.

(민20:17~21) "청하건대 우리에게 당신의 땅을 지나가게 하소서 우리가 밭으로나 포도원으로 지나가지 아니하고 우물물도 마시지 아니하고 왕의 큰 길로만 지나가고 당신의 지경에서 나가기까지 왼쪽으로나 오른쪽으로나 치우치지 아니하리이다 한다고 하라 하였더니 에돔 왕이 대답하되 너는 우리 가운데로 지나가지 못하리라 내가 칼을 들고 나아가 너를 대적할까 하노라 이스라엘 자손이 이르되 우리가 큰 길로만 지나가겠고 우리나 우리 짐승이 당신의 물을 마시면 그 값을 낼 것이라 우리가 도보로 지나갈 뿐인즉 아무 일도 없으리이다 하나 그는 이르되 너는 지나가지 못하리라 하고 에돔 왕이 많은 백성을 거느리

고 나와서 강한 손으로 막으니 에돔 왕이 이같이 이스라엘이 그의 영토로 지나감을 용납하지 아니하므로 이스라엘이 그들에게서 돌이키니라."

이 일로 이스라엘 백성들은 더 먼 길을 돌아서 가나안에 들어가지만 에돔 족속은 훗날 하나님께 징계를 받게 됩니다. 보이는 왕의 대로를 가로막는 에돔 왕을 통하여 끊임없이 육신적인 혈기가 영적인 것을 방해 한다는 사실을 우리에게 또 한번 깨우칩니다. 에돔 같이 혈기와 육적인 생각으로 가득해 주님을 영접하지 못하는 영이 가려진 유대인들과 우리를 위해 주님이 친히 오셔서 십자가 위에서 심령의 길을 닦아 주셨습니다.

뿐만 아니라 우리에게 그 왕의 대로를 따라 걸어오라고 하십니다. 먼저 낮아지시고 겸손히 복종하시는 십자가 사랑으로 우리를 왕으로 삼아 주셔서 우리는 왕이신 예수의 길 을 가는 사람이 되었습니다. 할렐루야! 아직도 유대 광야와 같고 에돔과 같은 사람들에게 하나님이 임재 하실 수 있도록 그래서 그들도 왕을 고백하고 왕 됨을 인정하도록 우리가 이제 왕의 길을 예비하는 소명을 받았습니다.

(시68:4) "하나님께 노래하며 그의 이름을 찬양하라 하늘을 타고 광야에 행하시던 이를 위하여 대로를 수축하라 그의 이름은 여호와이시니 그의 앞에서 뛰놀 지어다"

# 달리다굼

(막 5:22~4) "회당장 중의 하나인 야이로라 하는 이가 와서 예수를 보고 발아래 엎드리어 간곡히 구하여 이르되 내 어린 딸이 죽게 되었사오니 오셔서 그

위에 손을 얹으사 그로 구원을 받아 살게 하소서 하거늘 이에 그와 함께 가실
새 큰 무리가 따라가며 에워싸 밀더라 열두 해를 혈루증으로 앓아 온 한 여자가
있어 많은 의사에게 많은 괴로움을 받았고 가진 것도 다 허비하였으되 아무 효
험이 없고 도리어 더 중하여졌던 차에 예수의 소문을 듣고 무리 가운데 끼어 뒤
로 와서 그의 옷에 손을 대니 이는 내가 그의 옷에만 손을 대어도 구원을 받으
리라 생각함 일러라 이에 그의 혈루근원이 곧 마르매 병이 나은 줄을 몸에 깨달
으니라 예수께서 그 능력이 자기에게서 나간 줄을 곧 스스로 아시고 무리 가운
데서 돌이켜 말씀하시되 누가 내 옷에 손을 대었느냐 하시니 제자들이 여짜오
되 무리가 에워싸 미는 것을 보시며 누가 내게 손을 대었느냐 물으시나이까 하
되 예수께서 이 일 행한 여자를 보려고 둘러보시니 여자가 자기에게 이루어진
일을 알고 두려워하여 떨며 와서 그 앞에 엎드려 모든 사실을 여쭈니 예수께서
이르시되 딸아 네 믿음이 너를 구원하였으니 평안히 가라 네 병에서 놓여 건강
할지어다 아직 예수께서 말씀하실 때에 회당장의 집에서 사람들이 와서 회당
장에게 이르되 당신의 딸이 죽었나이다 어찌하여 선생을 더 괴롭게 하나이까
예수께서 그 하는 말을 곁에서 들으시고 회당장에게 이르시되 두려워하지 말
고 믿기만 하라 하시고 베드로와 야고보와 야고보의 형제 요한 외에 아무도 따
라옴을 허락하지 아니하시고 회당장의 집에 함께 가사 떠드는 것과 사람들이
울며 심히 통곡함을 보시고 들어가서 그들에게 이르시되 너희가 어찌하여 떠
들며 우느냐 이 아이가 죽은 것이 아니라 잔다 하시니 그들이 비웃더라 예수께
서 그들을 다 내보내신 후에 아이의 부모와 또 자기와 함께 한 자들을 데리시고
아이 있는 곳에 들어 가사 그 아이의 손을 잡고 이르시되 달리다굼 하시니 번역
하면 곧 내가 네게 말하노니 소녀야 일어나라 하심이라 소녀가 곧 일어나서 걸
으니 나이가 열두 살이라 사람들이 곧 크게 놀라고 놀라거늘 예수께서 이 일을
아무도 알지 못하게 하라고 그들을 많이 경계하시고 이에 소녀에게 먹을 것을
주라 하시니라"

본문 내용은 마태복음, 누가복음에서도 기록하고 있습니다. 그 만

큼 중요한 사건이라는 뜻이 되겠지요. 회당장야이로의 딸을 살려 주시는 내용과 혈루증으로 고생하던 여인을 치유하는 내용으로 "쌍둥이 기적" 이라 이해되어지는 사건입니다. 치유 받은 두 사람의 공통점이 있습니다.

### 첫째 : '12' 라는 숫자입니다.

회당장야이로의 딸의 나이가 12살이고 혈루증을 앓고 있는 여인은 12년 동안 고생하고 있습니다. 이것은 구약의 12지파와 신약의 12사도의 숫자와 동일합니다. 구약의 12지파가 상징하는 구약의 모든 이스라엘 백성들과 신약의 12사도를 대표로 하는 신약의 모든 성도들이 죽었고 병들어 있다는 것입니다. 혈루증은 구약에서 부정한 병으로 생각했습니다. (레15:19~33)

율법을 가르치는 회당장이었던 야이로의 딸과 같이 율법아래 갇혀 죽었던 구약의 이스라엘인들과 하나님의 거룩을 잃어버리고 영이 병들어 신음하는 신약의 모든 성도들의 상태를 말씀합니다. 이들은 바로 오늘날 목회자와 성도입니다.

목회자에게 진정한 소망이요 기쁨인 말씀이 오히려 무거운 짐이 되고 참 진리가 아닌 잘못 해석하고 적용하는 말씀으로 자신뿐만 아니라 성도들을 굴레 씌우고 죽이고 있는 현실을 우리는 보아야 합니다. 또, '오 자유~' 를 외치다 오히려 하나님의 거룩을 훼손할 뿐만 아니라 예수님을 믿지 않는 사람들과 똑같은 세상 기준의 가치관으로 신음하는 오늘 날의 성도들에게 경고하는 경고음 이라는 것을 알아야 하겠습니다.

이 두 사람을 치유하는 현장에 회당장과 제자들이 있음을 기억하시기 바랍니다. 이들 가운데 예수님이 계신다는 것은 새로운 전개입니다.

'12지파 ×12사도×1000=144000' 12지파와 12사도에 완전하신 예수님이 곱해져야 온전한 천국이 선포되어지고 천국인이 됩니다.

**(계14:1) "또 내가 보니 보라 어린 양이 시온산에 섰고 그와 함께 십 사만 사천이 섰는데 그 이마에 어린 양의 이름과 그 아버지의 이름을 쓴 것이 있도다."**

율법을 전하는 회당장과 복음을 전수받은 사도들이 예수님의 치유 현장의 목격자로 있다는 것은 이들을 통하여 복음 증거자로 삼으시기 위해서입니다.

'야이로'의 뜻은 "그가 깨우칠 것이다."입니다. 자신을 먼저 깨우치고 얼굴에서 수건이 벗겨져야 예수그리스도의 십자가의 죽으심과 부활을 증거하며 다른 사람을 구원하는 통로가 될 수 있습니다.

**(고후3:15~17) "오늘까지 모세의 글을 읽을 때에 수건이 그 마음을 덮었도다 그러나 언제든지 주께로 돌아가면 그 수건이 벗겨지리라 주는 영이시니 주의 영이 계신 곳은 자유가 있느니라"**

진리의 영으로 죄와 사망에서 자유하시기 바랍니다.

**(요8;32) "진리를 알지니 진리가 너희를 자유하게 하리라"**


**둘째 : 치유 받은 두 사람의 공통점은 '여자' 라는 것입니다.**

여자는 생명을 낳을 수 있는 사람입니다. 야이로의 딸이 '소녀' 라는 것은 하나님을 영접했지만 아직 어린 상태라는 것입니다. 어리기 때문에 율법의 본질을 알지 못하고 눌려 사망을 했습니다.

**(갈3:23~24) "믿음이 오기 전에 우리는 율법 아래에 매인 바 되고 계시될 믿음의 때까지 갇혔느니라 이같이 율법이 우리를 그리스도께로 인도하는 초등교사가 되어 우리로 하여금 믿음으로 말미암아 의롭다 함을 얻게 하려 함이라."**

믿음은 하나님께서 율법을 주신 목적을 깨닫는 것입니다.

(신10:13) **"내가 오늘 네 행복을 위하여 네게 명하는 여호와의 명령과 규례를 지킬 것이 아니냐"**

하나님의 목적은 우리에게 무거운 짐을 지다 병들고 죽으라는 것이 아니라 "행복하게 살아라"는 것입니다. 이 행복을 위해 우리에게 율법을 주셨고 그 율법의 지시함은 믿음인 예수그리스도를 믿고 아는 것입니다.

(엡4:13) **"우리가 다 하나님의 아들을 믿는 것과 아는 것에 하나가 되어 그리스도의 장성한 분량까지 자랄지라.**

이미 우리의 사망의 짐은 주님께서 다 지셨습니다.

(마11:28) **"수고하고 무거운 짐진 자들아 다 내게로 오라 내가 너희를 쉬게 하리라**

율법이 주는 것도 , 복음이 주는 것도 십자가위에서 선포하신 해방이요 평안이요 생명입니다. 야이로의 딸이 아직 소녀이라 그 짐에 눌러 죽었지만 우리는 이미 장성한 사람으로 부르셨으므로 사망이 아니라 생명이라는 것을 믿으시기 바랍니다. 혈루증 여인은 아이를 낳을 만큼 성장했으나 잘못된 성장을 한 것입니다. 복음적 성장이 아닌 죄의 성장을 한 것입니다.

마치 바리새인과 서기관과 같습니다. 지식적으로 율법적으로 많은 것을 알고 지키고 있으나 여전히 자신의 지식과 신앙의 관점으로 타인을 정죄하고 돌을 던지는 사람들입니다.

(롬8:1~2) **"그러므로 그리스도 예수 안에 있는 자에게는 결코 정죄함이 없나니 이는 그리스도 예수 안에 있는 생명의 성령의 법이 죄와 사망의 법에서 너를 해방하였음이라."**

이제 우리가 믿고 사랑해야 할 분은 예수님 한 분 이심을 믿으시

148

기 바랍니다.

### 셋째 : 이들의 공통점은 치유를 받았다는 것입니다.

야이로의 딸과 혈루증 여인은 치유 받고 예수그리스도의 신부로 자녀를 낳아야 하는 사람들입니다. 그러므로 예수님께서 건강한 신부로 맞이하시기 위해 친히 찾아 오셨습니다. 주님은 성도가 영적으로 죽는 것도, 병드는 것도 원하지 않으십니다. 그래서 야이로의 딸을 향하여 이렇게 말씀하십니다.

(막5:39) "이 아이가 죽은 것이 아니라 잔다"

잠은 깨어나기 위한 쉼입니다. 부활을 전제로 하고 있습니다.

(요11:11) "우리 나사로가 잠들었도다 그러나 내가 깨우러 가노라"

어린 신앙으로 죽었든 아니면, 잘못된 신앙으로 죄의 깊은 잠에 들었든지 이제 주님을 만나고 깨어나야 합니다. 아브라함의 아내만 열국의 어미인 사라가 되는 것이 아니라 우리도 예수그리스도의 신부로 열국을 낳아야 합니다.

(엡5:14) "그러므로 이르기를 잠자는 자여 깨어서 죽은 자들 가운데서 일어나라 그리스도께서 너에게 비추이시리라 하셨느니라"

예수님이 야이로의 딸에게 하신 "달리다굼"은 우리를 향한 명령이요 사랑의 선언입니다.

(막5:42) "그 아이의 손을 잡고 이르시되 달리다굼 하시니 번역하면 곧 내가 네게 말하노니 소녀야 일어나라 하심이라"

예수님은 그렇게 간절한 기도를 하신 겟세마네 동산에서 깨어있지 못하고 깊은 잠에 빠져 있는 제자들을 향하여 끝까지의 사랑을 속삭이십니다.

(막14:42) "일어나라 함께 가자"

**(아2:13)** "나의 사랑, 나의 어여쁜 자야 일어나서 함께 가자"

예수그리스도의 신부로서의 초청입니다. 우리는 회당장 딸과 같이, 혹은 혈루증 여인과 같이 그리스도를 영접했으나 신부의 행복을 알지 못했습니다. 이제 예수님의 사랑 그분의 은혜를 믿고 알고 그리하여 온전히 하나 되어 지는 신부의 행복과 자녀를 낳은 달리다굼의 산 증인이 되시기를 바랍니다.

# 예수그리스도의 가르치심

**(눅 3:23)** "예수께서 가르치심을 시작하실 때에 삼십 세쯤 되시니라."

'시작하다'의 헬라어 '아르코'는 '다스리다, 첫째가 되다, 우두머리, 주권, 통치'의 뜻이 있습니다. 예수그리스도의 지위적인 위치를 말씀하십니다. 다스리는 지위는 예수님의 신적 지위에다 사역적 지위가 더 해 집니다. 예수님의 신적 지위는 하나님이십니다. 사역적 지위는 왕이시며 선지자이시며 제사장 이십니다. 하나님이신 예수님이 왕으로, 선지자로, 제사장으로 다스리시고 통치하시는 주권자로 오셨습니다. 예수님의 탄생을 경배 드리기 위해 동방박사들이 세 가지 예물을 들고 베들레헴으로 찾아 갑니다.

**(마2:11)** "아기께 경배하고 보배합을 열어 황금과 유향과 몰약을 예물로 드리니라."

**첫째 : 황금은 예수그리스도께서 왕으로 오셨다는 것입니다.**

그리스도라는 호칭도 기름부음 받은 자입니다. 왕과 선지자와 제사장을 세울 때 기름을 부어 헌신하게 하셨습니다.

(출30:30) "너는 아론과 그의 아들들에게 기름 발라 그들을 거룩하게 하고 그들이 내게 제사장 직분을 행하게 하고"

(삼상16:13) "사무엘이 기름 뿔 병을 가져다가 그의 형제 중에서 그에게 부었더니 이날 이후로 다윗이 여호와의 영에게 크게 감동되니라"

(왕상19:16) "너는 또 님시의 아들 예후에게 기름을 부어 이스라엘의 왕이 되게 하고 또 아벨므홀라 사밧의 아들 엘리사에게 기름을 부어 너를 대신하여 선지자가 되게 하라"

기름은 하나님의 임재의 성령을 상징합니다. 동방 박사들이 예물로 드린 황금은 왕의 상징입니다. 예수그리스도는 변치 않는 하나님의 언약을 가진 메시야요 왕이십니다. 구약의 여러 모양으로 하신 메시야 약속을 따라 오신 분이 예수그리스도 이십니다.

(사9:6~7) "이는 한 아기가 우리에게 나고 한 아들을 우리에게 주신바 되었는데 그의 어깨에는 정사를 메었고 그의 이름은 기묘자라, 모사라, 전능하신 하나님이라, 영존하시는 아버지라, 평강의 왕이라 할 것임이라"

예수그리스도의 족보는 마태복음 1장과 누가복음 3장에서 기록하고 있습니다. 마태복음에서는 아브라함과 다윗의 혈통으로 오신 유대인의 왕에 대해 하향식으로 기록 합니다. 누가복음에서는 예수님으로부터 아담을 창조하신 하나님까지 상향식 족보입니다. 마태복음에서 혈통적인 유대인의 왕으로 오신 예수님에 대해 기록하였다면, 누가복음의 족보는 온 인류의 왕으로 오신 예수그리스도에 대해 말씀하고 있습니다. 하나님께서 자신의 이름을 "나는 나다"라고 모세에게 대답하십니다.

(출3:14) "나는 스스로 있는 자이니라."

자존하시는 왕이신 하나님이 스스로 낮은 자리에 오신 분이 예수 그리스도 이십니다. 그러므로 왕 되시는 예수님의 첫 번째 가르침은 나는 유대인의 왕이요 온 인류의 왕으로 너희를 찾아 왔다는 것입니다.

**둘째 : 유향은 선지자로 오셨다는 것을 가르치고 계십니다.**

선지자는 하나님의 말씀의 대언자입니다.

(렘1:7) **"여호와께서 내게 이르시되 너는 아이라 말 하지 말고 내가 너를 누구에게 보내든지 너는 가며 내가 네게 무엇을 명령하든지 너는 말 할지니라"**

예수님께서도 선지자로서 하나님의 말씀을 전하시기 위해 오셨습니다.

(요17:8) **"나는 아버지께서 내게 주신 말씀들을 그들에게 주었사오며 그들은 이것을 받고 내가 아버지께로부터 나온 줄을 참으로 아오며 아버지께서 나를 보내신 줄도 믿었사 옵나이다."**

출애굽 광야의 만나를 통해 가나안의 만나를 가르치신 하나님이십니다.

(요6:49~50) **"너희 조상들은 광야에서 만나를 먹었어도 죽었거니와 이는 하늘에서 내려오는 떡이니 사람으로 하여금 먹고 죽지 아니하게 하는 것 이니라"**

예수님께서 육신을 입고 오셨지만 그분은 완전한 하나님이시며 말씀이십니다. 범죄한 인간이 말씀을 듣고 믿음에 더디므로 친히 말씀이 육신이 되어 오셔서 하나님을 보여 주시는 분이 예수님 이십니다.

(요1:14) **"말씀이 육신이 되어 우리 가운데 거하시매 우리가 그의 영광을 보니 아버지의 독생자의 영광이요 은혜와 진리가 충만 하더라"**

구약의 선지자들 중에 하나님의 말씀이 아닌 다른 말씀을 전하였을 때 삯군 목자요 거짓 선지자가 되었습니다. 거짓 선지자의 말이 전하여진 곳에는 사망의 냄새가 나고 참 선지자의 말이 전하여진 곳에는 생명의 냄새가 납니다.

(고후2:16) "이 사람에게는 사망으로부터 사망에 이르는 냄새요 저 사람에게 는 생명으로부터 생명에 이르는 냄새니라."

예수님은 참 선지자로 오셔서 자신을 내어 주심으로 생명이 되셨 습니다.

(요3:34~36) "하나님이 보내신 이는 하나님의 말씀을 하나니 이는 하나님이 성령을 한량 없이 주심이니라 아버지께서 아들을 사랑하사 만물을 다 그의 손 에 주셨으니 아들을 믿는 자에게는 영생이 있고 아들에게 순종하지 아니하는 자는 영생을 보지 못하고 도리어 하나님의 진노가 그 위에 머물러 있느니라"

(요4:19) "여자가 이르되 주여 내가 보니 선지자로소이다"

(요9:17) "이에 맹인 되었던 자에게 다시 묻되 그 사람이 네 눈을 뜨게 하였 으니 너는 그를 어떠한 사람이라 하느냐 대답하되 선지자니이다"

우리 눈을 뜨게 하셔서 하나님을 보게 하신 예수 그리스도는 선지 자 이십니다.


## 셋째 : 몰약은 제사장으로 오셨음을 가르치십니다.

몰약은 시신의 부패를 막기 위해 바르는 방부제로 많이 사용 되어 졌습니다. 예수님의 무덤을 여인들과 니고데모가 향품과 몰약을 가 지고 찾아 가는 것을 볼 수 있습니다.

(요19) "일찍이 예수께 밤에 찾아왔던 니고데모도 몰약과 침향 섞은 것을 백 리트리쯤 가지고 온 지라"

예수님이 성육신으로 오신 목적이 바로 내어 주심의 극치인 죽으 시기 위하심입니다. 예수님은 자신이 죽고 다른 사람의 생명을 얻기 위해 오셨습니다.

(요12:24) "내가 진실로 진실로 너희에게 이르노니 한 알의 밀이 땅에 떨어져 죽지 아니하면 한 알 그대로 있고 죽으면 많은 열매를 맺느니라"

예수라는 이름의 뜻은 자기 백성을 저희 죄에서 구원 할 자 이십니다.(마1:21) 이 구원의 대속을 이루시기 위해서 그 분은 성육신하여 오셔서 고난을 당하시고 죽으십니다. 인간이 죄로 인해 하나님과 막히고 잃어버린 화목을 이루시기 위해 오신 분이 예수님 이십니다.

(엡2:16) "또 십자가로 이 둘을 한 몸으로 하나님과 화목하게 하려 하심이라 원수 된 것을 십자가로 소멸하시고"

요한복음 17장에서 제사장적 중보 기도를 하십니다. 그리고 십자가 위에서 운명하시면서도 제사장적 중보를 멈추지 않습니다.

(눅23:34) "아버지 저들을 사하여 주옵소서 자기들이 하는 것을 알지 못함이니이다."

세상 죄를 지고 가는 어린양으로 대속의 죽음을 완성하십니다. 십자가 위에서 다 이루었다고 선포 하신 것처럼 우리의 죄 값은 다 지불되었습니다. 우리에게 오신 제사장은 온전하신 대제사장 예수그리스도 이십니다.

(히8:1) "이제 하는 말의 중요한 것은 이러한 대제사장이 우리에게 있는 것이라"

(히9:11~12) "그리스도께서 장래 좋은 일의 대제사장으로 오사 손으로 짓지 아니한 곧 이 창조에 속하지 아니한 더 크고 온전한 장막으로 말미암아 염소와 송아지의 피로 아니하고 오직 자기 피로 영원한 속죄를 이루사 단번에 성소에 들어 가셨느니라"

구원의 약속을 몸으로 이루어 주신 영원한 왕 되시는 예수님, 참 선지자 되신 예수님, 대 제사장 되시는 예수님. 참 감사합니다.

# 실로암

(요9:5~7) "내가 세상에 있는 동안에는 세상의 빛 이로라 이 말씀을 하시고 땅에 침을 뱉어 진흙을 이겨 그의 눈에 바르시고 이르시되 실로암 못에 가서 씻으라 하시니 (실로암은 번역하면 보냄을 받았다는 뜻이라) 이에 가서 씻고 밝은 눈으로 왔더라"

예수그리스도께서 날 때부터 소경된 사람을 실로암에서 눈을 뜨게 해 주시는 본문을 통하여 우리의 영적인 눈도 활짝 열리게 되시기를 바랍니다.

실로암은 히스기야 왕 때에 만들어 졌습니다.
(역대하 33:30) "이 히스기야가 또 기혼의 윗 샘물을 막아 그 아래로부터 다윗 성 서쪽으로 곧게 끌어들였으니 히스기야가 그의 모든 일에 형통 하였더라"
(왕하 20:20) "히스기야의 남은 사적과 그의 모든 업적과 저수지와 수도를 만들어 물을 성 안으로 끌어 들인 일은 유다 왕 역대지략에 기록되지 아니하였느냐"
B.C 701년 앗수르 산헤립 왕이 유다를 침략하여 예루살렘성을 포위 하게 됩니다. 그때 유다 왕 이였던 히스기야가 적군에게 수로를 차단하고 예루살렘 성안에 갇혀 있는 유다 백성들에게는 물을

공급하기 위해 긴 수로 공사를 하게 됩니다. 성 외곽의 모든 우물을 폐쇄하고 북쪽의 기혼 샘에서부터 바위를 뚫고 긴S 자로 지하 수로를 연결하여 예루살렘 성 안에 우물을 만듭니다.(역대 하 32:1 ~30)

이렇게 만들어진 우물을 이름 하여 "실로암" 이라 했습니다. 실로암에서 눈을 씻고 소경이 눈을 떴다는 것은 무엇을 의미합니까?

### 첫째 : 유대의 진정한 왕이 오셨다는 것입니다.

예루살렘 성은 유대 자손인 다윗과 그의 후손들의 왕들이 살던 곳입니다. 다윗성의 진정한 왕이 오셔야 참 예루살렘성이 되는 것인데 왕 되시는 예수께서 오실 것이라는 예언의 성취가 이루어졌다는 것을 말씀합니다.

(창49:10) "규가 유다를 떠나지 아니하며 통치자의 지팡이가 그 발 사이에서 떠나지 아니하기를 실로가 오시기까지 이르리니 그에게 모든 백성이 복종하리로다."

'실로'는 '안식처' 라는 뜻으로 영원한 안식과 평화의 처소가 되시는 예수그리스도를 뜻합니다. 그러므로 창49:10절의 말씀은 유다지파의 왕권은 예수그리스도가 오실 때 까지이며 진정한 왕이 오시면 유다의 백성들은 예수그리스도 앞에 경배 할 것이라는 말씀입니다. 이 예언대로 예수님이 실로암에 진정한 왕으로 오셨습니다.

'실로암'의 뜻은 '보냄을 받은 자'입니다. 예수님은 하나님으로부터 땅으로 보냄을 받으신 분이십니다. 느헤미야 2장14절에 실로암을 '왕의 못' 이라 기록하고 있습니다. 실로암은 유다왕 히스기야가 앗수르 군대를 물리치고 백성들을 보호하기 위해 만들어 졌습니다. 그러나 그 속의 뜻은, 진정한 왕이시며 영원한 왕이 되시는 예수그리스도께서 자기 백성들을 어둠의 세력으로부터 구원하시고 참 안식을 주시겠다는 의미를 담고 있다 하겠습니다. 함축적인 의미에 대해서 요한복음 9장에서 소경을 치유하는 사건을 통해 나타내 보이시고 계십니다. 소경치유 사건이 안식일에 일어났습니다.

(요9:14) "예수께서 진흙을 이겨 눈을 뜨게 하신 날은 안식일이라."

예수님은 진정한 왕 이시며 참 평강의 왕으로 오셔서 참 안식을 주셨습니다.

## 둘째 : 메시야를 만나야 구원이 있습니다.

메시야는 번역하면 그리스도입니다.(요1:41) 그리스도는 기름 부음 받은 자 라는 뜻입니다.

(시2;2) "세상의 군왕들이 나서며 관원들이 서로 꾀하여 여호와와 그의 기름 부음 받은 자를 대적하여"

(요9:3) "태어나면서부터 소경된 것은 자신의 죄도 아니요 부모의 죄가 아니라 하나님이 하시는 일을 나타내기 위한 것이라"

하나님이 하시는 일은 소경이 눈을 뜨고 보게 하는 일입니다. 그 하나님이 바로 메시야요 기름부음 받은 자 인 그리스도 예수라는 것입니다. 소경의 눈을 뜨게 할 수 있는 분은 오직 하나님 한 분 밖에 없습니다.

(출4:11) "여호와께서 그에게 이르시되 누가 사람의 입을 지었느냐 누가 말 못하는 자나 못 듣는 자나 눈 밝은 자나 맹인이 되게 하였느냐 나 여호와가 아니냐"

(시146:8) "여호와께서 맹인들의 눈을 여시며"

날 때부터 소경이 누구 입니까? 죄 가운데 태어나 의로우신 하나님을 보지 못하는 우리들을 가르키십니다.

(마13:13) "그러므로 내가 그들에게 비유로 말하는 것은 그들이 보아도 보지 못하며 들어도 듣지 못하며 깨닫지 못함이니라"

이렇게 우매하고 어리석어서 하나님을 알지 못했고 영접하지 않는 우리를 사랑하시되 끝까지 사랑하사 죽기까지 복종하신 분이 예수님 이십니다.

(요1:9~12) "참 빛 곧 세상에 와서 각 사람에게 비추는 빛이 있었나니 그가 세상에 계셨으며 세상은 그로 말미암아 지은바 되었으되 세상이 그를 알지 못하였고 자기 땅에 오매 자기 백성이 영접하지 아니하였으나 영접하는 자 곧 그의 이름을 믿는 자에게는 하나님의 자녀가 되는 권세를 주셨으니"

예수님을 믿고 영접하면 이제 듣게 되고 보게 됩니다.

그 상태가 바로 빛이 들어오는 상태이며 눈이 뜨인 상태요 귀가 열린 상태가 되는 것입니다. 이 사람이 바로 복 있는 사람인데 우리는 그 복을 받은 사람들입니다.

(마13:16) "그러나 너희 눈은 봄으로, 너희 귀는 들음으로 복이 있도다"

우리의 눈을 뜨게 하여 하나님을 보고 아는 일을 하시기 위해 예수님은 하나님으로부터 보내심을 받았습니다.

(눅 4:43) "예수께서 이르시되 내가 다른 동네에서도 하나님의 나라 복음을 전하여야 하리니 나는 이 일을 위해 보내심을 받았노라"

어둠의 세상에 빛으로 오셔서 그 어둠에서 구원을 행하시는 것이 예수그리스도께서 메시야로 오신 것입니다.

(요8:12) "예수께서 또 말씀하여 이르시되 나는 세상의 빛이니 나를 따르는 자는 어둠에 다니지 아니하고 생명의 빛을 얻으리라."

본문의 소경이 예수님을 만나고 실로암 못에 가서 씻음으로 눈을 볼 수 있게 되었습니다. 비로소 빛 이 눈에 들어오면서 마음의 창이 열리고 영적인 눈이 뜨여 고백하게 됩니다.

11절  예수라 하는 그 사람        17절 선지자니이다

33절  하나님께로부터 온 사람        38절 주여 내가 믿나이다.

　점점 소경이 치유 받아 영안이 밝아지는 것을 발견할 수 있습니다. 이제는 소경이 아니라 빛이 되었습니다.

　(고후4:6) "어두운 데에 빛이 비치라 말씀하셨던 그 하나님께서 예수 그리스도의 얼굴에 있는 하나님의 영광을 아는 빛을 우리 마음에 비추셨느니라"

　(사29:18) "그 날에 못 듣는 사람이 책의 말을 들을 것이며 어둡고 캄캄한 데에서 맹인의 눈을 볼 것이며"

　예수님께서 하나님으로부터 보냄을 받으셨습니다. 예수께서 메사야 순종으로 오셔서 어둠가운데 살아가는 우리를 빛으로 인도해 주셔서 우리는 이제 참 왕이시며 그리스도의 자녀가 되었습니다. 이제 은혜 받은 우리가 또 다른 영적 소경에게로 보내심을 받았습니다.

　(마5:14) "너희는 세상의 빛이라"

　그 보내심을 입은 자의 빛 된 사명을 잘 감당하시는 여러분이 되시기를 바랍니다.


# 바울의 투옥

　(행16:19~34) "여종의 주인들은 자기 수익의 소망이 끊어진 것을 보고 바울과 실라를 붙잡아 장터로 관리들에게 끌어갔다가 상관들 앞에 데리고 가서 말하되 이 사람들이 유대인인데 우리 성을 심히 요란하게 하여 로마 사람인 우리가 받지도 못하고 행하지도 못할 풍속을 전한다 하거늘 무리가 일제히 일어나

고발하니 상관들이 옷을 찢어 벗기고 매로 치라 하여 많이 친 후에 옥에 가두고 간수에게 명하여 든든히 지키라 하니 그가 이러한 명령을 받아 그들을 깊은 옥에 가두고 그 발을 차꼬에 든든히 채웠더니 한밤중에 바울과 실라가 기도하고 하나님을 찬송하매 죄수들이 듣더라 이에 갑자기 큰 지진이 나서 옥터가 움직이고 문이 곧 다 열리며 모든 사람의 매인 것이 다 벗어진지라 간수가 자다가 깨어 옥문들이 열린 것을 보고 죄수들이 도망한 줄 생각하고 칼을 빼어 자결하려 하거늘 바울이 크게 소리 질러 이르되 네 몸을 상하지 말라 우리가 다 여기 있노라 하니 간수가 등불을 달라 하며 뛰어 들어가 무서워 떨며 바울과 실라 앞에 엎드리고 그들을 데리고 나가 이르되 선생들이여 내가 어떻게 하여야 구원을 받으리까 하거늘 이르되 주 예수를 믿으라 그리하면 너와 네 집이 구원을 받으리라 하고 주의 말씀을 그 사람과 그 집에 있는 모든 사람에게 전하더라 그 밤 시각에 간수가 그들을 데려다가 그 맞은 자리를 씻어주고 자기와 그 온 가족이 다 세례를 받은 후 그들을 데리고 자기 집에 올라가서 음식을 차려주고 그와 온 집안이 하나님을 믿으므로 크게 기뻐하니라."

악을 행함으로 고난을 받는 것은 당연 한 일입니다. 그런데 악을 행하는 것이 아니라 선을 행하여 고난을 받는 것은 무슨 이유라 생각 하십니까? 선(善) 중에서도 가장 큰 선은 하나님을 전하는 것인데 그것을 위해 받는 고난은 그 고난 뒤에 하나님의 특별한 계획이 있음을 우리는 기억해야 합니다.

(눅23:41~42) "우리는 우리가 행한 일에 상당한 보응을 받는 것이니 이에 당연하거니와 이 사람이 행한 것은 옳지 않은 것이 없느니라 하고 이르되 예수여 당신의 나라에 임하실 때에 나를 기억 하소서 하니 예수께서 이르시되 내가 진실로 네게 이르노니 오늘 네가 나와 함께 낙원에 있으리라 하시니라"

복음의 고난은 고난당하는 사람뿐만 아니라 그것을 바라보는 자에게도 하나님의 의를 나타내시기 위함입니다. 그로 인하여 고난의 뒤에는 선을 행하시는 하나님의 경륜이 있음을 우리가 기억해야 할 것입니다.

예수님의 의로운 고난의 현장에는 두 강도가 있었습니다. 이 두 강도는 인류의 두 분류입니다. 그리스도 예수를 영접하는 사람과 그렇지 아니한 사람입니다. 가인과 아벨이요 에서와 야곱 두 민족입니다. 복 있는 자와 복 없는 악한 자입니다. 항 상 이 두 부류의 중앙에 십자가의 예수님이 계십니다.

영원한 대제사장적 사역이 이루어지는 곳이기도 합니다. 한 편 강도의 신앙 고백은 예수님께서 의로운 고난을 당하시는 현장에서 일어났습니다. 본문에서 바울은 예수그리스도의 이름으로 복음을 전하고 귀신을 내 쫓아 어둠의 권세에 사로잡힌 여종을 구원하고 난 뒤에 체포되어 지하 감옥에 갇히는 처지에 놓였습니다. 그럼에도 불구하고 찬양을 하고 기도를 합니다.

**(행16:25) "한 밤중에 바울과 실라가 기도하고 하나님을 찬송하매 죄수들이 듣더라"**

고난은 고난 받을 수준일 때 옵니다. 아브라함에게 이삭을 번제로 드리라 하는 하나님의 음성은 아브라함의 믿음이 그 만한 수준이 이르렀을 때 찾아 왔습니다. 그렇기에 아브라함은 아무 주저하지 않고 이삭을 번제로 드릴 수 있었습니다. 욥에게 고난을 허락 하신 하나님은 욥의 신앙에 대한 확신이 있으셨습니다. 욥은 하나님의 기대에 응답하여 극심한 고난 가운데에서도 신앙의 절개를 지킵니다.

**(욥1:21) "이르되 내가 모태에서 알몸으로 나왔사온즉 또한 알몸이 그리로 돌아가올지라 주신 이도 여호와시오 거두신 이도 여호와시오니 여호와의 이름이 찬송을 받으실지니이다 하고"**

161

고난이 올 때 자기의 육신적 생각으로 받으면 어리석은 사람이 될 것입니다. 그러나, 하나님의 선하신 뜻으로 받으면 지혜로운 사람이 될 뿐만 아니라 고난 뒤의 영광을 보게 될 것입니다.

**(욥2:10) "우리가 하나님께 복을 받았은즉 화도 받지 아니하겠느냐 하고 이 모든 일에 욥이 입술로 범죄 하지 아니하니라."**

진정한 믿음은 외부의 조건과 시련에 신앙의 뿌리가 흔들리지 아니하고 오히려 더 견고하게 세워집니다. 바울과 실라는 옥에 갇히고 쇠사슬에 묶여 있는 가운데 있었지만 오히려 더 기도하고 찬양하며 영의 날개를 펴고 왕래 합니다. 바울과 실라는 갇힌 몸으로 아무것도 할 수 없는 절망을 본 것이 아니라 그럼에도 불구하고 구원의 일을 행하실 하나님의 전능하심을 바라보았습니다. 복음의 물결은 세상의 법과 사람이, 사단이 가로 막아 설 수 없는 하나님의 주권입니다. 찬양하고 기도할 때 간수장과 그의 가족들이 구원을 받았습니다.

**(빌1:12) "형제들아 내가 당한 일이 도리어 복음 전파에 진전이 된 줄을 너희가 알기를 원하노라"**

하나님이 구원해야 할 영혼이 있는 곳에 하나님의 사람의 의로운 고난이 먼저 심겨지게 하시는 하나님의 은혜를 기억하시기 바랍니다. 요셉이 13년간의 고난 끝에 자신을 노예로 팔고 죽이기까지 하려고 했던 형제들을 극적으로 만난 후 이렇게 말합니다.

**(창45:5) "당신들이 나를 이곳에 팔았다고 해서 근심하지 마소서 한탄하지 마소서 하나님이 생명을 구원하시려고 나를 당신들보다 먼저 보내셨나이다"**

**(창45:7~8) "하나님이 큰 구원으로 당신들의 생명을 보존하고 당신들의 후손을 세상에 두시려고 나를 당신들보다 먼저 보내셨나니 그런즉 나를 이리로 보낸 이는 당신들이 아니요 하나님이시라 하나님이 나를 바로에게 아버지로**

삼으시고 그 온 집의 주로 삼으시며 애굽 온 땅의 통치자로 삼으셨나이다"

바울은 감옥에 갇혀 있었음에도 그를 통하여 구원을 성취하실 하나님을 온전히 의지 했고 예수그리스도의 이름으로 세례를 주고 구원을 선물하는 신앙의 승리를 이루었습니다. 오늘 우리가 당하는 고난 가운데에서 예수님을 선포하고 십자가 구원의 통로가 됩시다.

# 우리가 해야 할 일

(신10:8~9) "그 때에 여호와께서 레위지파를 구별하여 여호와의 언약궤를 메이며 여호와 앞에 서서 그를 섬기며 또 여호와의 이름으로 축복하게 하셨고 그 일은 오늘날까지 이르니라 그러므로 레위는 그 형제 중에 분깃이 없으며 기업이 없고 네 하나님 여호와께서 그에게 말씀하심 같이 여호와가 그의 기업이시니라"

역대 최고 수준의 실업률에 고용한파가 불어 닥치고 있다고 합니다. 이러한 때에 평생직장으로 일 하실 수 있는 목회자로 선택받고 임직 받으신 여러분을 축하 합니다. 가장 넓고도 좁은 길이 목회자의 길이 아닐까 생각 합니다. 이 축복의 자리에 부르신 하나님이 우리에 주시는 직무가 본문에 잘 나타나 있습니다. 여호와께서 레위지파 오늘날 하나님을 믿는 모든 성도님들께, 특별히 목사님으로 부르심을 입은 분들에게 주신 일 입니다.

**첫째 : 여호와의 언약궤를 메는 말씀 연구와 선포의 십자가 사역입니다.**

레위지파 중에서도 고핫 자손이 언약궤를 메었습니다. (민3:30) 고핫 자손은 제사장인 아론의 계열입니다. 오늘날 목사가 언약궤를 멘다는 것은 무슨 말 이겠습니까? 성도와 목회자가 되었다는 것은 하나님을 주인으로 따르겠다는 것입니다. 그래서 주님은 누가복음에서 이렇게 말씀 하십니다.

(눅9:23) **"아무든지 나를 따라 오려거든 자기를 부인하고 날마다 제 십자가를 지고 나를 따를 것이니라"**

즉, 언약궤를 멘다는 것은 말씀의 십자가를 진다는 것입니다.

말씀의 십자가를 어떻게 지겠습니까? 이스라엘 백성들이 바벨론 포로에서 돌아와 성전을 재건하고 성벽을 재건했지만 여전히 그들의 신앙은 무너져 있었습니다.

이러한 때에 (스7:10) **"에스라가 여호와의 율법을 연구하여 준행하며 율례와 규례를 이스라엘에게 가르치기로 결심 하였더라"** 합니다. 바로 이것이 언약궤를 메는 것이며 십자가를 지고 예수님을 쫓아 가는 것입니다. 하나님의 말씀을 연구해야 합니다. 뿐만 아니라 그 말씀을 지켜 행하여야 합니다. 그리고 가르치며 선포해야 합니다.


**둘째 : 여호와 앞에 서서 그를 섬기는 전도와 양육의 사역입니다.**

성도와 목회자의 직분은 섬기는 사역이며 종의 사역입니다.

사도 바울은 섬기는 사역을 표현할 때 (고후11:2) **"내가 하나님의 열심으로 너희를 위하여 열심을 내노니 내가 너희를 정결한 처녀로 한 남편인 그리스도께 드리려고 중매함이로다"** 합니다.

중매를 잘 하면 술이 석 잔이고 중매를 못 하면 뺨이 석대 라는 말이 있습니다. 성도와 목회자는 그리스도와 불신자간의 중매장이 입니다. 중매를 잘 하기 위해서 하나님의 열심을 가지고 부지런히 신랑과 신부될 사람 사이를 왕래해야 합니다. 세상과 하나님 두 남편이 아닌, 한 분 하나님 남편께로 정결한 신부를 데려가는 것이 목회자가 서서 섬기는 사역입니다.

(히10:11) **"제사장 마다 매일 서서 섬기며"**

섬김의 사역은 나 보다 남을 낮게 여길 때 감사함으로 오래 동안 지속 할 수 있습니다.(빌2:3) 섬기되 항상 여호와의 이름으로 서서 섬기게 하셨습니다.(신18:5)

이 말씀은 (벧전4:11) **"만일 누가 말하려면 하나님의 말씀을 하는 것 같이 하고 누가 봉사하려면 하나님이 공급하시는 힘으로 하는 것 같이 하라 이는 범사에 예수 그리스도로 말미암아 하나님이 영광을 받으시게 하려 함이라"** 서서 섬기는 중매쟁이의 역할은 결혼식이 이루어져야 끝나듯이 목회자의 서서 섬기는 사역은 불신자가 성도로, 성도가 다시 그리스도의 정결한 신부로 드려질 때까지입니다.

## 셋째 : 여호와의 이름으로 축복하는 기도의 사역입니다.

하나님의 종으로 말씀의 십자가를 지고 서서 섬기며 마지막으로 해야 하는 것이 축복입니다. 아론이 대제사장으로 위임을 받고 첫 제사를 하나님께 드리고 백성을 향해 맨 먼저 한 것이 축복입니다.(레9:22)

하나님은 제사장들에게 '너희는 이렇게 축복하라'고 가르치고 계십니다.

(민6:24~26) **"여호와는 네게 복을 주시고 너를 지키시기를 원하며 여호와는 그의 얼굴을 네게 비추사 은혜 베푸시기를 원하며 여호와는 그 얼굴을 네게로 향하여 드사 평강 주시기를 원하노라 할지니라"**

하나님의 이름으로 축복하면 하나님께서 그들에게 복을 내리시겠다고 약속 하십니다. 예수님께서 부활 하신 후 제자들에게 찾아 가셔서 가장 먼저 하시는 말씀이 (눅24:36) **"너희에게 평강이 있을지어다."** 였습니다. 성도와 목회자의 가장 큰 특권은 하나님의 이름으로 축복하는 것입니다.

평강과 화목의 사신으로 보내심을 받았음에도(고후5:18~19) 불구하고 축복하는 사역이 아닌 원수 맺는 목회를 하시는 분들을 종종 봅니다. 여러분이 만나는 모든 사람들과 화평하시기 바랍니다.

(신21:5) **"레위자손 제사장들도 그리로 갈지니 그들은 네 하나님 여호와께서 택하사 자기를 섬기게 하시며 또 여호와의 이름으로 축복하게 하신자라"**

오늘 임직식을 마치시고 돌아가셔서 두 손을 들고 여러분이 아시는 모든 사람을 위해 축복 기도 하시기 바랍니다.


말씀의 십자가를 지고 서서 섬기며 축복할 때 우리의 의를 구하거나 우리 자신의 유익을 구하는 것이 되지 않도록 해야 합니다. 왜냐하면 이 모든 것이 본래 하나님의 것이며 여호와 하나님이 친히 기업이 되어 주신다고 약속 하시고 계시기 때문입니다. 여러분의 기업은 세상도 아니요, 물질도 아니요, 오직 여호와 하나님이심을 기억 하시고 여러분이 감당해야 할 사명에서 기쁨을 누리시기를 축복합니다.

166

# 지성소의 사랑

(레16:16~29) "곧 이스라엘 자손의 부정과 그들이 범한 모든 죄로 말미암아 지성소를 위하여 속죄하고 또 그들의 부정한 중에 있는 회막을 위하여 그같이 할 것이요 그가 지성소에 속죄하러 들어가서 자기와 그의 집안과 이스라엘 온 회중을 위하여 속죄하고 나오기까지는 누구든지 회막에 있지 못할 것이며 그는 여호와 앞 제단으로 나와서 그것을 위하여 속죄할지니 곧 그 수송아지의 피와 염소의 피를 가져다가 제단 귀퉁이 뿔들에 바르고 또 손가락으로 그 피를 그 위에 일곱 번 뿌려 이스라엘 자손의 부정에서 제단을 성결하게 할 것이요 그 지성소와 회막과 제단을 위하여 속죄하기를 마친 후에 살아 있는 염소를 드리되 아론은 그의 두 손으로 살아있는 염소에 안수하여 이스라엘 자손의 모든 불의와 그 범한 죄를 아뢰고 그 죄를 염소의 머리에 두어 미리 정한 사람에게 맡겨 광야로 보낼지니 염소가 그들의 모든 불의를 지고 접근하기 어려운 땅에 이르거든 그는 그 염소를 광야에 놓을 지니라 아론은 회막에 들어가서 지성소에 들어갈 때 입었던 세마포 옷을 벗어 거기 두고 거룩한 곳에서 물로 그의 몸을 씻고 자기 옷을 입고 나와서 자기의 번제와 백성의 번제를 드려 자기와 백성을 위하여 속죄하고 속죄제물의 기름을 제단에서 불사를 것이요 염소를 아사셀에게 보낸 자는 그의 옷을 빨고 물로 그의 몸을 씻은 후에 진영에 들어갈 것이며 속죄제 수송아지와 속죄제 염소의 피를 성소로 들여다가 속죄하였은즉 그 가죽과 고기와 똥을 밖으로 내다가 불사를 것이요 불사른 자는 그의 옷을 빨고 물로 그의 몸을 씻은 후에 진영에 들어갈 지니라 너희는 영원히 이 규례를 지킬지니라 일곱째 달 곧 그 달 십일에 너희는 스스로 괴롭게 하고 아무 일도 하지 말되 본토인이라든지 너희 중에 거류하는 거류민이든지 그리하라"

하나님은 이스라엘 백성들을 사랑하셔서 성막을 짓도록 하셨습니다. 그 성막에서 하나님과 백성의 관계를 정립하실 뿐만 아니라 제사를 통해서 하나님의 사랑을 보여 주시기 위해서입니다.

이스라엘 절기 중에 속죄일이 있습니다. 1년에 한 번 지켜지는 속죄일은 7월 10일에 이스라엘 땅에 사는 모든 사람들이 참여했습니다. 이스라엘 백성들뿐만 아니라 이방인들까지 지켰습니다.(29절) 속죄의 제물을 드리고 제사를 드릴 때 제사장이라고 제외되지 않습니다. 이것은 어느 누구도 죄의 문제에서 자유롭지 못하다는 것을 말씀합니다.

(롬3:9~10) "그러면 어떠하냐 우리는 나으냐 결코 아니라 유대인이나 헬라인이나 다 죄 아래에 있다고 우리가 이미 선언 하였느니라 기록된바 의인은 없나니 하나도 없으며"

죄인들에 대한 하나님의 사랑은 무엇입니까?

## 첫째 : 속죄일에 이루어진 지성소의 사랑입니다.

하나님이 성막의 여러 기구들과 제사를 통해 만나시며 예수그리스도의 사랑을 나타내 보이시고 계시는데 가장 깊은 사랑은 지성소에서 이루어집니다. 지성소에서 이루어지는 최고의 사랑은 죄 사함의 사랑입니다.

이 사랑을 위해 하나님은 속죄일을 선포하시고 이스라엘에 살고 있는 모든 사람들에게 지키라고 하십니다. 그리고 대 제사장이 속죄 제물의 피를 가지고 지성소로 들어가도록 하십니다. 대제사장 이라 할지라도 먼저 자기를 위하여 속죄하고 그리고 난 뒤에 백성을 위한 속죄 사역을 하게 됩니다. 또한 대제사장이 지성소로 들어 갈 수 있는 날은 속죄일 하루 밖에 없습니다. 이것은 천국의 구원은 누구든지 죄에 대한 용서가 없이 들어 갈 수 없으며 단 회적 이라는 것을 말씀합니다. 이 단회적인 속죄사역은 영원한 대제사장이신 예수님이 이루시는 것을 모형으로 보여 주시고 계십니다.

(히7:27) "그는 저 대제사장들이 먼저 자기 죄를 위하고 다음에 백성의 죄를 위하여 날마다 제사 드리는 것과 같이 할 필요가 없으니 이는 그가 단번에 자기를 드려 이루셨음이라."

죄의 고백에 피를 가지고 들어가야 하는 것은 '피'는 곧 생명이기 때문입니다.

(레17:11) "육체의 생명은 피에 있음이라 내가 이 피를 너희에게 주어 제단에 뿌려 너희의 생명을 위하여 속죄하게 하였나니 생명이 피에 있으므로 피가 죄를 속하느니라"

(히10:22) "피 흘림이 없으므로 사함이 없느니라"

제물로 드려지는 속죄일의 짐승은 죄의 삯인 사망의 피를 친히 흘리신 예수님의 그림자입니다. 모든 죄 속함을 위하여 예수님이 자기 피로 영원한 속죄를 이루십니다.

(히9:11~12) "그리스도께서는 장래 좋은 일의 대제사장으로 오사 손으로 짓지 아니한 것 곧 이 창조에 속하지 아니한 더 크고 온전한 장막으로 말미암아 염소와 송아지의 피로 하지 아니하고 오직 자기의 피로 영원한 속죄를 이루사 단번에 성소에 들어가셨느니라."

영원히 죄 값을 지불해도 다 할 수 없는 무기수 판결을 받아야 할 죄인이 죄 없다고 판결 받는 것 보다 더 기쁜 일은 없을 것입니다. 우리는 이와 같은 영원한 죄 아래 있어야 할 사람들인데 그 모든 죄에 대해서 예수님이 친히 피를 흘리사 단번에 갚아 주시고 우리를 의인되게 해 주셨습니다.

(마26:28) "이것은 죄사함을 얻게 하려고 많은 사람을 위하여 흘리는바 나의 피 곧 언약의 피니라"

그 사랑이 속죄일에 이루어진 지성소의 사랑입니다. 속죄일의 지성소는 바로 예수그리스도의 십자가의 보혈이 믿어지고 고백되어 지는 그 날입니다.

**둘째 : 지성소의 사랑은 두 염소를 통한 사랑입니다.**

속죄일의 제물로 염소 두 마리를 택합니다.

**(레16:8) "두 염소를 위하여 제비 뽑되 한 제비는 여호와를 위하고 한 제비는 아사셀을 위하여 할지며"**

제물로 가져온 염소 두 마리 중에서 제비 뽑아 한 마리는 속죄제로 드립니다. 그리고 나머지 한 마리는 산 채로 광야로 데리고 가서 쫓아 보냅니다. 광야에서 쫓김 당한 아사셀 염소는 추위와 더위 그리고 배고픔과 들짐승들의 위협 가운데 죽게 됩니다. 이 두 염소는 예수그리스도를 뜻 합니다. 성막 번제단에서 죽고 지성소에 피가 뿌려진 염소는 거룩하신 하나님이 육신을 입고 베들레헴에 오셔서 골고다에서 죽으시기까지의 과정입니다. 예수님은 부셔진 빵과 부어진 포도주가 되셔서 우리에게 생명이 되셨습니다. 성찬식을 통하여 우리에게 가르치신 예수님께서 골고다 십자가위에서 몸을 찢으시고 피를 쏟으시므로 완전한 구원을 선포 하십니다.

**(요19:30) "다 이루었다"**

다 이루었다는 말씀은 '완불되었다.'는 뜻입니다. 산 채로 광야에 보내어진 아사셀 염소는 하늘 보좌에서 광야 같은 인생길에 오신 예수그리도 이십니다. 지성소의 하늘을 버리고 광야 인생길에 오셔서 우리 대신 죄의 질고를 지시고 죽으심으로 우리 죄를 담당 하시는 예수그리스도의 사역입니다. 죄인 중에 죄인들이 죽임당하는 성문 밖에서 예수님은 죽으십니다.

(레24:14) "그 저주한 사람을 진영 밖으로 끌어내어 그것을 들은 모든 사람이 그들의 손을 그의 머리에 얹게 하고 온 회중이 돌로 그를 칠지니라"

(히13;11~12) "이는 죄를 위한 짐승의 피는 대 제사장이 가지고 성소에 들어가고 그 육체는 영문 밖에서 불사름이니라 그러므로 예수도 자기 피로써 백성을 거룩하게 하려고 성문 밖에서 고난을 받으셨느니라"

마지막 유월절 성찬식을 하시고 죽으심을 아시면서도 찬양하며 감람산을 오르시는 예수님은 가장 깊은 지성소의 사랑을 몸으로 말씀하시고 계십니다. 예수그리스도의 사랑은 예루살렘 안에서 가르치고 전파하실 때에도, 예루살렘 성 밖에서 죽으실 때에도 변함없는 사랑이십니다. 죽음이 가로 막을 수 없는 사랑을 위해 오셨고 과거나 현재나 영원토록 동일하신 변함없는 사랑으로 계십니다. 이제 영원히 동일하신 사랑의 은혜로 부으심을 입은 우리가 성문 안의 사랑을 성문 밖으로 이어가야 할 때입니다.

저는 꿈을 품고 기도합니다. 하나님 아버지! 지성소의 사랑으로 복음의 날개를 펴고 동서남북, 원근각지로, 나라와 민족과 열방을 향해 나아가게 하옵소서. 등대교회의 강단의 복음이 흘러 넘쳐서 하나님의 지경을 넓히며 주 예수님께 돌아오는 백성이 가득하기를 원합니다. 주님께서 행하시고 영광받으시옵소서. 예수님 이름으로 기도드립니다. 아멘.


교회 안에서의 그리스도의 충만하신 사랑이 교회 밖의 사랑으로 고난의 즐거움에 동역 될 때 우리에게 주신 지성소의 사랑이 더욱 빛을 발하게 될 것입니다.

(히13:13) 그런즉 우리도 그의 치욕을 영문 밖으로 그에게 나아가자

할렐루야

# 유월절 성만찬

(마26:17~29) "무교절의 첫날에 제자들이 예수께 나아와서 이르되 유월절 음식 잡수실 것을 우리가 어디서 준비하시기를 원하시나이까 이르되 성안 아무에게 가서 이르되 선생님 말씀이 내 때가 가까이 왔으니 내 제자들과 함께 유월절을 네 집에서 지키겠다 하시더라 하라 하시니 제자들이 예수께서 시키신 대로 하여 유월절을 준비하였더라 저물 때에 예수께서 열두 제자와 함께 앉으셨더니 그들이 먹을 때에 이르시되 내가 진실로 너희에게 이르노니 너희 중의 한 사람이 나를 팔리라 하시니 그들이 몹시 근심하여 각각 여짜오되 주여 나는 아니지요 대답하여 이르시되 나와 함께 그릇에 손을 넣는 그가 나를 팔리라 인자는 자기에 대하여 기록된 대로 가거니와 인자를 파는 그 사람에게는 화가 있으리로다 그 사람은 차라리 태어나지 아니하였더라면 제게 좋을 뻔하였느니라 예수를 파는 유다가 대답하여 이르되 랍비여 나는 아니지요 대답하시되 네가 말하였도다 하시니라 그들이 먹을 때에 예수께서 떡을 가지사 축복하시고 떼어 제자들에게 주시며 이르시되 받아서 먹으라 이것은 내 몸이니라 하시고 또 잔을 가지사 감사기도 하시고 그들에게 주시며 이르시되 너희가 다 이것을 마시라 이것은 죄사함을 얻게 하려고 많은 사람을 위하여 흘리는바 나의 피 곧 언약의 피니라 그러나 너희에게 이르노니 내가 포도나무에서 난 것을 이제부터 내 아버지의 나라에서 새것으로 너희와 함께 마시는 날까지 마시지 아니 하리라 하시니라"

예수님께서 유월절을 지키시면서 재정하신 것이 오늘날의 성만찬 식입니다. 유월절은 어린 양을 잡아 나누어 먹고 그 피를 바른 집안에 있으므로 죽음의 재앙이 넘어 갔던 출애굽 사건 전 날 밤에 있었던 사건을 기념하여 지키던 절기입니다.

(출12:5~7) "너희 어린 양은 흠 없고 일 년 된 수컷으로 하되 양이나 염소 중에서 취하고 이 달 열 나흗날까지 간직하였다가 해 질 때에 이스라엘 회중이 그 양을 잡고 그 피를 양을 먹을 집 좌우 문설주와 인방에 바르고"

(출12:13~14) "내가 애굽 땅을 칠 때에 그 피가 너희가 사는 집에 있어서 너희를 위하여 표적이 될 지라 내가 피를 볼 때에 너희를 넘어 가리니 재앙이 너희에게 내려 멸하지 아니하리라 너희는 이 날을 기념하여 여호와의 절기를 삼아 영원한 규례로 대대로 지킬 지니라"

유월절을 들여다보면 세상 죄를 지고 가는 어린양이 보입니다. 이스라엘 백성들이 출애굽을 통한 자유가 선포되고 하나님의 자녀로 인도함을 받기까지 반드시 어린양의 대속의 죽음이 있어야 했습니다. 어린 양의 죽음으로 비로소 얻게 되는 죄와 사망에서의 자유는 예수그리스도의 죽음으로 완성 되어 집니다.

(벧전 2:24) "친히 나무에 달려 그 몸으로 우리 죄를 담당하셨으니 이는 우리로 죄에 대하여 죽고 의에 대하여 살게 하심이라"

(히10:19~20) "그러므로 형제들아 우리가 예수의 피를 힘입어 성소에 들어갈 담력을 얻었나니 그 길은 우리를 위하여 휘장 가운데로 열어 놓으신 새로운 살 길이요 휘장은 곧 그의 육체니라"

예수님께서 친히 죽으심에 대해 여러 차례 제자들에게 말씀하셨습니다.(마17:21, 17:22~23, 20:18~19) 그럼에도 주님의 죽으심에 대해 깊은 통찰을 하지 못하는 제자들에게 마지막 유월절을 지키시며 친히 자신이 살이 찢으시고 피가 부어지심에 대해 성찬식으로 실물교육을 하십니다. 이렇게 엄숙한 가르치심의 현장에서 가룟 유다의 배신이 예언 되어 집니다.

(마26:23) "대답하여 이르시되 나와 함께 그릇에 손을 넣는 그가 나를 팔리라"

성찬 떡 그릇에 예수님의 손과 가룟 유다의 손이 같이 있습니다. 예수님의 손은 내어주시고 섬기는 손길이요 가룟 유다의 손은 훔치고 높아지려는 손길입니다. 출애굽 후 광야에서 만나가 내렸을 때 이스라엘 백성들이 묻습니다.

이것이 무엇이냐?

(출16:15) "이스라엘 자손이 보고 그것이 무엇인지 알지 못하여 서로 이르되 이것이 무엇이냐 하니 모세가 그들에게 이르되 여호와께서 너희에게 주어 먹게 하신 양식이라"

그들은 만나의 의미를 몰랐습니다. 그래서 만나를 먹었어도 죽었습니다. 가룟 유다가 내민 손길은 만나를 먹어도 죽었던 이스라엘 백성들과 같이 예수님을 광야의 만나 정도로만 생각 했던 손입니다. 광야의 만나는 먹고 전진하기 위한 식량인데 가룟 유다는 먹고 그 자리에서 멈추기 위한 손을 뻗었습니다. 유월절 떡은 누룩 없는 떡인데 가룟 유다의 생각 가운데 이미 누룩인 죄가 들어와 있었고 그 마음으로 탐욕의 손길을 내 밀었으므로 예수님을 은 30냥에 팔 수 밖에 없었습니다. 은 30냥은 소 한 마리 값입니다.

(출21:32) "소가 만일 남종이나 여종을 받으면 소 임자가 은 삼십 세겔을 그의 상전에게 줄 것이요 소는 돌로 쳐서 죽일지니라."

예수님은 친히 속죄의 댓가인 30냥에 팔리시는 제물이 되셨으며 대속을 위해 죽임을 당하셨습니다. 그리하여 예수님이 친히 이스라엘이 맛보았던 광야의 만나가 아니라 생명의 떡이 되셨습니다.

(마26:26) "그들이 먹을 때에 예수께서 떡을 가지사 축복하시고 떼어 제자들에게 주시며 이르시되 받아서 먹으라 이것은 내 몸이니라 하시고"

(요6:48~49) "내가 곧 생명의 떡 이니라 너희 조상들은 광야에서 만나를 먹었어도 죽었거니와 이는 하늘에서 내려오는 떡이니 사람으로 하여금 먹고 죽지 아니하게 하는 것이니라"

가룟 유다는 땅에서 먹고 배부르고 즐기는 차원의 만나를 향해 손을 뻗었고 그것을 이루기 위해 예수님까지 팔았습니다. 예수님은 가룟 유다의 부패한 마음과 같이 죄로 오염된 사람들의 죄를 대속하시고 구원하시기 위해 친히 속죄의 값을 치르시고 죽으셨습니다. 그리하여 영생의 떡이 되어 우리를 하늘의 영원한 생명으로 인도하셨습니다. 베들레헴의 떡이 되시고 유월절 어린양으로 죽으심으로 살과 피를 내어 주십니다.

**(요6;28) "이것은 죄 사함을 얻게 하려고 많은 사람을 위하여 흘리는바 나의 피 곧 언약의 피니라**

유월절 어린양은 언약으로 오신 예수그리스도 이십니다. 하나님의 훈계를 싫어하여 짐승과 같은 죄의 본성으로만 사는 우리에게 말씀의 떡으로 들어오셔서 사람 되게 하시는 분이십니다. 하나님의 언약은 예수님을 통한 구원이요 생명입니다. 이스라엘 백성의 출애굽을 이루셨던 하나님께서 예수그리스도를 통해 모든 믿는 자의 출애굽을 허락하셨습니다. 창세기의 요셉은 형들의 시기와 미움을 받아 미디안 상인에게 팔리고 보디발 장군 집에서 종노릇 합니다. 더 나아가 왕의 감옥에 갇힙니다. 고난의 13년을 보내고 요셉이 애굽의 총리가 되어 나라를 다스릴 때 풍년과 기근이 연달아 닥칩니다.

**(창41:56~57) "온 지면에 기근이 있으매 요셉이 모든 창고를 열고 애굽 백성에게 팔새 애굽 땅에 기근이 심하며 각국 백성도 양식을 사려고 애굽으로 들어와 요셉에게 이르렀으니 기근이 온 세상에 심함이었더라"**

이스라엘과 온 땅에 기근이 심해지고 형제들이 양식을 구하러 애굽 총리가 된 요셉에게 오게 됩니다. 그 때 요셉은 형들에게 고백합니다.

**(창45:5) "당신들이 나를 이곳에 팔았다고 해서 근심하지 마소서 한탄하지 마소서 하나님이 생명을 구원하시려고 나를 당신들보다 먼저 보내셨나이다."**

요셉은 바로 예수님의 모형입니다. 요셉이 애굽에 팔려 와서 종 살이 했듯이 예수님이 세상에 오셔서 종의 고난을 당하십니다. 그 러나 요셉이 원망하지 않고 흉년을 지혜롭게 준비하여 이스라엘의 형제뿐만 아니라 각 국민을 기근에서 생명을 구원하였습니다. 이와 같이 예수님께서 하늘 양식으로 오셔서 친히 자신을 십자가에 대속 물로 내어 주셔서 영원한 생명을 주시고 모든 믿는 자의 구원이 되 십니다. 그 예수그리스도의 생명의 떡을 우리가 먹고 영생의 복을 받았습니다. 이제 생명의 떡과 포도주를 주님이 우리에게 주신 것 과 같이 또, 요셉이 곡식 창고를 열어 각국 백성들의 생명을 구한 것 과 같이 저와 여러분이 주님의 언약의 말씀을 떼어 세상의 종살이 하고 죄의 종살이 하며 죽어 가는 형제자매에게 나누어 주어야 할 때가 되었습니다.

온 세상에 기근이 가득 합니다. 땅의 만나는 넘치는데 하늘 양식 이 기근입니다. 거룩한 성찬에 초청하여 함께 어린양의 떡과 포도 주를 나누고 생명의 언약으로 하나 되어 지는 그 날을 위해 기도하 며 전도하시기를 주님의 이름으로 축원 드립니다.

# 만남에서 생명으로

(눅5:1~11) "무리가 몰려와서 하나님의 말씀을 들을 새 예수는 게네사렛 호 수가에 서서 호숫가에 배 두 척이 있는 것을 보시니 어부들은 배에서 나와서 그 물을 씻는지라 예수께서 한 배에 오르시니 그 배는 시몬의 배라 육지에서 조금

떼기를 청하시고 앉으사 배에서 무리를 가르치시더니 말씀을 마치시고 시몬에게 이르시되 깊은 데로 가서 그물을 내려 고기를 잡으라 시몬이 대답하여 이르되 선생님 우리들이 밤이 새도록 수고하였으되 잡은 것이 없지마는 말씀에 의지하여 내가 그물을 내리리이다 하고 그렇게 하니 고기를 잡은 것이 심히 많아 그물이 찢어지는지라 이에 다른 배에 있는 동무들에게 손짓하여 와서 도와 달라 하니 그들이 와서 두 배에 채우매 잠기게 되었더라 시몬 베드로가 이를 보고 예수의 무릎 아래에 엎드려 이르되 주여 나를 떠나소서 나는 죄인이로소이다 하니 이는 자기 및 자기와 함께 있는 모든 사람이 고기 잡힌 것으로 말미암아 놀라고 세베대의 아들로서 시몬의 동업자인 야고보와 요한도 놀랐음이라 예수께서 시몬에게 이르시되 무서워하지 말라 이제 후로는 네가 사람을 취하리라 하시니 그들이 배들을 육지에 대고 모든 것을 버려두고 예수를 따르니라."

보통 스승을 찾아 제자가 배움을 청하러 갑니다. 유대 사회의 전통도 제자될 사람이 스승을 찾아가 가르침을 청합니다. 그런데 예수님은 먼저 찾아 가십니다. 제자를 찾아 가셔서 부르시고 백성을 찾아 가 부르십니다. 범죄하고 숨은 아담을 먼저 찾아 가시고 갈대아 우르로 아브라함을 찾아 가십니다. 모세를 찾아가셔서 부르시고 애굽에 종살이하는 이스라엘 백성을 찾아 가십니다. 왜 그렇게 해야 하는가 하면 죄로 가려진 인간이 먼저 거룩하신 하나님을 볼 수 없기 때문입니다. 좌우를 분별하지 못하는 어리석은 사람이 어떻게 참 스승이시오, 메시야를 알아보겠습니까? 그러므로 하나님이 먼저 죄인 된 사람을 찾아 오셨습니다. 성육신 하신 예수님이 메시야 되심을 스스로 아는 사람은 아무도 없었습니다.

**(요1:6) "빛이 어둠에 비치되 어둠이 깨닫지 못 하더라"**
어둠에 사로 잡혀 있는 인간이 예수그리스도를 스스로 알지 못하고 성령의 은혜가 있어야 볼 수 있고 말 할 수 있습니다. 동방 박사들이 아기 예수님께 경배드릴 수 있었던 것도 성령의 인도하심으로 가능했습니다. 세례 요한이 예수님을 향해 (요1:29) **"보라 세상 죄를 지고 가는 하나님의 어린 양이로다."** 할 수 있었던 것은 성령 하나님이 가르쳐 주셨기 때문입니다.

(요1:33) **"나도 그를 알지 못하였으나 나를 보내어 물로 세례를 베풀라 하신 그이가 나에게 말씀하시되 성령이 내려서 누구 위에든지 머무는 것을 보거든 그가 곧 성령으로 세례를 베푸는 이 인줄 알라 하셨기에 내가 보고 그가 하나님의 아들이심을 증언하였노라 하니라"**

(고전12:3) **"또 성령으로 아니하고는 누구든지 예수를 주시라 할 수 없느니라"**

예수님이 제자를 찾아 갈릴리로 오셨습니다. 그리고 시몬의 배에 오르시고 우리에게 이렇게 가르치십니다.

**첫째 : 깊은 데로 가서 그물을 내려 고기를 잡으라 말씀하십니다.**

예수님의 말씀에 순종하여 그물을 깊은 데 내렸을 때 많은 물고기를 잡았습니다. (눅5:3~5) **"시몬"**이라 부르시는데 말씀에 순종하여 많은 물고기를 잡은 후에는 (눅5:8) **"시몬 베드로 ~"**로 불리워집니다. 시몬의 이름 뜻은 "들음, 하나님께서 들으셨다 "입니다. 베드로의 뜻은 "반석, 바위입니다." 들음은 상호 작용이 일어 날 때 올바른 들음이라 할 수 있습니다.

하나님의 말씀을 듣고 순종하면 반석이 됩니다. 하나님께 기도를 할 때 하나님이 들으셔야 또 반석이 됩니다.그러므로 히브리어의 '들음'이라는 뜻인 '시몬'과 아람어인 '반석'의 뜻이 있는 '베드로'는 연합되어야 주님이 쓰시기에 합당한 제자가 되는 것입니다.  반석은 믿음의 터를 말씀 합니다.

베드로가 예수님께 신앙 고백을 합니다.

(마16:16) "주는 그리스도시오 살아 계신 하나님의 아들 이시니이다."

이 고백을 들으신 예수님께서 이렇게 말씀하십니다.

(마16:17~18) "예수께서 대답하여 이르시되 바요나 시몬아 네가 복이 있도다 이를 네게 알게 한 이는 혈육이 아니요 하늘에 계신 내 아버지시라 또 내가 네게 이르노니 너는 베드로라 내가 이 반석 위에 내 교회를 세우리니 음부의 권세가 이기지 못하리라"

하나님의 아들이심을 고백할 수 있는 것은 성부 하나님의 성령의 음성을 들어서 가능 하다는 말씀입니다. 또, 이 성령의 음성을 듣고 고백되어지는 사람의 믿음의 터 위에 교회를 세우리라는 약속 이십니다. 반석은 믿음의 고백위에 세워지는 교회요 예수 그리스도 이십니다. 건물의 교회뿐만 아니라 예수그리스도가 임재하시는 예수의 사람이 교회입니다.

(출17;6) "내가 호렙 산에 있는 그 반석 위 거기서 네 앞에 서리니 너는 그 반석을 치라 그것에서 물이 나오리니 백성이 마시리라"

(고전10:4) "다 같은 신령한 음료를 마셨으니 이는 그들을 따르는 신령한 반석으로부터 마셨으매 그 반석은 곧 그리스도시라."

생수가 터져 나오는 깊은 곳에 그물을 내린 다는 것은 기도의 깊은 자리, 말씀이 흐르는 영성의 깊은 자리에 나아가는 것입니다. 이런 곳에는 반드시 자기 부인이 일어나게 됩니다.

(눅9:23) "또 무리에게 이르시되 아무든지 나를 따라 오려거든 자기를 부인하고 날마다 제 십자가를 지고 나를 따를 것이니라"

(눅5:11) "그들이 배들을 육지에 대고 모든 것을 버려두고 예수를 따르니라"

깊은 대로 그물을 내리는 것은 육신을 쳐서 말씀에 복종 시키는 것입니다.

할렐루야

예수그리스도의 말씀을 먹고 마시는 순종이 일어나면 우리는 그리스도를 고백하는 교회가 되며 반석이신 예수 안에 세워지게 됩니다. 더 이상 갈대와 같이 세상의 것들로 흔들리지 아니하며 반석 안에 세워지는 임재의 축복이 가득한 교회가 됩니다. 이 곳에 저와 여러분이 또한, 등대교회가 있으시기를 축복 합니다.

### 둘째 : 그물을 배 오른편에 던져라.

눅5장과 요21장이 유사한 상황입니다. 제자들은 밤새도록 그물을 내렸지만 물고기를 한 마리도 잡지 못했습니다. 대(代)를 이어 어부로 살아 온 제자들이 한 마리도 잡지 못한 것은 기적이고 절대적인 주님의 능력입니다. 이렇게 자신들의 무능함을 고백할 수밖에 없는 상황에서 예수님이 제자들을 찾아오십니다.

그런데 다른 점이 있습니다. 눅5장에서는 초림의 예수님이 제자들을 처음 부르시기 위해 찾아오신 것이었고 요21장에서는 부활하신 예수님이 다시 생업으로 돌아간 제자들을 찾아 가신 것입니다.

그리고 또, 한 가지 다른 점은 눅5장에서는 그물을 깊은 데로 내려라 하시는데 요21장에서는 그물을 배 오른 편에 던지라 하십니다. 오른편은 "영접하다. 받아들이다." 라는 뜻을 가지고 있습니다. 예수그리스도를 주인으로, 왕으로 영접하는 것입니다. 또, 예수님을 신랑으로 받아들이는 것입니다. 그러므로 그물을 배 오른편에 던지라는 말씀은 예수님을 왕으로 영접하는 자리에 있으라는 것이요, 신부의 자리에서 주님을 영접하라는 말씀입니다.

이 단계의 믿음은 그물을 깊은 데로 내리듯이 말씀의 깊은 자리에서 얻은 순종으로 그리스도를 신랑으로 영접하여진 상태입니다. 신부의 자리에서 신랑 되시는 주님의 뜻에 합당한 생명을 낳는 자리가 오른편 입니다. 사도 바울은 예수님을 핍박하는 자리에서 부활하신 예수님을 만난 후 복음의 생명을 낳는 헌신자로 세워집니다.

(갈4:19) "나의 자녀들아 너희 속에 그리스도의 형상을 이루기까지 다시 너희를 위하여 해산하는 수고를 하노니"

예수님을 따라 다니며 복음을 듣고 복음의 역사를 경험하는 깊은 자리에 있었지만 제자들의 생각은 오른 편이 아닌 왼편에 있었기 때문에 예수님을 부인하고 십자가에 못 박히실 때 고난의 자리에서 떠나고 말았습니다. 이런 제자들을 다시 찾아오신 부활의 주님은 그들에게 배 오른 편에 그물을 내리라 하시는 것입니다.

너희의 생각과 너희의 기준의 신앙이 아니라 주님의 뜻의 기준이 되는 신앙이 되라는 것입니다. 오른편은 그의 나라와 그의 의를 먼저 구하는 신앙입니다. 그러면 바울이 변화 되어졌듯이 베드로가 변화되어 교회의 기둥과 같이 쓰임 받게 되고 기쁘게 순교의 자리까지 갈 수 잇게 됩니다.

(갈2:9) "또 기둥 같이 여기는 야고보와 게바와 요한도 내게 주신 은혜를 알므로 나와 바나바에게 친교의 악수를 하였으니 우리는 이방인에게로, 그들은 할례자에게로 가게 하려 함이라"

예수님의 오른 편에 세워지면 복음의 증거자로 교회의 태동과 해산을 위한 수고에 헌신되어집니다. 예수그리스도를 영접하고 받아들이면 영적자녀를 낳게 되고 이것이 하나님 앞에 면류관이 됩니다.

(빌4:1) "그러므로 나의 사랑하고 사모하는 형제들, 나의 기쁨이요 면류관인 사랑하는 자들아 이와 같이 주 안에 서라"

말씀의 깊은 은혜를 얻고 기도의 깊은 자리에서 주님을 만났다면 그 분의 생명을 전하고 양육하는 일에 세워지는 것이 오른편에 있는 성도가 할 수 있는 일입니다. 자기 내면의 성장에 집중할 때가 있고 외부로 퍼 날라야 할 때가 있습니다.

(눅4:43) "하나님 나라의 복음을 전하여야 하리니 나는 이 일을 위하여 보내심을 받았노라"

오늘 베드로와 제자를 만나러 오신 주님이 저와 여러분에게 찾아오셔서 신랑이 되어 주십니다. 만남 뿐 만 아니라 결혼과 출산 그리고 양육까지 이루어지는 그리스도와 하나 되시는 인생이 되시기를 바랍니다.

# 성전 정결

(마21:12~17) "예수께서 성전에 들어 가사 성전 안에서 매매하는 모든 사람들을 내쫓으시며 돈 바꾸는 사람들의 상과 비둘기파는 사람들의 의자를 둘러엎으시고 그들에게 이르시되 기록 된 바 내 집은 기도하는 집이라 일컬음을 받으리라 하였거늘 너희는 강도의 소굴을 만드는도다 하시니라 맹인과 저는 자들이 성전에서 예수께 나아오매 고쳐주시니 대제사장들과 서기관들이 예수께서 하시는 이상한 일과 또 성전에서 소리 질러 호산나 다윗의 자손이여 하는 어린이들을 보고 노하여 예수께 말하되 그들이 하는 말을 듣느냐 예수께서 이르시되 그렇다 어린 아이와 젖먹이들의 입에서 나오는 찬미를 온전하게 하셨나이다 함을 너희가 읽어 본 일이 없느냐 하시고 그들을 떠나 성 밖으로 베다니에 가서 거기서 유하시니라"

성경에서 성전의 의미는 대단히 크고 깊습니다. 보이는 성전의 시작은 홍수가 끝난 후 제단을 쌓고 제물을 번제로 드린 것에서부터 출발 합니다.

**(창8:20) "노아가 여호와께 제단을 쌓고 모든 정결한 짐승과 모든 정결한 새 중에서 제물을 취하여 번제로 제단에 드렸더니"**

제물로 제사를 드린 것은 노아 이전에도 있었습니다. 아벨이 양의 첫 새끼로 하나님께 제물을 드렸습니다.(창4:4) 그리고 셋의 아들 에노스 때에 여호와라는 이름이 불리워지기 시작 합니다. 제사와 그 대상이 명확히 여호와 하나님을 향하고 있음을 나타냅니다.

**(창4:26) "셋도 아들을 낳고 그의 이름을 에노스라 하였으며 그 때에 사람들이 비로소 여호와의 이름을 불렀더라"**

그러나 '제단' 이 란 단어가 등장 하고 성전의 개념이 생긴 것은 노아의 때부터라 할 것입니다. 그 후 아브라함이 가는 곳 마다 제단을 쌓습니다.

**(창12:7) "여호와께서 아브라함에게 나타나 이르시되 내가 이 땅을 네 자손에게 주리라 하신지라 자기에게 나타나신 여호와께 그가 그 곳에서 제단을 쌓고"**

그리고 이스라엘 백성들이 출애굽하면서 회막과 성막 시대를 열어서 다윗때까지 지나게 됩니다. 이스라엘의 세 번째 왕인 솔로몬이 예루살렘 성전을 짓고 그곳에서 제사를 드려 하나님을 예배하게 됩니다. 유대의 멸망과 함께 무너진 예루살렘성전을 포로 후기 스룹바벨 성전으로 다시 재건되고 이것마저도 로마에 의해 파괴되고 헤롯 성전이 신약의 헤롯왕에 의해 세워져 예수님 시대까지 성전의 기능을 하게 됩니다. 성전이 이름과 모양이 변천되어 갔지만 궁극적인 목적은 동일합니다. 성전에서 하나님과 만나자는 것입니다.

(출25:22) "거기서 내가 너와 만나고 속죄소 위 곧 두 그룹 사이에서 내가 이스라엘 자손을 위하여 네게 명령할 모든 일을 네게 이르리라."

하나님이 자기 백성들을 만나는 장소며 그 만남은 서로의 마음을 나누고 사랑을 하는 곳입니다.

(대하6:41~42) "여호와 하나님이여 일어나 들어 가사 주의 능력의 궤와 함께 주의 평안한 처소에 계시옵소서 여호와 하나님이여 원하옵건대 주의 제사장들에게 구원을 입게 하시고 또 주의 성도들에게 은혜를 기뻐하게 하옵소서 여호와 하나님이여 주의 기름 부음 받은 자에게서 얼굴을 돌리지 마옵시고 주의 종 다윗에게 베푸신 은총을 기억 하옵소서 하였더라"

(대하7:12) "밤에 여호와께서 솔로몬에게 나타나사 그에게 이르시되 내가 이미 네 기도를 듣고 이곳을 택하여 내게 제사하는 성전을 삼았으니"

오늘날 예배의 형태가 달라졌지만 한결같이 변하지 않는 진리는 하나님을 만나고 그 분의 말씀을 받으며 믿음으로 예배하는 것입니다. 그것이 성전이요 교회입니다. 이런 의미에서 보이는 성전일 뿐만 아니라 보이지 않는 성전을 말씀하십니다. 겔40장~47장에서 보여주시는 성전은 신약 시대의 심령 성전이요 천국성전입니다. 신약 시대의 심령 성전은

(고전 3:16~17) "너희는 너희가 하나님의 성전인 것과 하나님의 성령이 너희 안에 계시는 것을 알지 못하느냐 누구든지 하나님의 성전을 더럽히면 하나님이 그 사람을 멸하시리라 하나님의 성전은 거룩하니 너희도 그러하니라"

건물의 성전과 교회를 통하여 보이지 않는 성전과 교회를 말씀하십니다. 건물의 성전의 정결을 통해 보이지 않는 성전의 정결을 요청하는 것이기도 합니다. 왜냐 하면 하나님은 거룩하시기 때문에 그 분의 임재가 이루어지는 성전은 당연히 거룩해야 하고 하나님의 성전 된 성도는 그 분의 거룩을 담고 있어야 하는 것이 당연하기 때

문입니다.

**(레19:2) "너희는 거룩 하라 이는 나 여호와 너희 하나님이 거룩함 이니라"**

그래서 제사장들은 물론이요 이스라엘 백성들에게 또, 신약의 성도들에게 거룩을 명령하십니다. 그런데, 본문과 같이 성전과 교회됨이 무너지고 있습니다. 예수님은 예루살렘 성전에서 비둘기를 비롯한 제물을 팔고 환전하는 자들을 내어 쫓으십니다. 강도의 소굴과 같이 세상과 다를 바 없는 물질적인 이익과 속임수가 가득한 곳으로 더럽혀져 있습니다. 여기에 무슨 하나님의 거룩이 임재 하시겠습니까? 오늘 우리가 섬기고 있는 교회 안에 또 우리 내면의 심령 안에 우리 일상의 삶의 자리 안에 이런 요소가 없는지 본문의 예수님의 진노의 채찍을 들고 살펴보아야 할 것입니다.

## 첫째 : 성전에는 말씀이 있어야 합니다.

제물로 드려지는 소, 양, 염소, 비둘기는 바로 우리 자신입니다. 제물의 특징은 살아서 성전에 들어왔다가 죽어서 하나님께 드려진다는 것입니다. 우리의 혈과 육이 살아서 예수님 앞에 나왔다 할지라도 예배 가운데 죽어져야 합니다. 말씀으로 깨어지고 부셔져야합니다. 말씀의 검으로 쪼개지고 도려내어져서 혈과 육이 죽어 향기로운 제물이 되어 드려져야 합니다. 부패하고 타락한 심령에 언약의 말씀이 소금과 같이 뿌려져서 깊은 영성으로 거듭나야 합니다. 그러기 위해 교회는 말씀이 살아 있어야 합니다. 죽은 씨가 심기어져서는 싹을 티우고 꽃을 피울 수 없듯이 말씀이 죽고 부패해서는 생명이 될 수 없습니다.

이스라엘이 왜 멸망했습니까? 말씀의 기갈 때문입니다.

(호4:6) "내 백성이 지식이 없으므로 망하는도다 네가 지식을 버렸으니 나도 너를 버려 내 제사장이 되지 못하게 할 것이요 네가 하나님의 율법을 잊었으니 나도 네 자녀들을 잊어버리리라."

이사야나 예레미야 같은 참 선지자가 외칠 때에는 백성들이 귀를 막고 마음이 완고 해져서 백성 편에서 말씀의 기갈을 자청했습니다. 백성이 들을 귀가 있을 때에는 거짓 선지자들이 하나님 말씀을 자기 말로 가르치고 그릇된 길로 인도 하여 기갈이 왔습니다. 제사장과 선지자 그리고 백성에 이르기까지 말씀의 왜곡과 타락에도 불구하고 하나님의 사랑은 멈추지 않으시고 긍휼의 손을 내미시는 것입니다. 그래서 하나님은 성전에서 말씀하시고 들으시겠다 하시는 것입니다. 바른 진리 안에 제사장도 백성도 자유하기 위해 먼저 혈과 육이 죽어야 합니다. 죽어야 살아납니다. 우리의 것이 아닌 하나님의 말씀으로 죽고 다시 살아나야 합니다.

## 둘째 : 제물의 특징은 피 흘림이 있어야 하는 것입니다.

죄의 삯은 사망입니다.(롬6:23) 사람의 생명은 피 에 있습니다.

(레17:11) "육체의 생명은 피 에 있음이라 내가 이 피를 너희에게 주어 제단에 뿌려 너희의 생명을 위하여 속죄하게 하였나니 생명이 피 에 있으므로 피가 죄를 속하느니라."

우리의 죄에 대해서 단번에 해결할 수 있는 것은 피 흘림입니다. 그럼에도 불구하고 우리는 우리 자신의 피를 흘리지 못합니다. 먼저는 우리의 육신의 생명이 하나밖에 없는 이유 때문이고 두 번째는 그 하나있는 생명을 드린다 해도 우리에게 있는 무수한 죄를 속죄 할 수 없다는 것입니다.

무죄한 피가 필요 합니다. 그 피를 예수그리스도께서 우리를 대신

하여 흘러 주시기 위해 오셨습니다. 양과 소와 비둘기가 할 수 없는 영원한 속죄의 피로 우리를 구원하셨습니다.

(히9:12) **"염소와 송아지의 피로 하지 아니하시고 오직 자기의 피로 영원한 속죄를 이루사 단번에 성소에 들어가셨느니라."**

우리는 예수님의 피 흘리심으로 죄인이 의인이 되었으며 거룩한 성전이 되었습니다. 거룩한 영이 함께하는 제사와 제물이 되어야 하는데 예수님 당시의 상황은 극도로 타락한 상태였습니다. 서로의 이익과 편의를 위해 매매하고 조작하여 제물을 거래했습니다. 하나님 편에서의 예배가 아니라 사람 편에서의 제사가 이루어지고 있었습니다. 하나님이 받으시는 예배와는 거리가 먼 모습입니다.

(요4:23~24) **"아버지께 참되게 예배하는 자들은 영과 진리로 예배할 때가 오나니 곧 이때라 아버지께서는 자기에게 이렇게 예배하는 자들을 찾으시느니라 하나님은 영이시니 예배하는 자가 영과 진리로 예배할 지니라."**

예수님은 본문에서 "너희는 강도의 소굴을 만드는 도다." 하십니다. 그 강도는 외부적인 강도가 아니라 바로 우리 내면의 죽어지지 않는 혈육입니다. 오늘 우리의 예배는 말씀과 하나님의 거룩한 영으로 육이 죽고 영이 다시 사는 예배가 되어져야 합니다.

# 지성소 사랑의 문답

(요21:15~19) **"그들이 조반 먹은 후에 예수께서 시몬 베드로에게 이르시되 요한의 아들 시몬아 네가 이 사람들보다 나를 더 사랑하느냐 하시니 이르되 주님 그러하나이다 내가 주님을 사랑하는 줄 주님께서 아시나이다 이르시되 내**

187

어린 양을 먹이라 하시고 또 두 번째 이르시되 요한의 아들 시몬아 네가 나를 사랑하느냐 하시니 이르되 주님 그러하나이다 내가 주님을 사랑하는 줄 주님 께서 아시나이다 이르시되 내 양을 치라 하시고 세 번째 이르시되 요한의 아들 시몬아 네가 나를 사랑하느냐 하시므로 베드로가 근심하여 이르되 주님 모든 것을 아시오매 내가 주님을 사랑하는 줄을 주님께서 아시나이다 예수께서 이 르시되 내 양을 먹이라 내가 진실로 진실로 네게 이르노니 네가 젊어서는 스스 로 띠 띠고 원하는 곳으로 다녔거니와 늙어서는 네 팔을 벌리리니 남이 네게 띠 띠우고 원하지 아니하는 곳으로 데려가리라 이 말씀을 하심은 베드로가 어떠 한 죽음으로 하나님께 영광을 돌릴 것을 가리키심 이러라 이 말씀을 하시고 베 드로에게 이르시되 나를 따르라 하시니"

부활하신 예수님께서 제자들을 찾아 가십니다. 그리고 그들에게 양을 치는 사명을 주십니다. 주님은 누구에게 양을 맡기시겠습니까?

**첫째 : 그리스도의 안식 안에 들어간 신부에게 맡기십니다.**
요한복음 20장의 예수님 부활 사건이 믿음으로 받아들여지면 생 명을 얻게 됩니다.
(요20:31) "오직 이것을 기록함은 너희로 예수께서 하나님의 아들 그리스도 이심을 믿게 하려 함이요 또 너희로 믿고 그 이름을 힘입어 생명을 얻게 하려 함이라"
부활의 신앙으로 생명을 얻은 사람은 안식을 누리게 됩니다. 안식 의 상태에 들어간 사람들을 주님은 찾아 가셔서 사명을 재천명 하 십니다. 그들이 베드로, 도마, 나다나엘, 요한, 야고보, 또 다른 제자 둘입니다. 7곱 명의 제자들에게 부활하신 주님이 다시 사람 낚는 어 부가 되는 법을 가르쳐 주십니다. 숫자 7은 성경에서 완전수입니다.

안식에 들어 간 상태의 제자들이라는 것을 말합니다. 이들은 후일 그리스도의 신부로서 교회를 세워가는 일을 하게 됩니다.

**(갈2:9) "기둥과 같이 여기는 야고보와 게바와 요한이라."**

그 중에 요한의 아들 시몬을 택하시고 질문을 합니다. 신랑이 신부에게 묻습니다

"네가 나를 사랑하느냐?"

신부가 대답을 합니다.

"그러합니다."

**복음송 갈릴리 호수가에서**

갈릴리 호수가에서 주님은 시몬에게 물으셨네

사랑하는 시몬아 넌 날 사랑하느냐 오 주님 당신만이 아십니다.

사마리아 우물가에서 주님은 여인에게 물으셨네

사랑하는 여인아 넌 날 사랑하느냐 오 주님 당신만이 아십니다.


예수님과 제자들은 신랑과 신부의 사랑을 하고 있습니다. 그리고 그 사랑으로 열매 맺은 자녀를 신부에게 맡기십니다.

"내 어린 양을 먹이라."

"내 양을 치라"

"내 양을 먹이라"

사랑하는 자에게 양을 맡기십니다. 요한의 이름 뜻은 '사랑하는 자'입니다. 시몬은 '듣다'라는 뜻을 가지고 있습니다. 사랑한다고 고백하는 사람에게 양을 맡기십니다. 사랑해 본 사람이 사랑을 할 줄 압니다. 사랑을 받아먹어 본 사람이 사랑을 고백할 수 있습니다.

**(요21:15) "그들이 조반을 먹은 후에"**

아침 식사는 빛의 양식입니다.

오병이어의 기적에서는 어린 아이의 도시락으로 기적을 일으키시고 어린 신앙의 소유자인 군중들을 먹이셨습니다. (요6장) 예수님께서 친히 영적 오병이어인 조반을 지으셔서 목양의 사명을 감당할 장성한 제자들을 먹이십니다.(요21장) 목양은 먼저 먹어본 자 일 뿐 아니라 빛의 양식을 먹고 장성한 분량이 된 사람에게 부탁하시는 것입니다. 조반은 어둠이 걷히고 빛이 들어오는 양식입니다. 그 양식은 예수님께서 친히 지어 주시는 것입니다.

**(요21:12) "예수께서 이르시되 와서 조반을 먹으라"**

애굽의 양식이 아니요 광야의 양식도 아닙니다. 가나안의 양식이요 빛의 양식입니다. 애굽의 양식은 불신자가 먹는 양식이요 광야의 양식은 초신자가 먹는 것이요 가나안의 양식은 은혜 받은 자가 먹는 것입니다. 여기에 빛의 양식을 먹게 되는 사람은 사명자가 먹습니다.

**(요21:9) "육지에 올라보니 숯불이 있는데 그 위에 생선이 놓였고 떡도 있더라."**

육지는 사명을 감당할 땅입니다. 생선은 성도요 떡은 예수그리스도의 말씀입니다. 또, 숯불은 성령으로 말씀을 받고 인도함을 받아야 한다는 것을 나타냅니다. 이 양식을 먹은 자는 주님을 사랑한다고 고백할 수 있고 그 분의 음성을 듣게 됩니다.

그래서 7명 중에서 대표로 요한의 아들 시몬을 부르시고 지성소 사랑의 문답을 나누시게 됩니다. 믿음이 장성한 분량까지 자라야 어린 자를 장성한 신앙으로 이끌 수가 있습니다. 물고기 낚는 수준에서 사람 낚는 어부의 수준가지 올라가기 위해서는 반드시 예수그리스도와 연합하여 성령을 받아야 합니다.

그러면 요한의 아들 시몬 베드로가 됩니다. 사랑받는 아들이요, 듣고 반석이 되는 신앙의 사람이 될 때 예수님의 참 제자의 길을 걷게 됩니다. 베드로는 A.D 64 년경 로마 네로황제 때 십자가에 거꾸로 달려 순교합니다. 예수그리스도를 사랑하는 지성소의 사랑은 죽음도 끊어내지 못하는 사랑입니다.

(롬8:35) "누가 우리를 그리스도의 사랑에서 끊으리요 환난이나 곤고나 박해나 기근이나 적신이나 위험이나 칼이랴"

(롬8:38~39) "내가 확신하노니 사망이나 생명이나 천사들이나 권세자들이나 현재 일이나 장래 일이나 능력이나 높음이나 깊음이나 다른 어떤 피조물이라도 우리를 우리 주 그리스도 예수 안에 있는 하나님의 사랑에서 끊을 수 없으리라"

(아8:7) "많은 물도 이 사랑을 끄지 못하겠고 홍수라도 삼키지 못하나니 사람이 그의 온 가산을 다 주고 사랑과 바꾸려 할지라도 오히려 멸시를 받으리라"

지성소의 사랑은 가벼운 사랑이 아닙니다. 천금 같은 무게의 사랑입니다. 지성소의 사랑은 풋 사랑이 아닙니다. 깊고 중후한 사랑입니다. 이 깊은 사랑의 자리로 주님은 당신을 이끄십니다. 신부의 순종으로 그 분의 손을 잡고 나아가시기를 축복 드립니다.

# 예수그리스도의 사역

(마8:14~17) "예수께서 베드로의 집에 들어 가사 그의 장모가 열병으로 앓아누운 것을 보시고 그의 손을 만지시니 열병이 떠나가고 여인이 일어나서 예

수께 수종들더라 저물매 사람들이 귀신들린 자를 많이 데리고 예수께 오거늘 예수께서 말씀으로 귀신들을 좇아내시고 병든 자들을 다 고치시니 이는 선지자 이사야를 통하여 하신 말씀에 우리의 연약한 것을 친히 담당하시고 병을 짊어 지셨도다 함을 이루려 하심이더라"

하나님이 사람을 만드실 때 하나님의 형상 하나님의 모양으로 창조하셨습니다. 창조 후 사람을 보시기에 심히 좋았더라 하셨습니다. 그 때에는 질병이 없었습니다. 죄가 없으니 질병이 없고 죽음이 없었습니다. 그런데 사단의 유혹으로 죄를 짓게 되고 그 후 질병과 죽음이 왔습니다. 구약의 짐승의 피로 드리는 제사가 온전하지도 영원하지도 않아서 질병과 사망에서 벗어 날 수 없었습니다. 현대의학이 날마다 발전을 거듭한 다 할지라도 질병과 사망의 고통을 완전히 제거하지는 못할 것입니다. 바람이 잔뜩 든 풍선의 한 면을 누르면 다른 면이 튀어나오고 그러다 과도하면 풍선이 터져 버리듯이 현대의학이 한 가지 질병의 치료 방법을 발견해 내는 시간에 다른 질병이 또 생기고 죽음은 끊임없이 계속될 것입니다.

이 문제를 해결하실 분은 오직 예수님 한 분 밖에 없습니다. 왜냐하면 그 분이 사람을 창조하셨고 사람이 오고 가는 모든 인생길의 주권자가 되시기 때문입니다. 창조의 질서와 아름다움이 파괴된 고통의 인간을 위해 하나님이 친히 육신의 몸으로 오신 분이 예수그리스도 이십니다. 그 예수님께서 오늘 베드로의 병든 장모를 찾아가시고 우리를 찾아오십니다. 예수님의 사역의 성격은 이름에서 나타나고 있음을 우리는 기억해야 합니다. 이름은 단순한 호칭 이상의 의미를 가지고 있습니다.

**첫째 : '예수'이십니다.**

출생하시기전 주의 사자를 통해 요셉에게 이름을 가르쳐 줍니다.

(마1:21) **"아들을 낳으리니 이름을 예수라 하라 이는 그가 자기 백성을 그들의 죄에서 구원할 자이심이니라 하니라"**

하나님은 완전한 신성이신데 완전한 인성으로 오신 분이 또한 예수님 이십니다. 완전한 신성이요 완전한 인성이셔야 하는 것은 자기 백성들을 죄에서 구원하시기 위해서입니다. 죄는 죄로 해결 할 수가 없습니다. 즉, 죄의 문제를 죄인인 인간이 대신 지불할 수가 없기 때문에 죄 없으신 하나님이 필요했고 그 하나님은 영이시므로 피 흘려 죽으실 수가 없습니다.

예수님은 하나님 이시면서도 사람이 되어 오실 수밖에 없음은 의로운 피로 자기 백성들을 구원하시기 위해서입니다.

(마26:28) **"이것은 죄 사함을 얻게 하려고 많은 사람을 위하여 흘리는바 나의 피 곧 언약의 피니라"**

하와를 유혹하여 죄를 범하게 한 사단은 영원히 인간과 하나님 사이를 원수가 되게 하였다고 생각을 하였겠으나 하나님의 그 크신 사랑은 그 아들을 이 세상에 보내시고 화목제물 삼으심으로 화평을 이루는 것 이였습니다.

(요1:16) **"하나님이 세상을 이처럼 사랑하사 독생자를 주셨으니 이는 그를 믿는 자마다 멸망하지 않고 영생을 얻게 하려 하심이라."**

(엡2:13~16) **"이제는 전에 멀리 있던 너희가 그리스도 예수 안에서 그리스도의 피로 가까워졌느니라 그는 우리의 화평이신지라 둘로 하나를 만드사 원수 된 것 곧 중간에 막힌 담을 자기 육체로 허시고 법조문으로 된 계명의 율법을 폐하셨으니 이는 이 둘로 자기 안에서 한 새 사람을 지어 화평하게 하시고 또 십자가로 이 둘을 한 몸으로 하나님과 화목하게 하려 하심이라"**

이로써 여자의 후손이 네 머리를 상하게 하시리라는 창세기 3장 15절의 말씀이 성취됩니다. 자기 백성을 저희 죄에서 구원하시기 위해 친히 성육신 하셔서 흠 없는 피로 하나님과 영원한 화평의 언약을 이루어 주신 분이 바로 예수 이십니다.

### 둘째 : 그리스도 이십니다.

그리스도는 히브리어로 '메시야"라는 뜻입니다. (요1:41) 메시야는 번역하면 그리스도라도, 그리스도라는 것은 "기름 부음 받은 자" "구세주" 라는 뜻입니다. 완전한 하나님으로서의 신적이며 영적인 속성을 말씀하십니다. 그리스도는 기름부음 받은 왕과 선지자, 제사장의 속성을 가지고 이 땅에 오셨습니다. 출생지도 유대 땅 베들레헴 이였습니다.

**(마2:6) "또 유대 땅 베들레헴아 너는 유대 고을 중에서 가장 작지 아니 하도다 네게서 한 다스리는 자가 나와서 내 백성 이스라엘의 목자가 되리라 하였음이라"**

베들레헴 구유에 오셔서 하나님의 형상을 잃어버려 짐승과 같은 미련함과 죄의 속성으로 가득 찬 우리에게 친히 생명의 떡이 되셔서 먹혀 주셨습니다. 예수 그리스도로 먹고 마신 죄인 된 우리가 짐승의 틀을 벗고 사람 된 것이 "그리스도인"입니다.

**(마9:13) "나는 의인을 부르러 온 것이 아니요 죄인을 부르러 왔노라 하시니"**

죄인을 구원하시고 의인 삼아 주시기 위해 예수님은 기름부음 받은 제사장이요 선지자로 우리에게 죽음으로 내어 주셨습니다. 또, 왕적 권위로 제자들을 부르시고 그들을 가르치시고 병을 치유 하십니다. 본문에서도 제자인 베드로의 장모의 열병을 치유하심으로 그

분의 사랑을 선포 하십니다. 언약의 말씀으로 귀신을 쫓아 내시고 병든 자를 고치시고 우리 연약함을 담당하여 주실 분은 그리스도로 오신 예수님 이십니다.

(사53:6) "우리는 다 양 같아서 그릇 행하여 각기 제 길로 갔거늘 여호와께서 우리 모두의 죄악을 그에게 담당 시키셨도다"

예수그리스도로 치유 받은 사람이 저와 여러분이며, 동시에 예수 그리스도의 성육신 하신 이유와 목적대로 구원 받은 자의 사명을 즐거워해야 할 것입니다.

# 서른여덟 해 된 병자

(요5:1~15) "그 후에 유대인의 명절이 되어 예수께서 예루살렘에 올라가시니라 예루살렘에 있는 양문 곁에 히브리 말로 베데스다라 하는 못이 있는데 거기 행각 다섯이 있고 그 안에 많은 병자, 맹인, 다리 저는 사람, 혈기 마른 사람들이 누워 물의 움직임을 기다리니 이는 천사가 가끔 못에 내려와 물을 움직이게 하는데 움직인 후에 먼저 들어가는 자는 어떤 병이 걸렸든지 낫게 됨 이러라 거기 서른여덟 해 된 병자가 있더라 예수께서 그 누운 것을 보시고 병이 벌써 오래된 줄 아시고 이르시되 네가 낫고자 하느냐 병자가 대답하되 주여 물이 움직일 때에 나를 못에 넣어 주는 사람이 없어 내가 가는 동안에 다른 사람이 먼저 내려 가나이다 예수께서 이르시되 일어나 네 자리를 들고 걸어가라 하시니 그 사람이 곧 나아서 자리를 들고 걸어 가니라 이 날은 안식일 이니 유대인들이 병 나은 사람에게 이르되 안식일인데 네가 자리를 들고 가는 것이 옳지 아니하니라 대답하되 나를 낫게 한 그가 자리를 들고 걸어가라 하더라 하니 그들이 묻

되 너에게 자리를 들고 걸어가라 한 사람이 누구냐 하되 고침을 받은 사람은 그가 누구인지 알지 못하니 이는 거기 사람이 많으므로 예수께서 이미 피하셨음이라 그 후에 예수께서 성전에서 그 사람을 만나 이르시되 보라 네가 나았으니 더 심한 것이 생기지 않게 다시는 죄를 범하지 말라 하시니 그 사람이 유대인들에게 가서 자기를 고친 이는 예수라 하니라"

하나님의 사랑의 접근 방식은 언제나 먼저 사랑입니다. 먼저 찾아오시고, 먼저 손을 내미시고, 먼저 손해 보시고, 먼저 용서하시고..그 분은 늘 먼저 우리를 품어 주시고 먼저 외길을 가시며 길을 닦아 두시는 분이십니다. 범죄한 아담과 하와를 먼저 찾아오시고 부르시는 하나님께서 신약에 와서 죄로 인해 질병의 고통 가운데 있는 환자에게 찾아오십니다. 그 분의 찾아오심은 목자가 양을 찾아오시는 것이요 그 양 대신 죽으시기 위함입니다. 예루살렘 양문은 속죄물로 드려질 유월절 양이 들어가던 문이었습니다.

(요10:2) "문으로 들어가는 이는 양의 목자라"

(요10:7) "내가 진실로진실로 너희에게 말하노니 나는 양의 문이라"

목자가 양을 위해 죽으시는 것이 유월절 양 되시는 예수그리스도이십니다.

(요1:29) "보라 세상 죄를 지고 가는 하나님의 어린 양이로다"

목자로 양의 문으로 들어 가실뿐만 아니라 스스로 구원의 문이 되시기 위해 유월절 양으로 죄인을 대신하여 죽으시는 것이 성육신하신 예수님의 사랑입니다. 제물을 받으시고 경배를 받으셔야 할 하나님이 스스로 제물 되셔서 가장 겸손한 섬김의 길을 먼저 가시는 것을 우리가 보게 됩니다.

(막10:45) "인자가 온 것은 섬김을 받으려 함이 아니라 도리어 섬기려 하고

**자기 목숨을 많은 사람의 대속물로 주려 함이니라"**

　예수님께서 유월절 양으로 섬기는 대상은 시대와 나라와 인종을 초월하십니다. 병든 자, 맹인, 가난한 자, 등입니다. 그 중에서도 오늘은 서른여덟 해 된 병자를 찾아오시는 사건입니다. 본문에 등장하는 서른여덟 해 된 병자는 누구 입니까? 서른여덟이라는 숫자는 이스라엘 백성들이 광야를 헤메고 다닌 시간입니다. (시내산에서 약1년 6개월 머물렀다) 또, 행각 다섯은 모세 오경을 뜻 합니다. 그러므로 행각 다섯에 있는 서른여덟 해 된 병자는 모세오경의 율법에 매여 38년 동안 광야를 방황한 이스라엘 백성을 뜻하고 오늘날 복음의 예수를 듣고도 깨닫지 못하고, 보고도 믿지 못하여 율법의 올무 가운데 영적 방황을 하는 모든 사람들입니다.

　서른여덟 해 된 병자는 왜 이토록 오랜 시간 치유 받지 못하고 있습니까? 답은 본문 7절에 있습니다.

　**(요5:7) "병자가 대답하되 주여 물이 움직일 때에 나를 못에 넣어 주는 사람이 없어 내가 가는 동안에 다른 사람이 먼저 내려가나이다"**

　치유의 기회인 "물이 움직인다." 보다 "다른 사람이 먼저 내려가나이다." 라는 불평과 불만이 가득한 신앙이요 삶의 태도입니다. 다섯 행각 아래에서 연못까지 얼마나 먼 거리였겠습니까? 조금씩 몸으로 굴러도 삼십팔 년 이면 도달 했을 것입니다. 그런데 서른여덟 해 된 병자는 신앙의 긍정 모드도, 생활의 적극성도 가지지 못했습니다.

　사무엘하 16장1절에서 압살롬의 반역을 피하여 예루살렘 궁을 떠나 도피 생활을 하던 다윗에게 사울의 종 이였던 시바가 음식물을 가지고 다윗의 피난길을 돕습니다. 그러나 정작 다윗으로부터 크나큰 은혜를 입었던 요나단의 아들 므비보셋은 나타나지 않습니다. 도피를 떠날 때도, 압살롬의 반란이 진압되어 예루살렘으로 돌아 올 때도 시바는 음식을 챙겨 마중을 나갔지만 므비보셋은 두 차례다 나타나지 않습니다. (삼하16:1,19:17)

다윗이 예루살렘 궁으로 돌아 왔을 때에야 므비보셋이 다윗을 맞이합니다. 그리고 다윗을 쫓아가지 못한 이유에 대해 (삼하19:26) **"나는 다리를 절므로 내 나귀에 안장을 지워 그 위에 타고 왕과 함께 가려 하였더니 내 종이 나를 속이고 ~ 나를 모함 하였나이다."**라고 말합니다. 므비보셋의 말은 사실입니다. 그러나 더 사실인 것은 그에게는 속이고 모함하는 시바 한 사람의 종만 있는 것이 아니라 많은 종이 있었고 얼마든지 다른 종의 도움을 받아 왕을 따라 갈 수도, 마중을 나갈 수도 있었습니다. 그런데도 불구하고, 므비보셋은 그냥 그 자리에서 수염을 깍지 않고 옷을 빨지 않고 슬픈 기색으로 있었을 뿐입니다. 이것이 충성이라 여겼습니다. 이런 어리석은 므비보셋을 다윗은 또 은혜를 베풀어 줍니다. 그럼에도 불구하고의 사랑이고 먼저 용서하고 먼저 손 내미시는 사랑입니다.

삼십팔년 된 병자가 치유 받은 자리가 베데스다 연못입니다. '베데스다'는 긍휼의 집, 은혜의 집 아라는 뜻입니다. 예수님의 긍휼하심과 사랑하심은 율법에 매여 광야 인생과 같이 방황하며 억눌려 병든 자를 찾아 오셔서 일어나 걸어가라 하시는 것입니다. 물이 움직이듯 하나님의 사랑은 늘 움직여 우리를 찾아 오실뿐만 아니라 게으르고 악한 우리를 향해 사랑의 파도를 일으켜 하나님의 사랑의 물결에 떠내려 오게 하십니다. 그리스도의 사랑의 파도가 앉은뱅이

198

를 덮쳐 치유한 날이 안식일입니다.(요5:10) 안식일의 주인이신 예수께서 참 안식을 가져다주시니 서른여덟 해 된 병자가 치유 받고 안식이 이루어 졌습니다.

(눅6:5) "또 이르시되 인자는 안식일의 주인이니라"

유대인의 안식일 규례는 짐을 들고 갈 수 없지만 안식되어진 상태가 되면 짐을 들고 가게 됩니다.(10~11절) 율법에 눌린 자가 아니라 진리 안에서 자유하는 자가 된 것입니다. 예수님을 만나면 자기 십자가를 지고 좇아 갈 수 있습니다. 양문 곁에 있던 사람이 성전 안으로 들어가는 단계가 된 것입니다. (요5:14) 율법에 눌린 신앙이 복음으로 자유 하는 신앙이 되었으며 자기 무거운 짐에 눌린 자가 자기 십자가를 지고 가는 자가 된 것입니다. 뜰의 신앙이 지성소의 신앙이 된 것입니다.

할렐루야!

치유 받은 서른여덟 해 된 병자가 바로 저와 여러분입니다.


# 금식 논쟁

(막2:18~22) "요한의 제자들과 바리새인들이 금식하고 있는지라 사람들이 예수께 와서 말하되 요한의 제자들과 바리새인의 제자들은 금식하는데 어찌하여 당신의 제자들은 금식하지 아니 하나이까 예수께서 그들에게 이르시되 혼인집 손님들이 신랑과 함께 있을 때에 금식할 수 있느냐 신랑과 함께 있을 동안

에는 금식할 수 없느니라 그러나 신랑을 빼앗길 날이 이르리니 그 날에는 금식할 것이니라 생베 조각을 낡은 옷에 붙이는 자가 없나니 만일 그렇게 하면 기운 새 것이 낡은 그것을 당기어 헤어짐이 더하게 되느니라 새 포도주를 낡은 가죽 부대에 넣는 자가 없나니 만일 그렇게 하면 새 포도주가 부대를 터뜨려 포도주와 부대를 버리게 되리라 오직 새 포도주는 새 부대에 넣느니라 하시니라"

유대인들은 규칙적으로 금식을 했습니다. 그것이 하나님을 경외하는 것이라 생각 했습니다.

(눅18:12) "나는 이레에 두 번씩 금식하고 또 소득의 십일조를 드리나이다."

이렇게 그들의 금식은 자랑거리였습니다. 이 시대에도 일부 성도와 목회자들은 금식을 마치 최고의 경건의 수단이라 생각 합니다. 더 나아가 금식 경력을 자랑스럽게 생각하며 나팔을 붑니다. 심지어 40일 금식을 몇 차례 했다고 명함 뒤편에 써 둔 것도 보았습니다. 금식은 최고의 경건이 될 수도 있지만 최고의 교만이 될 수도 있습니다. 금식이 자랑이 될 수도 있지만 자신의 수치를 더러 내는 말일 수도 있습니다.

전통 유대인들은 일 년에 4월 금식, 5월 금식, 7월 금식, 10월 금식으로 4번씩 금식을 했습니다. 더구나 본문의 요한의 제자들은 스승인 요한이 헤롯의 핍박 가운데 감옥에 갇혀있는 시기에 금식을 합니다. 이런 금식에 참여하지 않는 예수님의 제자들을 보고 "당신의 제자들은 왜 금식하지 않습니까?" 라고 항의성 질문을 하는 것입니다. 이 질문에 대한 예수님의 대답을 들어 보도록 하겠습니다.

**첫째 : 신랑을 맞이하는 혼인집에서 금식을 할 수 없다는 것입니다.**

(막2:19) "예수께서 그들에게 이르시되 혼인 집 손님들이 신랑과 함께 있을

때에 금식할 수 있느냐 신랑과 함께 있을 동안에는 금식할 수 없느니라"

이 말씀은 금식을 받으실 대상이 신랑 이라는 것입니다. 사람을 위한 금식이 아닌 신랑을 잃은 슬픔에 대해 금식하라는 것입니다. 세례요한이 신랑이 아니라 예수님 자신이 신랑 되신다는 선포이기도 합니다.

(요3:29~30) "신부를 취하는 자는 신랑이나 서서 신랑의 음성을 듣는 친구가 크게 기뻐하나니 나는 이러한 기쁨으로 충만하였노라 그는 흥하여야 하겠고 나는 망하여야 하리라 하니라"

이렇게 요한은 신랑은 예수님이시오 자신은 신랑의 길을 예비하는 친구라는 것을 말합니다. 본문에서 예수님께서도 신부를 맞이하기 위해 온 신랑인 내가 왔는데 금식하며 슬퍼하는 것이 옳지 않다고 말씀하시는 것입니다. 초림 예수께서 오실 때 금식하며 슬퍼하는 것이 아니라 예수께서 십자가에 죽으실 때 금식해야합니다. 또 각자의 신앙에서 예수님으로 기뻐하고 감사 할 수 없는 상태일 때 신랑을 잃어버릴 때 이라는 것을 깨닫고 깨어 금식해야 하는 것입니다. 이때에도 자신의 의가 더러 나지 않도록 해야 합니다.

(마6:36~18) "금식할 때에 너희는 외식하는 자들과 같이 슬픈 기색을 보이지 말라 그들은 금식하는 것을 사람에게 보이려고 얼굴을 흉하게 하느니라 내가 진실로 너희에게 이르노니 그들은 자기상을 이미 받았느니라 너는 금식할 때에 머리에 기름을 바르고 얼굴을 씻으라 이는 금식하는 자로 사람에게 보이지 않고 오직 은밀한 중에 계신 네 아버지께 보이게 하려 함이라 은밀한 중에 보시는 네 아버지께서 갚으시리라"

음식의 금식을 통해 하나님은 육신적, 정욕적, 세상적 금식을 요청하십니다. 그래서 금식은 잃어버린 하나님을 되찾는 것이어야 합니다.

(욜2:12~13) "여호와의 말씀에 너희는 이제라도 금식하고 울며 애통하고 마음을 다하여 내게로 돌아오라 하였나니 너희는 옷을 찢지 말고 마음을 찢고 너희 하나님 여호와께로 돌아올지어다 그는 은혜로우시며 자비로우시며 노하기를 더디 하시며 인애가 크시사 뜻을 돌이켜 재앙을 내리지 아니하시나니"

외식적이 아닌 내면적 신랑 되시는 예수님이 없음에 대한 간구요 애통의 금식이며 그 신랑을 찾아 가는 금식이 되어야 합니다.

### 두 번째 : 금식의 목적은 복음이라는 것입니다.

생베 조각을 낡은 옷에 붙이는 자가 없고 새 포도주를 낡은 가죽부대에 넣는 자가 없다고 하십니다. (막2:21~22) 생베 조각은 복음이요 낡은 옷은 율법입니다. 새 포도주는 새 언약인 복음이요 낡은 가죽부대는 옛 심령이고 새 부대는 복음으로 새로워진 심령입니다. 율법과 복음은 신구약의 편 가르기가 아닙니다. 말씀을 받아먹는 심령의 상태입니다. 말씀을 전하는 자의 심령이요 받아먹는 심령의 상태입니다. 율법 속에 하나님의 공의 뿐 만 아니라 그리스도의 사랑이 있고 복음 속에 그리스도의 사랑과 하나님의 공의가 함께 있음을 우리는 기억해야 합니다. 율법을 주신 것도 사랑이요 복음을 주신 것도 사랑이요 독생자 예수님을 세상에 보내신 것도 사랑이요 그의 아들을 십자가에 대속 물로 내어 주신 것도 사랑입니다. 이 모든 사랑이 있기까지 하나님의 의로운 심판이 함께 있습니다.율법적 금식은 자기 의를 위한 금식이지만 복음적 금식은 하나님의 의를 위한 것입니다.

(사58:3~6) "우리가 금식하되 어찌하여 주께서 보지 아니 하시오며 우리가 마음을 괴롭게 하되 어찌하여 주께서 알아주지 아니 하시나이까 보라 너희가 금식하는 날에 오락을 구하며 온갖 일을 시키는 도다 보라 너희가 금식하면

202

서 논쟁하며 다투며 악한 주먹으로 치는 도다 너희가 오늘 금식하는 것은 너희의 목소리를 상달하게 하려는 것이 아니니라 이것이 어찌 내가 기뻐하는 금식이 되겠으며 이것이 어찌 사람이 자기의 마음을 괴롭게 하는 날이 되겠느냐 그의 머리를 갈대 같이 숙이고 굵은 베와 재를 펴는 것을 어찌 금식이라 하겠으며 여호와께 열납 될 날이라 하겠느냐 내가 기뻐하는 금식은 흉악의 결박을 풀어 주며 멍에의 줄을 끌러 주며 압제 당하는 자를 자유하게 하며 모든 멍에를 꺾는 것이 아니겠느냐"

하나님이 기뻐하시는 금식은 영혼을 위한 금식입니다. 모세는 하나님의 말씀을 받을 때에 사십일 금식을 합니다.(출34:28) 다윗은 자신의 죄에 대해 금식하며 통회 자복합니다.(삼하12:16~17) 에스더는 유대민족을 구하기 위해 금식합니다.(에4:15~16) 요나는 니느웨이 백성들의 구원을 위해 금식 합니다.(욘3:5~7) 이와 같이 말씀 안에 영혼이 구원받고 굳건하게 세워지기 위해 금식 할 때 하나님은 응답하셨습니다.

사도 바울은 고린도 교회에 이렇게 편지 합니다.

**(고후11:2) "내가 너희를 정결한 처녀로 한 남편인 그리스도께 중매함이로다."**

목회자와 성도는 그리스도의 신부로 자신을 세우기 위해 금식을 하는 것이며 또 다른 한 편으로 그리스도의 신부를 찾아 중매하기 위한 금식이 필요합니다. 형식을 위한 금식, 자기 의를 위한 금식이 아니라 심령에 부어지는 은혜를 위해 복음으로 구원 받는 백성이 더 하여지기 위해 하는 금식일 때 하나님은 놀라운 방법으로 응답하십니다. 이것이 바로 신랑을 위한 금식이요 복음적인 금식입니다.

# 약할 때 강함 되시네

(고후12:9~10) "나에게 이르시기를 네 은혜가 네게 족 하도다 이는 내 능력이 약한 데서 온전하여 짐이라 하신지라 그러므로 도리어 크게 기뻐함으로 나의 여러 약한 것들에 대하여 자랑하리니 이는 그리스도의 능력이 내게 머물게 하려 함이라 그러므로 내가 그리스도를 위하여 약한 것들과 능욕과 궁핍과 박해와 곤고를 기뻐하노니 이는 내가 약한 그 때에 강함이라"

사람이 살아가면서 자랑할 것이 많다는 것은 어떻게 보면 그만큼 행복한 일이 많다는 것이라 할 수 있을 것입니다. 특히나 그리스도인으로 살면서 종종 우리의 삶의 자취를 돌아 볼 때 주님 앞에 섰을 때 무엇을 자랑할 수 있을까 생각 해 봅니다. 사도 바울은 "여러 약한 것들을 자랑한다." 라고 합니다. 왜 약함이 자랑이 되는가요?

**첫째 : 예수그리스도의 능력이 약한 자와 함께 하시기 때문입니다.**

힘 있고 , 강하고, 지혜롭고, 능력 많은 사람을 찾아오신 것이 아니라 약하고, 병들고, 미련하고, 무능한 사람을 찾아오신 분이 바로 예수그리스도이시기 때문입니다. 예수님의 치유 사역은 연약한 사람에게 일어났습니다. 세상적인 관점에서 병들고 가난한 자가 아니라 마음이 가난하고 영혼이 갈급함으로 애통해 하는 사람이 약한 자입니다.

(마5:3~4) "심령이 가난한 자는 복이 있나니 천국이 그들의 것임이요 애통하는 자는 복이 있나니 그들이 위로를 받을 것임이요."

주님이 받으시길 원하는 고백은 자기 무능 자기 부정의 고백입니다. "나는 할 수 없으니 주님께서 할 수 있고 갈 수 있는 힘을 주시고 은혜를 주시옵소서." 라고 할 때 주님의 손길은 놀라운 은혜로 우리 위에 머물 것입니다.

하나님이 이스라엘 백성들을 택하시고 저와 여러분을 택하신 이유가 무엇 입니까?

**(신7:7) "여호와께서 너희를 기뻐하고 너희를 택하심은 너희가 다른 민족보다 수효가 많기 때문이 아니라 너희는 오히려 모든 민족 중에 가장 적으니라"**

복음송 "약할 대 강함 되시네 "의 작고가 '데니스 저니건' 은 5살 때 성인 동성애자에게 추행 당한 뒤 동성애자가 됩니다. 그러나 신앙이 할머니를 통해 지속적인 기도와 교육을 받게 됩니다. 그의 할머니는 손자의 음악적 재능을 발견하고 음악적 역량을 통하여 일하실 하나님을 바라보고 데니스 저니건을 사랑으로 양육합니다. 그러는 가운데 하나님을 인격적으로 만나게 됩니다. 그리하여 마침내 데니스 저니건은 정상적인 가정을 이루게 되고 하나님의 사랑을 복음송을 통해 전파하는 전도자의 길을 가게 됩니다. 가장 연약할 때 주님을 더 깊이 만날 수 있습니다. 자기고백과 상한심령을 십자가 앞에 내려놓을 때  눈물의 기도위에 일하시는 주님의 반짝이는 날개가 보이게 됩니다.

**(시51:17) "하나님께서 구하시는 제사는 상한 심령이라 하나님이여 상하고 통회하는 마음을 주께서 멸시하지 아니 하시리이다"**

할렐루야

자기 연약함을 고백하는 것 보다 더 강함이 없습니다. 연약함과 상처를 고백하는 순간 치유와 회복과 능력이 주께로부터 나오게 될 것입니다.

**둘째 : 약한 것이 강함 되는 길은 용서와 사랑입니다.**

그리스도의 능력이 우리에게 머무시는 때는 용서하고 사랑 할 때 입니다. 용서할 수 없는 사람, 사랑할 수 없는 사람을 내 마음이 아 닌 주님의 마음으로 품을 때 강한 그리스도의 임재 하심으로 오는 평안과 은혜의 확신으로 충만하게 됩니다. 예수님의 가장 깊은 기 도는 겟세마네의 기도 이라는 것을 기독교인 이라면 누구나 인정 할 것입니다. 그리고 가장 강한 능력이 나타난 것은 십자가 위에서 였습니다.

**(눅23:34) "아버지 저들을 사하여 주옵소서 자기들이 하는 것을 알지 못함이 니이다 "**

우리의 약함은 우리에게 상처 입힌 자들을 용서하고 사랑 하지 못 하는데 있습니다. 이 육신적 본성을 이길 수 있는 것은 육적 생각으 로 가득한 우리 자신의 연약함을 고백하고 하나님의 성품을 구하는 것입니다. 예수님께서는 친히 육신적 소욕을 이기는 모범을 보여 주셨습니다.

**(눅22:42) "아버지여 만일 아버지의 뜻이거든 이 잔을 내게서 옮기시옵소서 그러나 내 원대로 마시옵고 아버지의 원대로 되기를 원하나이다."**

그리스도의 마음으로 용서하고 사랑하면 이제는 내가 사는 것이 아니요 내 안에 계신 그리스도가 사시는 것이 됩니다.(갈2:20) 이럴 때 우리의 연약함을 자랑하는 것에서 한 걸음 더 나아가 예수그리 스도의 능력을 자랑하게 됩니다.

**(갈6:14) "그러나 내게는 우리 주 예수 그리스도의 십자가 외에 결코 자랑 할 것이 없으니 그리스도로 말미암아 세상이 나를 대하여 십자가에 못 박히고 내 가 또한 세상을 대하여 그러하니라"**

타인을 용서하고 사랑하는 것은 자기 자신을 용서하고 사랑하는

206

지름길 이며 그리스도를 사랑한다는 믿음의 증거입니다. 주기도문에서 "우리가 우리에게 죄지은 자를 사하여 준 것같이 우리 죄를 사하여 주옵시고"의 입술의 고백이 신앙적 삶의 고백이 되어 지시기를 축복합니다. 우리의 연약함의 고백을 통해 하나님은 일하십니다. 예수님의 마음으로 용서하고 사랑할 때 그리스도의 능력이 충만히 나타날 것입니다. 연약함이 십자가로 연합되어질 때 최고의 강함이 된다는 것을 기억하시기를 바랍니다.

# 오순절의 축복

(레 23:15~21) "안식일 이튿날 곧 너희가 요제로 곡식단을 가져온 날부터 세어서 일곱 안식일의 수효를 채우고 일곱 안식일 이튿날까지 합하여 오십 일을 계수하여 새 소제를 여호와께 드리되 너희의 처소에서 십 분의 이 에바로 만든 떡 두 개를 가져다가 흔들지니 이는 고운 가루에 누룩을 넣어서 구운 것이요 이는 첫 요제로 여호와께 드리는 것이며 너희는 또 이 떡과 함께 일 년 된 흠 없는 어린 양 일곱 마리와 어린 수소 한 마리와 숫양 두 마리를 드리되 이것들을 그 소제와 그 전제 제물과 함께 여호와께 드려서 번제로 삼을 지니 이는 화제라 여호와께 향기로운 냄새며 또 숫염소 하나로 속죄제를 드리며 일 년 된 어린 숫양 두 마리를 화목제물로 드릴 것이요 제사장은 그 첫 이삭의 떡과 함께 그 두 마리 어린 양을 여호와 앞에 흔들어서 요제를 삼을 것이요 이것들은 여호와께 드리는 성물이니 제사장에게 돌릴 것이며 이 날에 너희는 너희 중에 성회를 공포하고 어떤 노동도 하지 말지니 이는 너희가 그 거주하는 각처에서 대대로 지킬 영원한 규례니라"

이스라엘에는 공식적으로 일곱 절기가 있습니다. 유월절, 무교절은 연속적으로 지키는 절기로서 어린 양의 피로 구원받은 것을 기념하여 지키며 죄 없으신 예수그리스도의 죽으심과 거룩을 기억하여 지키는 절기입니다. 또, 초실절은 첫 열매에 대해 감사하며 예수그리스도께서 첫 열매되심을 기억하며 지킵니다. 나팔절은 복음 증거의 기쁨과 복음의 확장을 상징 합니다. 속죄일은 매년 7월10일 지켜지는데 예수그리스도의 속죄사역으로 이루어진 구원과 칭의를 선언하는 절기라 할 수 있습니다. 장막절은 가을 추수를 하고 지키는 절기로 예수그리스도의 재림과 심판을 나타내는 절기로 지킵니다.

오늘 본문은 오순절에 대해 말씀합니다. 오순절은 다른 명칭과 함께 사용되어지는데, 맥추절(출23:16) 또는 칠칠절(신6:10)이라고 합니다. 오순절의 축복은 무엇일까요?

### 첫째 : 하나 됨의 축복입니다.

**(레23:17) "떡 두 개를 가져다가 흔들지니"**

성소의 진설병상 위에도 양쪽 여섯 개 씩 두 줄로 12개의 진설병이 놓였습니다. 이 떡 12개는 이스라엘 지파요 신약의 12사도를 뜻하지만 한 줄이 아닌 두 줄 인 것은 오늘 오순절의 떡 두 덩이와 같습니다. 구약과 신약이며 율법과 복음입니다. 구약과 신약은 각각의 책 이지만 또 하나의 책입니다. 옛 언약인 율법과 새 언약인 복음이 각각 인듯하지만 핵심은 하나입니다. 바로 예수그리스도입니다. 그래서 예수님이 친히 말씀 하십니다.

**(요5:39) "모세를 믿었더라면 또 나를 믿었으리니 이는 그가 내게 대하여 기록하였음이라"**

(요5:39) **"너희가 성경에서 영생을 얻는 줄 생각하고 성경을 연구하거니와 이 성경이 곧 내게 대하여 증언하는 것 이니라"**

신구약, 율법과 복음, 옛 약속과 새 약속은 모두 예수그리스도가 누구인지를 말씀합니다. 우리에게 예수님을 주신 것은 하나님의 사랑입니다.

(요3:16) **"하나님이 세상을 이처럼 사랑하사 독생자를 주셨으니 이는 그를 믿는 자마다 멸망하지 않고 영생을 얻게 하려 하심이라"**

떡 두 개의 또 다른 의미는 유대인과 이방인입니다. 유대인이나 이방인이나 창조 될 때 하나님의 모양과 형상으로 만들어졌음을 기억해야 합니다. 하나님께서 이스라엘 민족을 표본으로 선택하셔서 유대인이 특별한 사랑을 받은 것은 사실이지만 그렇다고 하여 이방인들이 영원한 버림을 받은 것은 아닙니다.

하나님의 사랑은 언제나 온 인류를 향해 있습니다. 믿음의 조상 아브라함에게 찾아오신 하나님께서 (창13:14) **"너는 눈을 들어 너 있는 곳에서 북쪽과 남쪽 그리고 동족과 서쪽을 바라보라 보이는 땅을 내가 너와 네 자손에게 주리니 영원히 이르리라"** 하십니다.

그리고 할례언약을 맺으시기 전에 또 말씀 하십니다.

(창17:4) **"보라 내 언약이 너와 함께 있으니 너는 여러 민족의 아버지가 될 지라"**

이 후 하나님은 어디에서든 유대인뿐만 아니라 이방인도 그 분의 주권 안에 있을 뿐 아니라 구원 안으로 초청하심을 나타내십니다.

(고전12:13) **"우리가 유대인이나 헬라인이나 종이나 자유자나 다 한 성령으로 세례를 받아 한 몸이 되었고 또 다 한 성령을 마시게 하셨느니라"**

오순절의 떡 두 개는 한 걸음 더 나아가 본질적으로 아버지와 아들이 하나 됨을 말씀합니다.

(요10:30) "나와 아버지는 하나 이니라"

이와 같이 예수님과 교회는 한 몸이요 교회의 각 지체는 예수 안에서 하나 됨의 임마누엘 축복으로 연결 되어 있음을 말씀 합니다. (고전12:12~27) 그러므로 둘이 하나가 되는 법칙이 바로 떡 두 개입니다.

**둘째 : 성령강림을 통한 교회의 부흥의 축복 입니다.**

레위기 2장에 소제의 제사를 드리는 예물은 고운 가루에 유향과 기름과 소금을 넣습니다. 그러나 꿀과 누룩은 들어가지 않습니다. 무교병을 만들 때도 누룩은 넣지 않습니다. 진설병을 만들 때도 누룩은 넣지 않습니다. 그런데 오순절의 떡에는 누룩을 넣습니다. 소제나, 무교병이나, 진설병에서 누룩을 제외하는 것은 누룩이 죄와 부패를 상징하기 때문입니다. 그러나 오순절의 떡에 누룩을 넣을 때는 누룩은 복음 증거의 확산을 뜻 합니다. 요즘 말로 하면 부흥을 뜻 합니다. 왜냐하면 오순절은 성령강림이기 때문입니다.

(욜2:28~29) "그 후에 내가 내 영을 만민에게 부어 주리니 너희 자녀들이 장래 일을 말할 것이며 너희 늙은이는 꿈을 꾸며 너희 젊은이는 이상을 볼 것이며 그 때에 내가 또 내 영을 남종과 여종에게 부어 줄 것이며"

이 예언의 성취가 이루어 진 것이 오순절입니다.

(행2;1~4) "오순절 날이 이미 이르매 그들이 다 같이 한 곳에 모였더니 홀연히 하늘로부터 급하고 강한 바람 같은 소리가 있어 그들이 앉은 온 집에 가득하며 마치 불의 혀처럼 갈라지는 것들이 그들에게 보여 각 사람 위에 하나씩 임하여 있더니 그들이 다 성령의 충만함을 받고 성령이 말하게 하심을 따라 다른 언어들로 말하기를 시작 하니라"

오순절 날 성령 받은 120명의 제자들을 통하여 신약의 교회가 세워지고 복음의 확장이 일어나게 됩니다. 그래서 오순절의 떡에 들어간 누룩은 죄의 상징이 나니라 복음의 확장과 말씀으로 세워지게 될 교회를 뜻 합니다. 떡이 되기 위해 고운 가루로 부셔져야 하듯이 복음의 확장이 있기 위해서는 반드시 자아가 부셔지고 예수그리스도의 성령으로 반죽되어져 하나 되어 짐이 일어나야 합니다.

**(요12;24)** "내가 진실로진실로 너희에게 이르노니 한 알의 밀이 떨어져 죽지 아니하면 한 알 그대로 있고 죽으면 많은 열매를 맺느니라."

교회는 그리스도의 죽으심으로 태동하였습니다. 또 그리스도의 부활하시고 승천하심으로 성령강림을 통하여 태어났습니다. 오늘날 교회와 성도는 죄의 누룩은 제거하되 말씀으로 내면적 성장과 부흥이 일어나고 복음이 땅 끝까지 증거 되어지는 누룩을 구해야 할 것입니다.


**셋째 : 완전한 구원 완전한 안식이 선포되어지는 축복입니다.**

출애굽 후 50일째 되는 날 시내산에서 율법이 수여 됩니다. 복음은 율법의 완성이며 그 마지막은 예수께서 모든 사망의 권세를 이기신 것과 같이 하나님의 자녀들이 사망과 죄의 사단을 이기고 완전한 구원 안으로 들어가는 것입니다. 그곳은 바로 예수 안에서 이루어질 영원한 안식입니다. 오순절의 제물로 드려진 제물의 숫자를 살펴보면 더욱 예수그리스도가 보여 집니다.

**(레23:18)** "일 년 된 흠 없는 어린 양 일곱 마리와 어린 수소 한 마리와 숫양 두 마리를 드리되 이것들을 그 소제와 그 전제제물과 함께 드려서 번제로 삼을 지니 이는 화제라 여호와께 향기로운 냄새며"

일 년 된 흠 없는 어린 양은 유월절 어린양 되시는 예수그리스도 입니다. 그런데 그 양이 일곱 마리입니다. 완전하신 예수그리스도

이십니다.

어린양 7마리, 수소 1마리, 숫양 2마리 합하여 10마리의 양과 소입니다. 10은 충만한 숫자입니다. 속죄와 번제물 되시는 충만하신 은혜의 예수그리스도입니다. 짐승의 제물과 소제를 같이 드려야 합니다. 피 없는 떡 으로는 속죄가 이루어 지지 않고 구원을 받을 수가 없는 것입니다.

(히9:22) "율법에 따라 거의 모든 물건이 피로써 정결하게 되나니 피 흘림이 없은즉 사함이 없느니라"

(마26:28) "죄 사함을 얻게 하려고 많은 사람을 위해 흘리는바 나의 피 곧 언약의 피니라"

오순절의 제사는 완전한 제사 이라는 것을 다시 한번 제사의 종류를 통하여 말씀하십니다.

(레23:16~19) 소제(16절), 요제(17절), 전제(18절), 번제(18절), 화제(18절), 속죄제(19절), 화목제(19절), 7가지의 제사입니다. 완전한 예수그리스도의 구원사역입니다.

(레23:15) "일곱 안식일의 수효를 채우고"

(레23:16) "오십일을 계수하여"

(레23:21) "성회를 공포하고"

모두 예수그리스도께서 성육신으로 친히 감당하신 구원의 사역을 말씀합니다.

(히9:11~12) "그리스도께서는 장래 좋은 일의 대제사장으로 오사 손으로 짖지 아니한 것 곧 이 창조에 속하지 아니한 더 크고 온전한 장막으로 말미암아 염소와 송아지의 피로 하지 아니하고 오직 자기의 피로 영원한 속죄를 이루사 단번에 성소에 들어 가셨느니라"

영원한 안식은 그리스도의 언약의 피와 말씀 안에 있을 때 이루어

집니다. 이와 같은 오순절의 축복이 이 당의 모든 교회와 성도에게 더 나아가 온 열방의 그리스도께서 예정하신 그 영혼에게 있으시기를 축복합니다.

# 오병이어

(요6:1~13) "그 후에 예수께서 디베랴의 갈릴리 바다 건너편으로 가시매 큰 무리가 따르니 이는 병자들에게 행하시는 표적을 보았음이러라 예수께서 산에 오르사 제자들과 함께 거기 앉으시니 마침 유대인의 명절인 유월절이 가까운지라 예수께서 눈을 들어 큰 무리가 자기에게로 오는 것을 보시고 빌립에게 이르시되 우리가 어디서 떡을 사서 이 사람들로 먹이겠느냐 하시니 이렇게 말씀하심은 친히 어떻게 하실지를 아시고 빌립을 시험하고자 하심이라 빌립이 대답하되 각 사람으로 조금씩 받게 할지라도 이백 데나리온의 떡이 부족 하리이다 제자 중 하나 곧 시몬 베드로의 형제 안드레가 예수께 여짜오되 여기 한 아이가 있어 보리떡 다섯 개와 물고기 두 마리를 가지고 있나이다. 그러나 그것이 이 많은 사람에게 얼마나 되겠삽나이까 예수께서 이르시대 이 사람들로 앉게 하라 하시니 그 곳에 잔디가 많은지라 사람들이 앉으니 수가 오천 명쯤 되더라 예수께서 떡을 가져 축사하신 후에 앉아 있은 자들에게 나눠 주시고 물고기도 그렇게 그들의 원대로 주시니라 그들이 배부른 후에 예수께서 제자들에게 이르시되 남은 조각을 거두고 버리는 것이 없게 하라 하시므로 이에 거두니 보리떡 다섯 개로 먹고 남은 조각이 열 두 바구니에 찼더라 그 사람들이 예수께서 행하신 이 표적을 보고 말하되 이는 참으로 세상에 오실 그 선지자라 하더라 그러므로 예수께서 그들이 와서 자기를 억지로 붙들어 임금으로 삼으려는 줄 아시고 다시 혼자 산으로 떠나가시니라"

예수님께서 보리 떡 다섯 개와 물고기 두 마리로 오천 명을 배불리 먹이시고도 열 두 바구니를 남긴 오병이어의 기적은 사복음서에다 기록되어 있습니다. 사복음서는 예수그리스도의 출생부터 죽음에 이르는 사건을 통해 예수님이 누구이신가를 기록하고 있습니다. 그렇다면 오병이어의 사건도 핵심은 예수그리스도를 나타내는 사건이라는 것을 우리가 먼저 이해해야 합니다. 그렇다면, 오병이어와 예수님은 어떻게 연관되어져서 우리에게 말씀하시기를 원하시고 계실가요?

**첫째 : 빌립과 같은 연약한 우리를 은혜로 세워 가시는 것을 보여 주십니다.**

많은 무리를 보시고 예수님께서 빌립에게 "우리가 어디서 떡을 사서 이 사람들을 먹이겠느냐" 물어 보십니다. 빌립이 "각 사람으로 조금씩 받게 할지라도 이 백 데나리온의 떡이 부족하이다." 합니다. 주님의 물으심은 '첫째 : 우리가, 둘째 : 친히 어떻게 하실지를 아시고 빌립을 시험하고자 하심'입니다. 빌립의 대답은 '조금씩 받게 할지라도 부족합니다.' 입니다.

빌립은 예수님을 따라 다니며 가르침을 받을 뿐만 아니라 수많은 예수님의 기적의 현장에 있었습니다. 본문의 사건이 예수님 공생애 두 번째 유월절이기 때문에 그 기간이 2년이 넘습니다. 뿐만 아니라 빌립은 나다나엘을 예수님께 인도 한 사람입니다.

**(요1:45~46) "빌립이 나다나엘을 찾아 이르되 모세가 율법에 기록하였고 여러 선지자가 기록한 그이를 우리가 만났으니 요셉의 아들 나사렛 예수니라 나다나엘이 이르되 나사렛에서 무슨 선한 것이 날 수 있느냐 빌립이 이르되 와서**

보라 하니라."

　이렇게 전도를 할 정도의 신앙임에도 불구하고 빌립은 예수님의 질문에 '할 수 없습니다.' 라고 대답하는 것입니다. 예수님은 빌립에게 물으실 때 '빌립 너가 이 무리들에게 양식을 책임지고 제공해 주어라.' 한 것이 아님을 빌립이 깨닫지 못한 것입니다. '우리가' 입니다. 그래서 본문에서 더 구체적으로 보완 설명을 곧장 하고 있습니다.

　(요6:6) "이렇게 말씀하심은 친히 어떻게 하실지를 아시고 빌립을 시험하고자 하심이라"

　주님이 일하시겠다는 것을 빌립이 알아야 했는데 빌립은 그 많은 기적을 경험하고도 여전히 인간적인 눈으로 한계를 설정하고 있는 것입니다. 빌립의 이름의 뜻이 "말을 사랑하는 자."입니다.

　(신17:16절) "이스라엘의 왕 된 자는 말을 많이 두지 말 것이요 말을 많이 얻으려고 그 백성을 애굽으로 돌아가게 말 것이니"

　그런데 빌립은 말을 의지하는 언어를 쓰고 있는 것입니다. 그럼에도 불구하고 예수님은 빌립을 포기하지 않으시고 그의 눈과 마음에 은혜를 주시고 세워 가십니다. 주님이 빌립에게 "이 사람들을 무엇으로 먹이겠냐" 라고 질문했을 때 들으시기를 원하는 대답은 과거 아브라함의 고백일 것입니다.

　(창22:8) "아브라함이 이르되 내 아들아 번제할 어린 양은 하나님이 자기를 위하여 친히 준비하시리라 하고 두 사람이 함께 나아가서"

　빌립은 이렇게 고백해야 했습니다. 예수님께서 40일 금식 기도 후 마귀의 시험을 받으실 때 하신 말씀도 기억해야 합니다.

　(마4:4) "사람이 떡으로만 살 것이 아니요 하나님의 입으로부터 나오는 모든 말씀으로 살 것이니라"

예수님은 이것을 가르치시기 위해 오병이어의 기적을 보여 주시는 것입니다. 빌립과 우리가 보아야 하는 것은 썩을 육의 양식이 아닌 영생의 양식이요 땅 차원이 아닌 하늘 차원이요 이 모든 것을 하실 이는 내가 아닌 주님이라는 것을 알아야 하며 믿어야 하는 것입니다.

(요6:56) "내 살을 먹고 내 피를 마시는 자는 내 안에 거하고 나도 그의 안에 거하나니"

오병이어의 지향점은 표적 신앙에서 말씀 신앙입니다. 홍해는 지팡이 표적으로 건너지만 요단은 법궤를 멘 제사장의 순종으로 건너게 됩니다. 오병이어의 기적은 떡으로 육신의 배를 불리지만 영원한 만족함은 예수 안에 있다는 것을 가르키십니다.

**둘째 : 부스러기 12바구니의 은혜입니다.**

어린아이의 도시락으로 오천 명을 먹이고도 12바구니의 부스러기를 남겼습니다. 여기에서 우리는 마태복음 15장에 기록된 가나안 여인의 신앙을 기억해야 합니다. 귀신들린 딸을 고쳐달라고 온 여인에게 예수님은 자녀의 떡을 취하여 개들에게 주는 것이 마땅하지 않다는 전혀 예상할 수 없는 충격적인 말씀을 하십니다. 이스라엘은 자녀이고 가나안 여인은 '개' 라는 표현을 사용하십니다.

그럼에도 불구하고 여인의 대답은 ,

(마16:24) "주여 옳소이다 마는 개들도 제 주인의 상에서 떨어지는 부스러기를 먹나이다 하니"

믿음에 들어 온 성도들이 자칫 하면 탐욕의 기도를 하게 됩니다. 그 탐욕의 기도는 바로 큰 것, 놀라운 것, 위대한 것 의 추구입니다. 그러나 진정 은혜의 보좌로 나아가는 길은 가나안 여인과 같은 구함이요, 도시락을 내어드리는 어린아이의 마음입니다. 말씀의 부스러기의 은혜는 우리가 측량 할 수 없는 은혜입니다.

우리의 지혜가 하나님의 미련함에도 이르지 못하는 것과 같이 하나님의 부스러기 은혜는 우리에게 태산과 같은 은혜로 다가 온 다는 것을 우리가 자칫 하면 잃어버리게 되고 우리 기준의 큰 것을 요구하게 됩니다. 우리 기준의 큰 것이 아닌, 주님 기준의 큰 것을 고백 할 수 있기를 바랍니다.

예수님이 어린아이의 도시락으로 오천 명을 배불리 먹이신 후 말씀 하십니다.

**(요6:12~13) "그들이 배부른 후에 예수께서 제자들에게 이르시되 남은 조각을 거두고 버리는 것이 없게 하라"**

이것을 직역하면 "얼마라도 잃어버리지 않게 하기 위하여 그 남은 조각을 너희가 모아들이라."입니다. 단순히 먹는 떡이 아닌 것입니다. 빌립과 저를 구원하신 예수님은 가나안 여인과 같은 이방인과 어린 아이와 같이 아직 어린 신앙의 사람들도 다 풍성한 은혜 안으로 들어와 구원받기를 원하십니다.

**(요6:39) "나를 보내신 이의 뜻은 내게 주신 자 중에 내가 하나도 잃어버리지 아니하고 마지막 날에 다시 살리는 이것이니라."**

보리떡 5개는 고난을 이기고 부활 하신 예수님을 나타내고 물고기 두 마리는 기적을 경험하고 말씀이 깨달아져 구원에 이른 성도들입니다. 5000명을 희년의 숫자인 50으로 나누면 완전하고 충만한 숫자인 100이 나옵니다.

**(막6:40) "떼로 백 명씩 또는 오십 명씩 앉은지라"**

**(눅9:14) "오십 명씩 앉히라"**

거두어들인 12바구니는 12지파요 12사도로 모든 구원 받은 성도를 뜻 합니다. 어린아이의 도시락을 먹은 5천명의 사람들은 예수님과 연합된 임마누엘의 사람이 되는 것입니다. 오병이어의 기적은 은혜로 구원받고 제자로 세워져 예수그리스도와 연합된 모든 성도들입니다. 이를 위해 주님은 인간으로 오셨고 친히 섬기셨으며 십자가를 지셨습니다. 우리는 예수님으로 인하여 기적의 주인공이 되었습니다. 나 같은 죄인을 구원하시고 자녀 삼으심만큼 더 큰 기적이 없습니다.

할렐루야

# 가나안 여자의 믿음

(마15:21-28) "예수께서 거기서 나가사 두로와 시돈 지방으로 들어가시니 가나안 여자 하나가 그 지경에서 나와서 소리 질러 이르되 주 다윗의 자손이여 나를 불쌍히 여기소서 내 딸이 흉악하게 귀신 들렸나이다 하되 예수는 한 말씀도 대답 하지 아니하시니 제자들이 와서 청하여 말하되 그 여자가 우리 뒤에서 소리를 지르오니 그를 보내소서 예수께서 대답하여 이르시되 나는 이스라엘 집의 잃어버린 양 외에는 다른 데로 보내심을 받지 아니하였노라 하시니 여자가 와서 예수께 절하되 주여 저를 도우소서 대답하여 이르시되 자녀의 떡을 취하여 개들에게 던짐이 마땅하지 아니 하니라 여자가 이르되 주여 옳소이다마는 개들도 제 주인의 상에서 떨어지는 부스러기를 먹나이다 하니 이에 예수께서 대답하여 이르시되 여자여 네 믿음이 크도다 네 소원대로 되리라 하시니 그 때로부터 그의 딸이 나으니라"

여러분의 소원은 무엇입니까? '우리의 소원은 통일~' 이라고 부르던 학창 시절이 있었습니다. 대한민국의 소원은 통일입니다. 나라와 나라가 분열을 끝내고 하나 되는 것이 한 민족의 소원이 되었습니다.

하나님의 나라를 이루는 성도의 소원은 무엇입니까? 오늘 이 시간 말씀 가운데 그 소원의 항구에 이르는 여러분과 제가 되시기를 바랍니다. 가나안 여자가 소원을 가지고 예수님께 나아와 보이는 믿음을 다시금 은혜의 돋보기로 살펴 보기를 원합니다.

### 첫째 : 산 자의 신앙고백이 있습니다.

육신적으로 산 자와 죽은 자도 있고 영적으로 산자와 죽은 자도 있습니다. 가장 바람직한 것은  영과 육이 다 산 사람일 것입니다. 가나안 여자는 예수님께 찾아와 이렇게 말 합니다.

**(마15:22) "주 다윗의 자손이여 나를 불쌍히 여기소서"**

이 여자는 주(主) 라고 고백합니다. 예수님이 자신의 주인이라고 고백하는 것입니다. 이 여인은 본문 25절에도, 27절에서도 '주여' 라고 고백합니다. 우리 인생의 주인이요 신앙의 주인이 예수님이심을 아는 사람은 영이 살아 있는 사람입니다. 게다가 "주 다윗의 자손이여"라고 합니다. 다윗의 자손을 통하여 오실 왕 되시며 메시야 되시는 예수님에 대해 구약에서 수차례 예언합니다.

**(사11:10) "그 날에 이새의 뿌리에서 한 싹이 나서 만민의 기치로 설 것이요 열방이 그에게로 돌아오리니 그가 거한 곳이 영화로우리라."**

메시아 신앙의 고백을 베드로가 합니다.

**(마16:16) "시몬 베드로가 대답하여 이르시되 주는 그리스도시오 살아 계신 하나님의 아들 이시니이다."**

(마16:17) "예수께서 대답하여 이르시되 바요나 시몬아 네가 복이 있도다 이를 네게 알게 한 이는 혈육이 아니요 하늘에 계신 내 아버지시니라."

주님이라 부를 수 있고 왕 되시는 메시야이심을 고백하는 신앙은 살아 있는 신앙이요 성령이 함께하는 사람인 것입니다. 예수님이 십자가 고난 후 무덤에 장사지내졌을 때 막달라 마리아와 여인들이 향유를 가지고 무덤에 찾아옵니다. 그때 천사가 하는 말이 놀랍습니다.

(눅24:5~6) "어찌하여 살아 있는 자를 죽은 자 가운데서 찾느냐 여기 계시지 않고 살아나셨느니라."

주님이 메시야로 오셔서 우리 죄를 위해 죽으셨을 뿐만 아니라 영원한 생명이 되시기 위해 다시 살아 나셨습니다. 그러므로 주님은 죽은 자의 하나님이 아니라 산 자의 하나님이 되시며 산 자의 하나님이 되시기 위해 오늘도 우리 가운데 성령으로 계시는 분이십니다. 우리 육이 살고 영이 산 사람은 가나안 여자와 같이 주님이시요 메시야이심을 고백할 수 있습니다.

(사38:18~19) "스올이 주께 감사하지 못하며 사망이 주를 찬양하지 못하며 구덩이에 들어간 자가 주의 신실을 바라지 못하되 오직 산 자 곧 산자는 오늘 내가 하는 것과 같이 주께 감사하며 주의 신실을 아버지가 그의 자녀에게 알게 하리라"

## 둘째 : 부스러기의 은혜를 아는 신앙입니다.

가나안 여자는 예수님께 귀신 들려 고통당하는 자기 딸을 불쌍히 여기시고 고쳐 달라고 간절히 소원을 말 합니다 . 그런데 예수님은 아무 말씀도 안 하십니다. 침묵을 하십니다. 가나안 여자의 입장에서 예수님의 침묵은 금이 아니라 숨통이 끊어지는 고통과 같았을 것입니다. 게다가 제자들은 이 여인을 내 보낼 궁리를 합니다. 예수님의 침묵과 제자들의 방해에도 가나안 여자는 물러서지 않고 울며 다시 소원을 말합니다.

(마25:25) "주여 저를 도우소서"

그런데 이번에는 전혀 엉뚱한 대답을 하십니다.

**(마15:26) "대답하여 이르시되 자녀의 떡을 취하여 개들에게 던짐이 마땅하지 아니하니라"**

이 엄청난 충격적인 대답에도 여인은 물러서지 않고 오히려 더 놀라운 답을 합니다.

**(마15:27) "여자가 이르되 주여 옳소이다마는 개들도 제 주인의 상에서 떨어지는 부스러기를 먹나이다."**

하나님의 부스러기 은혜는 연약한 사람에게는 큰 산을 이룰 만큼 위대한 역사를 이루어 냅니다. 다만, '그 부스러기의 위대함을 믿느냐 아니 믿느냐?' 입니다.

**(마17:20) "만일 너희에게 믿음이 겨자씨 한 알 만큼만 있어도 이 산을 명하여 여기서 저기로 옮겨지라 하면 옮겨질 것이요 또 너희가 못할 것이 없으리라."**

**(마13: 31~32) "또 비유를 들어 이르시되 천국은 마치 사람이 자기 밭에 갖다 심은 겨자씨 한 알 같으니 이는 모든 씨보다 작은 것이로되 자란 후에는 풀보다 커서 나무가 되매 공중의 새들이 와서 그 가지에 깃들이느니라"**

부자의 상에서 떨어지는 부스러기를 먹던 나사로는 천국에 가고 부자는 지옥에 갔습니다. 그래서 (고후6:1) **"하나님의 은혜를 헛되이 받지 말라"** 했습니다.

우리 성도는 은혜를 귀히 여길 뿐만 아니라 주님이 일하시면 능히 못하실 것이 없음을 알고 끝까지 부스러기 은혜 믿음으로 구해야 할 것입니다. 그럴 때 주님의 대답은 우리의 상상을 초원한 말씀을 하십니다.

(마15;28) "이에 예수께서 이르시되 여자여 네 믿음이 크도다 네 소원대로 되리라 하시니 그 때로부터 그의 딸이 나으니라."

주님께 부스러기 은혜를 구했더니 주신 것은 부스러기가 아니라 가장 크고 귀한 구원과 치유의 은혜를 주셨습니다. 같은 사건을 다루고 있는 마가복음 7장 26절에 "그 여자는 헬라인이요 수로보니게 족속이라" 기록하고 있습니다.

주님은 가나안 여인의 소원에 응답하시면서 믿음으로 이방인도 구원을 받으며 이것은 주님의 은혜라는 것을 말씀하시고 계십니다. 가나안 여자는 주님이 유대인뿐만 아니라 이방인까지도 구원하시기를 원하시는 소원을 안 사람 이였고 그것을 성취하시는 주님을 영화롭게 한 사람이라 할 수 있습니다. 마치 한나가 불임이라는 개인적인 문제를 가지고 하나님 앞에 기도를 시작 하지만 결국은 이스라엘의 영적인 불임의 상태를 대변하여 사무엘을 얻게 되고 그를 통하여 영적 어둠의 시대를 마감하고 이스라엘을 회복하는 통로가 되었던 것과 같습니다.

가나안 여자의 소원은 주님의 소원 이였습니다.

(딤전2:4) "하나님은 모든 사람이 구원을 받으며 진리를 아는 데에 이르기를 원하시느니라."

오늘날 가나안 여인과 같은 불신자를 구원하는 것이 주님의 소원이며 우리의 소원이 되어야 하겠습니다.

# 변화산

(마17:1~8) "엿새 후에 예수께서 베드로와 야고보와 그 형제 요한을 데리시고 따로 높은 산에 올라가셨더니 그들 앞에서 변형되사 그 얼굴이 해 같이 빛나며 옷이 빛과 같이 희어졌더라 그 때에 모세와 엘리야가 예수와 더불어 말하는 것이 그들에게 보이거늘 베드로가 예수께 여쭈어 이르되 주여 우리가 여기 있는 것이 좋사오니 만일 주께서 원하시면 내가 여기서 초막 셋을 짓되 하나는 주님을 위하여, 하나는 모세를 위하여, 하나는 엘리야를 위하여 하리이다 말할 때에 홀연히 빛난 구름이 그들을 덮으며 구름 속에서 소리가 나서 이르시되 이는 내 사랑하는 아들이요 내 기뻐하는 자니 너희는 그의 말을 들으라 하시는지라 제자들이 듣고 엎드려 심히 두려워하니 예수께서 나아와 그들에게 손을 대시며 이르시되 일어나라 두려워하지 말라 하시니 제자들이 눈을 들고 보매 오직 예수 외에는 아무도 보이지 아니하더라"

예수님께서 죽으심과 부활에 대해 제자들에게 말씀 하신 후 산으로 가서서 기도하십니다. 기도하시는 중에 용모가 변화되고 옷이 희어져 광채가 나는 것을 보게 됩니다. 이 사건으로 흔히 우리는 이 산을 변화산이라 합니다. 변화 된 예수님과 함께 모세와 엘리야가 말하는 것을 보고 베드로가 초막 셋을 짓겠다고 합니다. 이 고백은 지금 우리가 듣기에 가장 어리석은 것 같습니다. 왜냐하면 예수께서는 제자들이 산 위에 머무르는 신앙이 아니라 산 아래로 내려가서 제자의 사역을 감당하시기를 원하시기 때문입니다. 예수님 자신이 하늘위에 계시는 것이 아니라 친히 인간 세상으로 찾아 오셨고 그 사역이 이제 죽으심이 후 제자들이 감당할 사역이기 때문입니다.

(마5:14~15) "너희는 세상의 빛이라 산 위에 있는 동네가 숨겨지지 못할 것이요 사람이 등불을 켜서 말 아래에 두지 아니하고 등경 위에 두나니 이러므로 집 안 모든 사람에게 비치느니라"

베드로가 짓겠다는 초막 셋은 여기가 "좋사오니"의 불신앙의 고백입니다. 그러나 주님이 원하시는 초막 셋은 '나그네 인생임을 알아라.'는 것입니다. 430년의 애굽의 종살이에서 해방되어 가나안으로 이동하는 광야길 40년 을 보내게 됩니다. 광야 길에서 이스라엘 백성들은 모든 위협과 굶주림으로부터 하나님의 특별한 사랑의 공급과 보호를 경험합니다. 그 후 가나안에 정착하여 여러 절기를 지키게 되는데 그 중에 한 절기로 초막절을 지킵니다. 이 땅의 삶은 풀로 지은 초막과 같은 인생임을 알아서 탐욕하지 말고 진정한 장막을 바라보라는 것입니다.

(시103:15) "인생은 그 날이 풀과 같으며 그 영화가 들의 꽃과 같도다."

(고후5:1) "만일 땅에 있는 우리의 장막 집이 무너지면 하나님께서 지으신 집 곧 손으로 지은 것이 아니요 하늘에 있는 영원한 집이 우리에게 있는 줄 아느니라."

땅의 삶은 하늘의 집에 들어가기 위한 준비라는 것을 아는 것이 신앙입니다. 하늘 장막 집에 들어 갈 때 벌거벗은 자가 아니라 무화과 옷이 아닌 보혈로 씻은 흰 옷을 입기 위해 정결한 세마포 옷을 준비하는 것이 나그네 인생길입니다.

(고후5:2~3) "참으로 우리가 여기 있어 탄식하며 하늘로부터 오는 우리 처소로 덧입기를 간절히 사모하노라 이렇게 입음은 우리가 벗은 자들로 발견되지 않으려 함이라."

(계7:14) "이는 큰 환란에서 나오는 자들인데 어린 양의 피에 그 옷을 씻어

224

희게 하였느니라."

(계19:8) "그에게 빛나고 깨끗한 세마포 옷을 입도록 허락하셨으니 이 세마포 옷은 성도들의 옳은 행실이로다."

하늘 장막에 들어가고 흰옷을 입기 위해서는 고난을 받아야 합니다.

(마17:12) "인자도 이와 같이 고난을 받으리라 하시니"

주님은 자신의 고난과 죽음을 가르치십니다. 예수그리스도의 고난과 죽으심은 곧 제자들의 고난과 죽으심으로 연결되며 오늘날 모든 성도가 그리스도의 고난과 죽으심에 동참되어져야 합니다. 여기가 좋사오니 초막 셋을 짓고 살겠다던 베드로가 성령 받고 나니 예루살렘교회를 이끌었을 뿐만 아니라 자원하여 십자가에 거꾸로 매달려 순교하게 됩니다. 또 야고보는 우레의 아들 이라는 별명이 붙을 정도로 다혈질적인 사람이었지만 변화되고 나니 사도 중에서 가장 먼저 순교의 피를 흘리게 됩니다. 사도요한은 예수님이 십자가 고난을 받으신 후 예수님의 모친 마리아를 섬겼고 밧모섬에서 환상 중에 계시를 받아 요한계시록을 집대성 하게 됩니다. 참 은혜의 깊은 자리에 나아가면 안개가 걷히듯이 율법의 모세도 선지자인 엘리야도 아닌 오직 예수만 보이게 됩니다.(8절) 마태복음에서는 변화산 사건이 일어난 때는 죽으심과 부활을 처음 설명해주신 팔일 후입니다. (눅 9:28) "이 말씀을 하신 후 팔일 쯤 되어 ~" 라고 증언합니다. 보시기에 심히 좋았던 창조의 상태를 회복하는 것이 변화산 입니다. 또, 숫자 8은 부활의 새 출발입니다. 이스라엘 남자들은 태어 난지 8일 만에 할례를 행하였습니다. 또, 예수님의 부활이 안식 후 첫 날인 8일째 날에 이루어 졌습니다. 그러므로 예수님은 고난과 부활을 통하여 하늘 집을 지으라는 것입니다.

말씀을 요약 합니다. 풀과 같은 인생길에서 삼위일체의 하나님의 집을 짓는 것이 변화산의 은혜 받은 성도입니다. 그 집은 예수 그리스도의 형상을 회복하는 부활이 신앙으로 고백되어지므로 지어지는 것입니다. 할렐루야. 여러분의 삶과 신앙이 변화되어져 하나님께 영광 돌리시기를 축복 드립니다.

# 예수와 율법

(마5:17~20) "내가 율법이나 선지자를 폐하러 온 줄로 생각하지 말라 폐하러 온 것이 아니요 완전하게 하려 함이라 진실로 너희에게 이르노니 천지가 없어지기 전에는 율법의 일점 일획도 결코 없어지지 아니하고 다 이루리라 그러므로 누구든지 이 계명 중의 지극히 작은 것 하나라도 버리고 또 그같이 사람을 가르치는 자는 천국에서 지극히 작다 일컬음을 받을 것이요 누구든지 이를 행하여 가르치는 자는 천국에서 크다 일컬음을 받으리라 내가 너희에게 이르노니 너희 의가 서기관과 바리새인보다 더 낫지 못하면 결코 천국에 들어가지 못하리라."

예수님은 자신에 대한 선언을 하시는 것을 요한복음에서 우리는 자주 보아 왔습니다. 이를테면 "나는 세상에 있는 동안 빛이다." / "나는 생명의 떡이나" / "나는 선한 목자다" 등 입니다. 본문은 또 한번 자기 선언을 하십니다. 율법의 완성자로서 자기 선언입니다. "나는 율법을 완전하게 하려 왔다."입니다.

(마5:17) "내가 율법이나 선지자를 폐하러 온 줄로 생각하지 말라 폐하러 온

것이 아니요 완전하게 하려 함이라"

예수와 율법은 다른듯하지만 사실은 '하나' 이라는 것을 알 수 있습니다. 어떻게 율법과 복음이신 예수님이 하나가 될 수 있겠습니까? 율법의 완성은 복음의 사랑으로 이루어집니다. 율법은 복음으로 완성되어지는 것이므로 율법과 복음은 각각의 독창이 아니라 중창 혹은 합창으로 화음을 이루어 나타나는 것이라고 할 수 있습니다.

(롬3:31) "그런즉 우리가 믿음으로 말미암아 율법을 파기하느냐 그럴 수 없느니라 도리어 율법을 굳게 세우느니라."

율법의 행위적 외식적 요구에 미완성된 상태가 복음에는 절대적, 내면적, 완성된 실체이신 예수님으로 완성되어 집니다. 미완성된 율법은 죄인임을 지적하지만 완성된 복음은 의인됨을 인정하고 메시야 되시는 예수님을 고백하게 됩니다. 즉, 율법이 하나님의 말씀대로 행하지 못함으로 미완성이라면 복음은 말씀이 육신이 되어 오셔서 십자가의 대속을 완성하심으로 예수님의 의로움으로 성도를 의롭다 하심으로 완성되어집니다.

(롬3:23~24) "모든 사람이 죄를 범하였으매 하나님의 영광에 이르지 못하더니 그리스도 예수 안에 있는 속량으로 말미암아 하나님의 은혜로 값없이 의롭다 하심을 얻은 자 되었느니라"

율법은 죄를 깨닫게 하여 구원자 예수그리스도께로 인도됨으로 율법이 복음으로 완성되어지는 것입니다.

(롬3:24) "이같이 율법이 우리를 그리스도께로 인도하는 초등교사가 되어 우리로 하여금 믿음으로 말미암아 의롭다 함을 얻게 하려 함이라"

사람의 말은 무겁고 가벼움이 있지만 하나님의 말씀에는 경중(輕重)이 없습니다. 성경의 말씀은 절대성을 가짐으로 가감(加減)을 임의로 할 수 없습니다. 사람의 생각으로 해석하지 않도록 유의 하여야 합니다.

(신4:2) "내가 너희에게 명령하는 말을 너희는 가감하지 말고 내가 너희에게 내리는 너희 하나님 여호와의 명령을 지키라"

(신12:32) "내가 너희에게 명령하는 이 모든 말을 너희는 지켜 행하고 그것에 가감하지 말지니라"

(계22:18) "내가 이 두루마리의 예언의 말씀을 듣는 모든 사람에게 증언하노니 만일 누구든지 이것들 외에 더하면 하나님이 이 두루마리에 기록된 재앙들을 그에게 더하실 것이요 만일 누구든지 이 두루마리의 예언의 말씀에서 제하여 버리면 하나님이 이 두루마리에 기록된 생명나무와 및 거룩한 성에 참여함을 제하여 버리시리라"

율법과 복음, 구약과 신약은 2분법으로 나누어지는 것이 아니라 한분 하나님을 나타냅니다. 신약 복음서에 오신 예수님이 40일 금식기도하신 후 마귀의 시험을 받으실 때 구약의 신명기 말씀으로 물리치십니다. 율법과 구약은 성육신 이전의 예수님이신 하나님을 말씀하십니다. 복음과 신약은 성육신하신 예수님이신 하나님을 말씀하십니다. 율법과 구약은, 하나님의 사랑은 인간의 죄를 위해 그 죄의 댓가인 사망을 이기는 방법을 제시하셨음에도 불구하고 그것을 이루지 못하는 것에 대해 아들 이신 예수님을 보내겠다는 것입니다. 복음과 신약은, 하나님의 사랑의 약속을 성취하시기 위해 친히 인간의 몸으로 오셔서 죄의 댓가인 죽음을 경험하시고 대속의 죽으심을 믿는 사람마다 자녀 삼으시고 구원하시겠다는 것입니다.

(요3:16) "하나님은 세상을 이처럼 사랑하사 독생자를 주셨으니 이는 그를 믿는 자마다 멸망하지 않고 영생을 얻게 하려 하심이라 하나님이 그 아들을 세상에 보내신 것은 세상을 심판하려 하심이 아니요 그로 말미암아 세상이 구원을 받게 하려 하심이라"

율법의 제정자이시며 수여자이신 하나님과 율법의 성취자이신 예수님은 한분 하나님 이십니다. 행위로 의롭다 하심을 입은 것이 아닌 예수님의 보혈을 믿는 믿음으로 구원을 받은 성도는 외식주의 형식주의가 아닌 깊은 내면까지 예수그리스도가 체질화 된 사람들입니다. 그것은 변화된 삶과 신앙으로 나타나게 됩니다. 율법의 외식적, 형식적, 강제적 요소에 복음의 내면적, 자발적, 사랑이 더하여지면 율법의  완성인 예수그리스도의 복음이 되는 것입니다. 사랑 없는 말씀이면 율법이 되는 것이고 말씀위에 사랑이 덧입혀지면 복음이 됩니다.

(마22:37~38) "예수께서 이르시되 네 마음을 다하고 목숨을 다하고 뜻을 다하여 주 너의 하나님을 사랑하라 하셨으니 이것이 크고 첫째 되는 계명이요 둘째도 그와 같으니 네 이웃을 네 자신 같이 사랑하라 하셨으니 이 두 계명이 온 율법과 선지자의 강령이니라"

(롬13:10) "사랑은 율법의 완성 이니라"

하나님은 사랑 이십니다. 그 하나님께서 율법을 주셨고 우리에게 복음을 주셨습니다.

# 복 있는 사람 복 있는 교회

(시1:1~3) "복 있는 사람은 악인들의 꾀를 따르지 아니하며 죄인들의 길에 서지 아니하며 오만한 자들의 자리에 앉지 아니하고 오직 여호와의 율법을 즐거워하여 그의 율법을 주야로 묵상하는도다 그는 시냇가에 심은 나무가 철을 따라 열매를 맺으며 그 잎사귀가 마르지 아니함 같으니 그가 하는 모든 일이 다 형통 하리로다."

하나님이 우리에게 향하신 마음이 무엇이겠습니까? 행복하기를 원하신다는 것입니다. 아담이 독처하는 것을 하나님이 보시기에 좋지 않으셔서 하와를 주신 것도 그들이 행복하게 하기 위해서입니다. 아브라함을 부르실 때도 너는 복이 될 지라 하십니다. 하나님은 자기 선언을 하십니다.

(출3:14) **"나는 스스로 있는 자이니라."**

우리는 이렇게 자기 선언을 하셔야 합니다.

"나는 복 있는 사람 복 있는 교회이다."

여기에 계신 모든 분들이 "나는 복 있는 사람, 복 있는 교회" 이라는 자기 선언 가운데 말씀을 받으시면 더 큰 은혜가 될 것입니다. 그럼 왜 우리가 복 있는 사람이고 복 있는 교회라 할 수 있겠습니까?

### 첫째 : 예수로 심겨진 사람과 교회이기 때문입니다.

나무도 주인이 있는 나무가 있고 주인이 없는 나무도 있습니다. 또한, 주인이 있되 그 주인이 누구인가는 더더욱 중요합니다. 3절에 "시냇가에 심은 나무" 라고 표현 하고 있습니다. 여기서 시냇가는 예수그리스도이시고 나무는 성도입니다. 예수그리스도의 은혜요 사랑이 흐르는 것을 시냇가로 표현하고 있습니다. 시냇가에 심겨진 나무는 예수그리스도의 사랑과 은혜로 심겨진 성도요 교회를 말하고 있는 것입니다. 주님은 일찍이 애굽에서 이스라엘 백성들을 옮겨다 가나안에 심으셨다고 말씀하십니다.

(시80:8) **"주께서 한 포도나무를 애굽에서 가져다가 민족들을 쫓아내시고 그것을 심으셨나이다."**

(렘2:21) **"내가 너를 순전한 참 종자 곧 귀한 포도나무로 심었도다."**

(시92;13) **"이는 여호와의 집에서 심겨졌음이여 우리 하나님의 뜰 안에서 번**

**성하리로다."**

하나님이 직접 우리를 택하시고 주님의 뜰에 심으셨습니다. 뿐만 아니라 은혜의 생수를 부어 강을 이루게 하시니 우리 성도님들은 복 있는 사람이요 이 교회는 복 있는 교회입니다.

### 둘째 : 복 있는 사람과 복 있는 교회는 예수로 먹고 마십니다.

우리 스스로 의롭게 될 수 없음과 같이 우리 스스로 복 있는 사람이 될 수 없습니다. 우리가 복 있는 사람이요 교회가 될 수 있는 것은, 복의 주체이신 예수님이 함께 하시기 때문입니다. 복이신 하나님이 우리와 함께 하시는 방법이 바로 말씀으로 함께 하시는 것입니다.

(시1:2) **"오직 여호와의 율법을 즐거워하여 그의 율법을 주야로 묵상하는 도다."**

하나님이 시내산에서 율법을 주실 때에 (신10:13) **"네 행복을 위하여 ~"** 라고 하셨습니다. 말씀 안에 참 자유가 있고 말씀 가운데 기쁨과 즐거움이 있습니다. 저는 말씀을 묵상하는 가운데 하나님의 마음이 깨달아 질 때 정말 감미로운 행복을 느낍니다. 또, 깨달은 말씀을 강단에서 전하는 것은 무엇과도 비교할 수 없는 복입니다.

(계1:3) **"이 예언의 말씀을 읽는 자와 듣는 자와 그 가운데 기록한 것을 지키는 자는 복이 있나니 때가 가까움이라"**

하나님이 복의 근원이시고 말씀으로 우리에게 오셨으므로 말씀을 먹고 마심은 하나님을 먹고 마심이요 복을 먹고 마심입니다.

(눅11:28) **"예수께서 이르시되 오히려 하나님의 말씀을 듣고 지키는 자가 복이 있느니라."**

말씀 안에 있는 사람은 세상의 길을 쫓아 가지 않게 됩니다. 복이 무엇인줄 아는데 복 없는 길을 자청해서 갈 사람은 없지 않겠습니까? 말씀을 즐거워하고 묵상하는 가운데 주님의 마음이 깨달아 지고 그리스도의 통치가운데 있는데 어떻게 악인들의 꾀를 따르며 죄인들의 길에 서며 오만한 자들의 자리에 앉을 수 있겠습니까? 주님께서 말씀으로 사단을 이기셨듯이 성도와 교회는 말씀으로 보호를 받고 말씀으로 세상의 유혹과 행실을 이길 수 있습니다. 그 말씀의 은혜의 생수가 성도와 교회에 흘러넘치면 자연적으로 복 있는 사람 복 있는 교회가 됩니다.

### 셋째 : 복 있는 사람 복 있는 교회는 열매를 맺습니다.

시냇가에 심겨진 나무가 시절을 쫓아 과실을 맺는 것이 당연하듯이 예수그리스도로 먹고 마신 성도와 교회는 열매를 맺게 되어 있습니다. 여기에서 우리가 놓치지 말아야 하는 말씀은 (시1:3) **"철을 따라 ~"**입니다. 세월이 흐르고 때가 되어야 한다는 것입니다. 곡식의 씨를 심어서 열매로 거두기까지 한 계절 혹은 두, 세 계절이 지나야 합니다. 영혼의 추수도, 성도가 성장 하는 과정도 때가 되어야 합니다. 범사에 기한이 있습니다.(전3:1)

성도와 목회자는 그 때를 소망하며 땅을 일구듯이 마음을 일구고 관계를 만들어 가며 성숙시켜 가는 인고(忍苦) 의 시간이 있어야 한다는 것을 알아야 합니다. 사랑하는 사람을 기다리는 시간은 행복한 시간 이듯이 하나님의 때를 소망하는 시간은 복 있는 시간입니다. 행복한 마음으로 바라고 소망하며 자기 자리를 지키면 열매가 맺히고 자라게 되어 있습니다. 잎사귀가 마르지 아니함 같이 그리스도를 향한 사랑과 은혜가 마르지 않도록 우리 심령 밭의 물꼬를 늘 열어 두어야 할 것입니다. 그러할 때 좋은 열매가 씨를 뿌리고 가꾸며 선한 마음으로 기다린 농부에게 기쁨의 열매를 줄 것입니다.

(겔47:12) "강좌우 가에는 각종 먹을 과실나무가 자라서 그 잎이 시들지 아니하며 열매가 끊이지 아니하고 달마다 새 열매를 맺으리니 그 물이 성소를 통하여 나옴이라 그 열매는 먹을 만하고 그 잎사귀는 약 재료가 되리라"

계시록 22장 2절에 "하나님과 어린양의 보좌에서 나온 생명수 강 좌우에 심겨진 생명나무가 있어 열두 가지 열매를 맺되 달마다 그 열매를 맺고 그 나무 잎사귀들은 만국을 치료하기 위하여 있더라"는 말씀의 성취가 일어나게 될 것입니다.

하나님은 성도와 교회를 택하시고 친히 세우셨습니다. 우리가 밀물과 썰물에 떠밀려 오듯이 정처 없이 와서 이 자리에 있는 것이 아니라 하나님께서 택하시고 심으심으로 이곳에 우리가 있습니다. 하나님 앞에 택함 받은 복 있는 사람이요 교회라는 뿌리 깊은 신앙의 고백 가운데 주야(晝夜)로 말씀을 먹고 마시면 하나님의 때에 생명의 열매를 맺을 뿐만 아니라 여러분 자신이 복 있는 사람, 복 있는 교회로 날마다 찬송하는 즐거움 안에 계실 것입니다.

시편은 복 있는 사람과 악인으로 두 갈래 인생길로 출발하지만 150편에 가면 오직 복 있는 사람 복 있는 교회만이 할 수 있는 "할렐루야"로 끝납니다. 이렇듯이 성도님들과 교회를 통하여 성도와 불신자를 향한 사랑의 복음이 마지막 때에 오직 예수생명으로 하나 되는 은혜가 충만하기를 소원합니다.

# 성전세

(마17:24~27) "가버나움에 이르니 반 세겔 받는 자들이 베드로에게 나아와 이르되 너의 선생은 반 세겔을 내지 아니하느냐 이르되 내신다 하고 집에 들어가니 예수께서 먼저 이르시되 시몬아 네 생각에는 어떠하냐 세상 임금들이 누구에게 관세와 국세를 받느냐 자기 아들에게냐 타인에게냐 베드로가 이르되 타인에게니이다 예수께서 이르시되 그렇다면 아들들은 세를 면하리라 그러나 우리가 그들이 실족하지 않게 하기 위하여 네가 바다에 가서 낚시를 던져 먼저 오르는 고기를 가져 입을 열면 돈 한 세겔을 얻을 것이니 가져다가 나와 너를 위하여 주라 하시니라"

대한민국의 국민이라면 4대의무가 있습니다. 교육의 의무, 납세의 의무, 국방의 의무, 근로의 의무입니다. 하나님의 나라의 백성에게도 국민의 4대 의무를 적용하여도 되지 않을까 합니다. 다만 세상 나라는 강제 사항이고 하나님 나라는 자원하는 사람을 통하여 이루어진다는 것이 다르다고 할 수 있겠습니다.

오늘 말씀은 일종의 납세의 의무라 할 수 있는 성전세 입니다. 누가 성전 세를 내게 됩니까?

## 첫째 : 생명의 근원을 아는 사람이 내는 것입니다.

신약의 성전세는 구약의 속전세에서 출발합니다.

(출30:11~16) "여호와께서 모세에게 이르시되 네가 이스라엘 자손의 수효를 조사할 때에 조사 받은 각 사람은 그들을 계수할 때에 자기의 생명의 속전을 여호와께 드릴지니 이는 그것을 계수할 때에 그들 중에 질병이 없게 하려 함이라 무릇 계수 중에 드는 자마다 성소의 세겔로 반 세겔을 낼지니 한 세겔은 이

십 게라라 그 반 세겔을 여호와께 드릴지며 계수 중에 드는 모든 자 곧 스무 살 이상 된 자가 여호와께 드리되 너희의 생명을 대속하기 위하여 여호와께 드릴 때에 부자라고 반 세겔에서 더 내지 말고 가난한 자라고 덜 내지 말지며 너는 이스라엘 자손에게서 속전을 취하여 회막 봉사에 쓰라 이것이 여호와 앞에서 이스라엘 자손의 기념이 되어서 너희의 생명을 대속하리라"

이스라엘은 애굽에서 430년을 종살이 합니다. 바로의 치하에서 억압과 고통을 당하던 이스라엘 백성들이 하나님께 부르짖게 되고 하나님은 그들의 고통소리를 들으십니다. 그리고 약속을 하시게 됩니다.

(출3:7~8) "여호와께서 이르시되 내가 애굽에 있는 내 백성의 고통을 분명히 보고 그들이 그들의 감독자로 말미암아 부르짖음을 듣고 그 근심을 알고 내가 내려가서 그들을 애굽인의 손에서 건져내고 그들을 그 땅에서 인도하여 아름답고 광대한 땅, 젖과 꿀이 흐르는 땅, 곧 가나안 족속, 헷 족속, 아모리 족속, 브리스 족속, 히위 족속, 여부스 족속의 지방에 데려 가려 하노라"

바로의 손에서 이스라엘인들을 구원하시는 영광을 보여 주시기 위해 애굽에 10가지 재앙을 내리십니다. 마지막 재앙이 장자의 죽음입니다. 이 재앙에 앞서 하나님은 이스라엘 백성들에게 명령하여 이르시기를 어린 양의 피를 바른 집에서 어린 양의 고기를 먹으라 하십니다. 그러면 장자의 죽음 재앙이 넘어 가리라 약속 하십니다.(출12:7~13)

어린양의 죽음으로 이스라엘 백성들은 죽음의 재앙이 넘어갔습니다. 이것에 대해 지킨 절기가 유월절입니다. 또, 죽음에서 건져주신 은혜를 기억하며 낸 성전세가 속전세 입니다. 생명의 값은 부자나 가난한 자나 같기 때문에 동일하게 반 세겔을 내게 하셨습니다. 생명의 근원이 하나님께 속하였으므로 영원한 구원이 어린양이신 예수그리스도로 왔음을 고백하는 사람이 신앙의 고백으로 드리는 것이 속전세 곧 성전세입니다.

**두 번째 : 장성한 분량의 신앙인이 성전세를 냅니다.**

속전세는 20세 이상인 사람이 내었습니다. 성전 됨에 대한 자기 고백이 일어나는 장성한 분량의 사람들이 내는 것이라 할 수 있습니다. 본문에도 성전의 주인이신 예수님이 친히 내실 필요가 없지만 다른 사람을 실족하게 않게 하시기 위하여 내신다고 말씀하십니다. 속전세인 성전세는 성전을 건축하고 수리하는 데 사용되어 졌습니다.

**(출38:24~26) "성소 건축 비용으로 들인 금은 성소의 세겔로 스물아홉 달란트와 칠백삼십 세겔이며 계수 된 회중이 드린 은은 성소의 세겔로 백 달란트와 천 칠백오십오 세겔이니 계수된 자가 이십 세 이상으로 육십만 삼천오백오십 명인즉 성소의 세겔로 각 사람에게 은 한 베가 곧 반 세겔씩이라"**

성전은 예수님과 더불어 믿음으로 세워 가는 것입니다. 그리스도의 보혈로 구원하시고 은혜 주셔서 성전이 된 것이 성도입니다.

**(고전 3:16) "너희는 너희가 하나님의 성전인 것과 하나님의 성령이 너희 안에 계시는 것을 알지 못하느냐"**

또, 하나님과 어린 양이 성전 되십니다.

**(계21:22) "성 안에서 내가 성전을 보지 못하였으니 이는 주 하나님 곧 전능하신 이와 및 어린 양이 그 성전에 계심이라."**

그러므로 출애굽 할 때 어린양의 피를 바른 집에서 어린 양의 고기를 먹은 사람이 생명을 구원 받았다는 것은 곧 예수그리스도의 보혈과 말씀 안에 있는 사람이 구원을 받는다는 것입니다. 이 구원의 감격을 알고 내는 것이 속전세요 성전세입니다. 신앙의 고백이 있는 속전세로 다시 성전을 건축하고 보수 한다는 것은 아직 제대로 신앙이 세워지지 않는 사람을 하나님의 은혜가운데 구원하여 세워가는 것이라 할 수 있습니다.

(엡2:21~22) "그의 안에서 건물마다 서로 연결하여 주 안에서 성전이 되어 가고 너희도 성령 안에서 하나님이 거하실 처소가 되기 위하여 그리스도 예수 안에서 함께 지어져 가느니라"

그러므로 성도는 자신이 성전 되었음을 인지(認知) 할 뿐만 아니라 성전으로서 또 다른 성도들을 구원하는 전도의 사명이 있음을 알아야 합니다.

한 세겔로 예수님과 베드로의 성전세를 내셨다는 것은 그리스도의 성전에 예수님과 믿음의 고백을 하는 성도가 하나 되어 있음을 말씀합니다. 하나가 둘이 되듯이 둘이 연합하여 하나가 됩니다. 예수그리스도와 성도가 연합하여 온전한 한 세겔이 됩니다. 하나님이 진정 받으시는 성전세는 예수그리스도의 믿음으로 세워져 가는 우리 자신이라는것을 기억하시기 바랍니다.


# 신령한 집

(벧전 2:1~5) "그러므로 모든 악독과 모든 기만과 외식과 시기와 모든 비방하는 말을 버리고 갓난 아기들 같이 순전하고 신령한 젖을 사모하라 이는 그로 말미암아 너희로 구원에 이르도록 자라게 하려 함이라 너희가 주의 인자하심을 맛보았으면 그리하라 사람에게는 버린 바가 되었으나 하나님께는 택하심을 입은 보배로운 산돌이신 예수께 나아가 너희도 산 돌 같이 신령한 집으로 세워

지고 예수 그리스도로 말미암아 하나님이 기쁘게 받으실 신령한 제사를 드릴 거룩한 제사장이 될 지니라"

하나님은 성도에게 신령한 집이 되라고 하십니다. 그렇다면 신령한 집의 조건이 무엇인지 알아야 하겠습니다.

### 첫째 : 모든 악독과 모든 기만과 외식과 시기와 모든 비방하는 말을 버려야 합니다.

조금만 혹은 일부분만 버리는 것이 아니라 "모든"입니다.

(엡4:22~24) "너희는 유혹의 욕심을 따라 썩어져 가는 구습을 따르는 옛 사람을 벗어 버리고 오직 너희의 심령이 새롭게 되어 하나님을 따라 의와 진리의 거룩함으로 지으심을 받은 새 사람을 입으라"

(골3;8~10) "이제는 너희가 이 모든 것을 벗어 버리라 곧 분함과 노여움과 악의와 비방과 너희 입의 부끄러운 말이라 너희가 서로 거짓말을 하지 말라 옛 사람과 그 행위를 벗어 버리고 새 사람을 입었으니 이는 자기를 창조하신 이의 형상을 따라 지식에까지 새롭게 하심을 입은 자니라"

하나님의 거룩이 오늘 우리 안에 있으므로 과거의 모든 거룩하지 않는 본성들이 떠나고 새로운 피조물이 되어야 합니다. 복음은 아는 것으로 끝나는 것이 아니라 아는 것을 행함으로 나타나는 진리가 되어야 합니다.

### 두 번째 : 신령한 젖을 사모해야 합니다.

과거의 악한 행실들이 청소 되어졌으면 새로운 것들이 들어와 정착을 해야 합니다. 그렇지 않으면 악한 것이 다시 틈을 엿 보아 들어와 주인 행세를 하기 때문입니다.

(눅11:24~25) **"더러운 귀신이 사람에게서 나갔을 때에 물 없는 곳으로 다니며 쉬기를 구하되 얻지 못하고 이에 이르되 내가 나온 내 집으로 돌아가리라 하고 가서 보니 그 집이 청소되고 수리되었거늘 이에 가서 저보다 더 악한 귀신 일곱을 데리고 들어가서 거하니 그 사람의 나중 형편이 전보다 더 심하게 되나라."**

빈집은 그 자체가 깨끗한 집이 아니라는 것을 알아야 합니다. 말씀으로 씻어 정결함을 받아야 거룩한 집이 될 수 있습니다. 성전은 빈 공간이 성전이 되는 것이 아니라 그 안에 하나님의 거룩과 그 거룩의 형상을 입은 성도가 있어야 성전이 되는 것입니다. 신령한 젖인 말씀을 사모하여야 하는 이유가 바로 거룩한 집이 되기 위함입니다.

(출3:8) **"젖과 꿀이 흐르는 땅으로 데려가려 하노라"**

(렘11:5) **"젖과 꿀이 흐르는 땅을 주리라 한 언약을 이루리라"**

젖과 꿀이 흐르는 땅이 바로 성도의 내면의 신앙 상태가 되어야 합니다. 사모하는 영을 만족하게 하시기를 원하시는 하나님의 사랑하심이 신령한 집으로 세워지기를 원하시는 성도님의 소원에 응답하사 말씀으로 충만하게 하실 것입니다.


### 셋째 : 예수그리스도로 지어지는 것이 신령한 집 입니다.

집의 주인이 누구인줄 아는 것은 우리 인생의 주인이 누구인가를 아는 것 이라 할 수 있습니다.

(히3:4) **"집 마다 지은 이가 있으니 만물을 지으신 이는 하나님이시라"**

(사64:8) **"우리는 진흙이요 주는 토기장이시니 우리는 다 주의 손으로 지으신 것이니이다."**

우리를 지으신 이가 하나님일 뿐만 아니라 하나님의 은혜로 새 사람을 입어 신령한 집이 된 성도의 주인은 당연히 보혈로 구원하신 예수님이십니다.

(고전3:16) "너희는 너희가 하나님의 성전인 것과 하나님의 성령이 너희 안에 계시는 것을 알지 못하느냐"

성령이 진리의 영이시므로 (요14:17) 신령한 집이 된 우리 안에는 말씀이 거하시고 그 말씀은 곧 하나님이십니다.

(요1;1) "태초에 말씀이 계시니라 이 말씀이 하나님과 함께 계셨으니 이 말씀은 곧 하나님이시라"

말씀이신 하나님이 인간의 몸으로 오신 분이 예수님 이십니다.

(요1:14) "말씀이 육신이 되어 우리 가운데 거하시매 우리가 그의 영광을 보니 아버지의 독생자의 영광이요 은혜와 진리가 충만 하더라"

그러므로 신령한 집의 주인은 하나님이시오 예수 그리스도 이십니다. 옛 사람을 벗어 버리고 신령한 젖을 먹고 산돌 성도가 되는 것은 그리스도와의 연합입니다. 그리스도와의 연합으로 이루어진 것이 신령한 집입니다.

(벧전2:4~5) "사람에게는 버린 바가 되었으나 하나님께는 택하심을 입은 보배로운 산 돌 이신 예수께 나아가 너희도 산 돌 같이 신령한 집으로 세워지고"

예수님이 살아있는 돌, 곧 생수가 나는 반석이십니다.

(고전 10;4) "다 같은 신령한 음료를 마셨으니 이는 그들을 따르는 신령한 반석으로부터 마셨으매 그 반석은 곧 그리스도시라"

(출17:6) "너는 반석을 치라 그것에서 물이 나오리니 백성이 마시리라"

예수님의 은혜의 생수를 마신 신령한 집에서는 신령한 제사가 드려지며 그 제사는 산 돌 되어 진 거룩한 제사장이 집례 합니다. 예수 그리스도의 산돌로 지어진 집에서 이루어지는 것은 기도(사56:7)와 전도(말1:11)와 찬송(히13:15)과 거룩한 생활(롬12:1)입니다.

신령한 집에서 이루어지는 신앙과 삶으로 예수그리스도께서 진정한 구세주로 영광을 받으실 것입니다. 이렇게 신령한 집으로 세워져 가는 사람이 복 있는 사람, 복 있는 교회입니다.

# 초막절과 예수

(요7:1~9) "그 후에 예수께서 갈릴리에서 다니시고 유대에서 다니려 아니하심은 유대인들이 죽이려 함이러라 유대인의 명절인 초막절이 가까운지라 그 형제들이 예수께 이르되 당신이 행하는 일을 제자들도 보게 여기를 떠나 유대로 가소서 스스로 나타나기를 구하면서 묻혀서 일하는 사람이 없나니 이 일을 행하려 하거든 자신을 세상에 나타내소서 하니 이는 그 형제들까지도 예수를 믿지 아니함 이러라 예수께서 이르시되 내 때는 아직 이르지 아니 하였거니와 너희 때는 늘 준비되어 있느니라 세상이 너희를 미워하지 아니하되 나를 미워하나니 이는 내가 세상의 일들을 악하다고 증언 함이라 너희는 명절에 올라가라 내 때가 아직 차지 못하였으니 나는 이 명절에 아직 올라가지 아니하노라 이 말씀을 하시고 갈릴리에 머물러 계시니라"

예수께서 십자가 지시기 전 초막절 때의 일입니다. 예수님의 육신의 형제들이 예수님께 갈릴리를 떠나 유대로 가서 영광을 얻으라고 합니다. **마13장 55절**에 보면 예수님의 육신의 형제들은 야고보, 요셉, 시몬, 유다 그리고 누이가 있었음을 알 수 있습니다. 형제들과의 대화 가운데 우리는 몇 가지 은혜를 얻고자 합니다.

**첫째 : 내 때와 하나님의 때를 아는 것입니다.**

예수님을 메시야로 아직 믿지 않는 형제들의 조롱 섞인 비웃음에 예수님은 (6절, 8절) **"내 때가 아직 이르지 아니 하였다."** 하십니다. 예수님께도 일을 하실 때가 있고 영광을 얻으실 때가 있다면 우리 성도에게는 마땅히 하나님의 때가 있고 내 때가 있다는 것을 먼저 인식해야 합니다.

(전 3:1~3) **"범사에 기한이 있고 천하만사가 다 때가 있나니 날 때가 있고 죽을 때가 있으며 심을 때가 있고 심은 것을 뽑을 때가 있으며 죽일 때가 있고 치료할 때가 있으며 헐 때가 있고 세울 때가 있으며"**

내 때를 고집 한다고 하더라도 하나님의 때가 이르지 못하면 일을 이루지 못 합니다. 반대로 하나님의 때가 되었음에도 내 때가 안 되었다고 물러선다 할지라도 하나님의 전능하신 손길을 피할 수가 없습니다. 오늘 본문 사건에서도 이렇게 증거 하십니다.

(요7:30) **"그들이 예수를 잡고자 하나 손을 대는 자가 없으니 이는 그의 때가 아직 이르지 아니하였음이라"**

우리는 성급하게 우리의 때에 우리가 만든 열매로 배부르기를 원합니다. 그것이 곧 하나님의 응답이요 축복이라 착각을 합니다. 진정한 믿음의 사람은 하나님의 때가 될 때까지 성숙하게 자신을 숙성 시켜 나갑니다.

다윗이 좋은 사례입니다. 삼상 16장에서 왕으로 기름 부음을 받았지만 다윗은 성급하지 않게 하나님의 일하시고 하나님이 이루시는 때를 기다리며 인내 하며 자신의 그릇을 키우고 내면을 성숙시켜 나갑니다. 마침내 삼하 2장에서 다윗은 유다의 왕으로 등극을 합니다. 첫 기름 부음 받고 15년이 지난 시점이고 이후 삼하 5장에서 온 이스라엘의 왕으로 등극하기 까지는 약22년을 인내하였습니다.

(약1:4) **"인내를 온전히 이루라 이는 너희로 온전하고 구비하여 조금도 부족함이 없게 하려 함이라."**

인내(忍耐)의 인(忍)은 칼 도(刀)에 마음 심(心)이 합쳐진 글자입니다. 내(耐)의 뜻은 수염을 뽑아내는 고통을 참는다는 뜻이 있습니다. 칼로 마음을 잘라내고 수염을 뽑아내는 고통을 이기는 시간입니다. 성도에게 인내는, 말씀의 검으로 자신에 마음속에 엉겨 붙어 있는 거짓되고 탐욕적이며 부패한 것들을 잘라내며 수치스러운 고난이 오더라도 하나님의 때를 기다리며 자신을 그리스도의 형상으로 만들어 가는 시간 이라 할 수 있겠습니다.

**둘째 : 내 영광과 하나님의 영광입니다.**

예수님의 형제들이 이렇게 말합니다.

(요7:4) **"스스로 나타나기를 구하면서 묻혀서 일하는 사람이 없나니 이 일을 행하려 하거든 자신을 세상에 나타내소서"**

스스로 영광을 취하라고 형제들이 요구하지만 이것은 본질 적으로 잘못 된 것입니다. 그 본질은 그들이 예수님을 믿지 아니하는 것입니다.

예수라는 이름의 뜻은,

(마1:21) **"아들을 낳으리니 이름을 예수라 하라 이는 그가 자기 백성을 그들의 죄에서 구원할 자 이심이니라"**

육신의 형제이지만 그들은 아직 영적 형제의 자리에 들어오지 못했으므로 예수님을 메시야로 믿지 않습니다. 그러므로 예수님께서 유대에 가셔야 영광이 되는 줄 아는 것입니다. 예수님은 어디에 계셔도 영광입니다 할렐루야! 우리 성도들은 내 영광과 하나님의 영광을 구분 할 줄 알아야 합니다. 예수님은 성령의 이끄심에 순종으로 하나님의 일을 하시기 때문에 갈릴리에서나 유대에서나 하나님의 영광입니다. 그러나 스스로 높아지기 위한 것이라면 유대에 간다 할지라도 수치가 될 것입니다.

(요5:44) "너희가 서로 영광을 취하고 유일하신 하나님께로부터 오는 영광은 구하지 아니하니 어찌 나를 믿을 수 있느냐"

(요6:43) "그들은 사람의 영광을 하나님의 영광보다 더 사랑 하였더라"

하나님이 보내신 예수 그리스도를 구하지 않는 것은 스스로 영광을 취하는 것입니다. 또, 믿음을 당당하게 선포하지 못하는 것도 세상을 더 사랑하기 때문입니다.

**셋째 : 심판이 아닌 구원을 위해 오신 예수님 이십니다.**

예수님께서 초막절에 유대로 올라가시라는 말씀에 왜 내 때가 이르지 아니 하였다고 하십니까? 초막절의 상징은 추수요 심판입니다. 알곡은 곳간에 들이고 쭉정이는 불에 태우는 추수와 심판을 상징 합니다.

(마3:12) "손에 키를 들고 자기의 타작마당을 정하게 하사 알곡은 모아 곳간에 들이고 쭉정이는 꺼지지 않는 불에 태우시리라."

초림 예수님의 사역은 심판을 위한 것이 아니라 구원을 위한 대속 제물이 되시기 위하심입니다. 그래서 초막절이 아닌 유월절 어린 양으로 오셨습니다.

(요1:29) "보라 세상 죄를 지고 가는 하나님의 어린 양이로다."

유월절에 어린 양의 죽음으로 그 피를 바른 집 안에 거하면서 양을 먹은 사람은 구원을 받았습니다.

(출12:13) "내가 애굽 땅을 칠 때에 그 피가 너희가 사는 집에 있어서 너희를 위하여 표적이 될지라 내가 피를 볼 때에 너희를 넘어가리니 재앙이 너희에게 내려 멸하지 아니하리라"

(벧전1:18~19) "너희가 알거니와 너희 조상이 물려 준 헛된 행실에서 대속

함을 받은 것은 은이나 금같이 없어질 것으로 된 것이 아니요 오직 흠 없고 점 없는 어린 양 같은 그리스도의 보배로운 피로 된 것이니라."

어린 양의 대속물로 드려지는 것이 예수님이 성육신 하신 이유입 니다. 또한 주님의 죽으심이 하나님의 영광이 되는 것은 하나님의 의로운 구원이 성취되시기 때문입니다.

(요13:31~32) "그가 나간 후에 예수께서 이르시되 지금 인자가 영광을 받았 고 하나님도 인자로 말미암아 영광을 받으셨도다 만일 하나님이 그로 말미암 아 영광을 받으셨으면 하나님도 자기로 말미암아 그에게 영광을 주시리니 곧 주시리라."

구원의 대속물이요 화목제물이 되시기 위해 오신 예수님은 십자 가 고난의 유월절을 기다리시고 계시는 것입니다.

(요19:14) "이 날은 유월절의 준비일이요"

초막절의 예수님은 하나님의 때를 기다리며 하나님의 영광을 위 해 구원의 속죄 제물인 유월절 어린양 이십니다. 주님이 가신 그 길 은 우리를 위한 길이요 또 우리가 걷는 길이 되어야 합니다.

# 오늘 내게 한 영혼

(눅9:51~56) "예수께서 승천하실 기약이 차가매 예루살렘을 향하여 올라가 기로 굳게 결심하시고 사자들을 앞서 보내시매 그들이 가서 예수를 위하여 준 비하려고 사마리아인의 한 마을에 들어갔더니 예수께서 예루살렘을 향하여 가 시기 때문에 그들이 받아들이지 아니 하는지라 제자 야고보와 요한이 이를 보 고 이르되 주여 우리가 불을 명하여 하늘로부터 내려 저들을 멸하라 하기를 원

본문은 예수님께서 사마리아에서 배척당하시는 모습입니다. 이 현상을 이해하려면 우리는 사마리아의 역사적인 배경을 먼저 살펴 보아야 합니다. 이스라엘의 왕 오므리가 은 두 달란트로 세멜에게 서 사마리아 산을 사고 그 산 위에 성읍을 건축하고 사마리아라 명 칭 하였습니다.(왕상16:24) 그 후 북 이스라엘이 B.C 722 앗수르에 멸망하게 됩니다. 앗수르의 이민족 이주 정책으로 사마리아에는 이 스라엘인 뿐 만 아니라 이방인들이 거주하면서 순수혈통이 혼혈족 으로 변화 할 뿐만 아니라 종교적으로도 여호와의 신앙이 이방 신 과 함께 혼합되게 됩니다.

이러한 영적, 육적 타락으로 점점 전통 유대인들과 사마리아인 들 사이에 갈등의 골이 깊어지게 됩니다. 그러다 1차 포로 귀환자 인 학개, 스룹바벨을 중심으로 성전건축이 일어나게 되고 느헤미 야를 중심으로 한 3차 포로 귀환자들이 성벽을 제건하게 되는데 성전 재건에 소외 된 사마리아인들은 성전 건축을 방해 하게 됩니 다. 이로 인하여 유대인과 사마리아 인들 사이에는 더 큰 반목이 생기게 됩니다.

이러한 역사적 배경이 있는 사마리아를 예수님께서 찾아 가십니 다. 예루살렘으로 입성 하시기전 사마리아 마을을 찾아 가신 예수 님의 행적은 우리에게 교훈하는 것이 있습니다. 그것은, 한 영혼을 향한 사랑입니다. 사마리아 땅에서 환영 받지 못할 것을 너무나 잘 아시면서도 찾아가시는 예수님은 죄인 된 인간을 찾아 오셔도 아무 도 환영하지 않을 것을 아시면서 오신 것과 같습니다.

246

(마20:28) "인자가 온 것은 섬김을 받으려 함이 아니라 도리어 섬기려 하고 자기 목숨을 많은 사람의 대속물로 주려 함이라."

예수님의 영혼 사랑은 낮은 자리에서 섬김으로 나타납니다. 그래서 그 분은 하늘 보좌를 버리시고 가장 낮은 베들레헴 구유에서 나셨으며 변방 나사렛에서 자라십니다. 그리고 사역의 출발도 갈릴리에서 시작 하십니다. (눅4:14) 예루살렘으로 입성하시기 전 사마리아로 오신 이유도 소외된 사마리아인들을 구원하시기 위함입니다. 갈릴리에서 예루살렘으로 가시는 전진의 길목에 사마리아가 있습니다. 한 사람도 멸망으로 가는 것을 원하지 않으시는 하나님의 사랑이요 예수그리스도의 은혜와 긍휼입니다.

(딤전2:4) "하나님은 모든 사람이 구원을 받으며 진리를 아는 데에 이르기를 원하시느니라"

(눅9:51) "예수께서 승천하실 기약이 차가매 예루살렘을 향하여 올라가기로 굳게 결심하시고"

즉, 예수님의 시선은 자신의 고난과 죽음 너머 부활을 통한 구원의 완성을 바라보시고 계시는 것입니다. 하나님의 구원의 언약에 대한 확신으로 그의 온 마음은 십자가에 고정 되어 있습니다. 예수님의 인생은 늘 한 영혼을 찾아 나서는 것 이였고 그것은 낮은 자리에서의 섬김이며 곧 죽음을 향한 전진 이였습니다.

사마리아인들이 예수님을 영접하지 않자 야고보와 요한이 불을 명하여 하늘로부터 내려 저들을 멸하라 하기를 원합니다. 구약의 대표적인 선지자였던 엘리야가 자신을 체포하러 온 사마리아 왕의 군대에게 불을 내려 죽인 사건이 **왕상 1장 9절** 이하에 나옵니다. 제자들은 사마리아인들의 박대에 대해 예수님께 엘리야와 같이 그들을 멸망시키라는 것입니다. 이것은 예수님의 성육신 하신 뜻을 이

해하지 못한 소리입니다.

　엘리야는 행위로 심판하는 율법을 대표하는 선지자 이지만 예수님은 은혜와 사랑인 복음으로 구원하시는 분이십니다. 그러므로 예수님의 사역은 생명을 멸망시키는 것이 아니라 죄와 허물로 죽을 수밖에 없는 인생을 구원하시는 것입니다.

　(요3:17) "하나님이 그 아들을 세상에 보내신 것은 세상을 심판하려 하심이 아니요 그로 말미암아 세상이 구원을 받게 하려 하심이라."

　(요12:47) "사람이 내 말을 듣고 지키지 아니할지라도 내가 그를 심판하지 아니하노라 내가 온 것은 세상을 심판하려 함이 아니요 세상을 구원하려 함이라"

　심판은 마지막 때에 하나님이 하실 것입니다.

　(요12:48~50) "나를 저버리고 내 말을 받지 아니하는 자를 심판하실 이가 있으니 곧 내가 한 그 말이 마지막 날에 그를 심판하리라 내가 내 자의로 한 것이 아니요 나를 보내신 아버지께서 내가 말한 것과 이를 것을 친히 명령하여 주셨으니 나는 그의 명령이 영생인줄 아노라 그러므로 내가 이르는 것은 아버지께서 내게 말씀하신 그대로니라 하시니라"

　예수님께서는 (요18:9) "이는 아버지께서 내게 주신 자 중에서 하나도 잃지 아니 하였사옵나이다 하신 말씀을 응하게 하려 함이러라" 말씀하십니다. 마지막 체포 되시는 순간에도 주님의 마음은 한 영혼도 잃어버리지 않는 것에 집중되어 있었습니다. 십자가 위에서 운명 직전에도 예수님의 소원은 영혼구원에 있었습니다.

　(눅23:34) "이에 예수께서 이르시되 아버지 저들을 사하여 주옵소서 자기들이 하는 것을 알지 못함이니이다"

　(눅23:43) "예수께서 이르시되 내가 진실로 네게 이르노니 오늘 네가 나와 함께 낙원에 있으리라 하시니라"

　이것이 예수님께서 이 땅에 오신 이유이며 배척당할 줄 아시면서도 사마리아로 들어가신 이유입니다. 오늘 성도와 교회가 가는 길도 갈릴리에서 시작하여 예루살렘으로 가는 길이요 땅에서 하늘로 가는 길목에 사마리아를 지나가야 하는 길입니다. 환영 받지 못할 줄 알면서도 오히려 고난이 기다리는 길이라는 것을 알면서도 하나님이 구원하기를 원하시는 한 영혼을 찾아 나서는 길입니다.

지금은 심판 할 때가 아니라 예수 이름으로 구원을 선포 할 때입니다. 예수님께서 사마리아로 들어 가셨으므로 선한 사마리아인이 나오고 사마리아 여인이 구원을 받았듯이 오늘 교회와 성도가 한 영혼의 구원을 위한 길을 전진할 때 잃어버린 양 한 마리를 찾게 될 것입니다.

(눅21:19) "너희의 인내로 너희 영혼을 얻으리라."


# 돌 대신 용서

(요8:1~11) "예수는 감람산으로 가시니라 아침에 다시 성전으로 들어오시니 백성이 다 나아오는지라 앉으사 그들을 가르치시더니 서기관들과 바리새인들이 음행 중에 잡힌 여자를 끌고 와서 가운데 세우고 예수께 말하되 선생이여 이 여자가 간음하다가 현장에서 잡혔나이다 모세는 율법에 이러한 여자를 돌로 치라 명하였거니와 선생은 어떻게 말하겠나이까 그들이 이렇게 말함은 고발할 조건을 얻고자 하여 예수를 시험 함이러라 예수께서 몸을 굽히사 손가락으로 땅에 쓰시니 그들이 묻기를 마지아니하는지라 이에 일어나 이르시되 너희 중에 죄 없는 자가 먼저 돌로 치라 하시고 다시 몸을 굽혀 손가락으로 땅에 쓰시니 그들이 이 말씀을 듣고 양심에 가책을 느껴 어른으로 시작하여 젊은이까지 하나씩 하나씩 나가고 오직 예수와 그 가운데 섰는 여자만 남았더라 예수

께서 일어나사 여자 외에 아무도 없는 것을 보시고 이르시되 여자여 너를 고발
하던 그들이 어디 있느냐 너를 정죄한 자가 없느냐 대답하되 주여 없나이다 예
수께서 이르시되 나도 너를 정죄하지 아니하노니 가서 다시는 죄를 범하지 말
라 하시니라"

간음한 여인의 사건을 통하여 주님이 우리에게 말씀하심이 무엇
입니까?

### 첫째 : 용서는 사랑의 출발 이라는 것입니다.

하나님은 사랑이십니다. 그 사랑은 "용서"에서 출발 합니다. 하나
님이 우리를 먼저 용서 하시므로 사랑 하십니다.

(요3:16) "하나님이 세상을 이처럼 사랑하사 독생자를 주셨으니 이는 그를
믿는 자마다 멸망치 않고 영생을 얻게 하려 하심이라"

하나님을 거역하고 대적한 죄로 인해 가로 막혀 하나님과 교제 할
수 없을 뿐만 아니라 영생을 얻을 수 없는 것에 대해 하나님이 먼저
용서의 사랑을 베푸신 것이 예수그리스도의 성육신 이십니다. 인간
의 모습으로 오신 하나님이신 예수님께서 하신 일도 사랑입니다.
사랑으로 충만 하신 하나님이 하실 수 있는 일은 사랑밖에 없었고
그 사랑은 용서로 시작 합니다.

본문에서 간음한 여인을 현장에서 잡아 온 바리새인들과 서기관
들이 예수님께 율법에는 이러한 여인을 돌로 치라 명하는데 어떻게
하겠느냐고 묻습니다. 이들의 지식적 고백에도 (8:6) 예수님께서는
요동하지 않으시고 용서를 말씀하십니다.

(요8:11) "나도 너를 정죄하지 아니하노니 가서 다시는 죄를 범하지 말라"

예수님께서는 용서를 수 없이 말씀하십니다.

(마18:21~22) "그 때에 베드로가 나아와 이르되 주여 형제가 내게 죄를 범하면 몇 번이나 용서하여 하오리이까 예수께서 이르시되 네게 이르노니 일곱 번뿐 아니라 일곱 번을 일흔 번까지라도 할지니라"

주기도문에서도 용서를 가르치시고 계십니다.

**"우리가 우리에게 잘못한 사람을 용서하여 준 것같이 우리 죄를 용서하여 주시고~"**

믿음의 사람에게 용서는 특별한 그리스도의 사랑입니다.

(고후2:10) **"너희가 무슨 일에든지 누구를 용서하면 나도 그러하고 내가 만일 용서한 일이 있으면 그것은 너희를 위하여 그리스도 앞에서 한 것이니"**

주님께서 원수 된 우리를 용서하시고 먼저 사랑 하신 것 같이 우리의 사랑도 그리스도의 용서에서 출발해야 합니다. 사랑을 먼저 받은 사람이 그 사랑을 인정하고 고백하는 행동신앙이 바로 용서라 할 수 있습니다. 용서는 또 다른 용서를 낳고 용서의 사람은 성숙한 신앙의 사람이 할 수 있습니다. 용서와 사랑이 별개의 행위가 아니라 하나로 연결되어 있음을 우리는 기억합니다.

(롬5:8) **"우리가 아직 죄인 되었을 때 그리스도께서 우리를 위하여 죽으심으로 하나님께서 우리에 대한 자기의 사랑을 확정 하셨느니라"**

(요15:12~13) **"내 계명은 곧 내가 너희를 사랑한 것 같이 너희도 서로 사랑하라 하는 이것이니라 사람이 친구를 위하여 자기 목숨을 버리면 이보다 더 큰 사랑이 없나니"**


### 두 번째 : 용서는 생명입니다.

사단의 일은 돌을 던져 죽이는 것이고 예수님의 일은 돌을 내려 놓고 살리는 것입니다. 돌을 던지는 것은 미워하고 대적하고 심판하는 것이요 돌을 내려놓는 것은 사랑하고 용서하고 구원의 생명을 선포하는 것입니다. 칭찬은 고래도 춤추게 만들지만 용서는 죽일 자를 살리는 일을 합니다.

간음한 여인을 현장에서 잡아 온 유대인과 서기관과 바리새인들은 여인에게 돌을 내리칠 수 없게 되자 그 돌로 예수그리스도를 쳤습니다. 또, 스데반 집사에게 돌을 던져 죽게 했습니다. 그러나, 예수님은 돌을 내려놓게 하시고 생명의 구원을 선포 하십니다.

호세아 선지자가 음란한 여인과 결혼하여 아이를 낳았습니다. 그런데도 아내는 음란한 행실을 멈추지 못하고 다시 집을 나가 음란한 행위를 합니다. 호세아 선지자는 이 여인을 위해 댓가를 지불하고 다시 아내의 자리로 데리고 와 사랑합니다.

이것이 하나님이 택한 성도를 위해 끊임없이 베푸시는 용서와 사랑입니다.

정죄하려는 사람들에게 주님은 "너희 중에 죄 없는 자가 먼저 돌로 치라." 하십니다. 유대인이나 헬라인이나 죄 없는 자가 없습니다.

(롬3;10) "의인은 없나니 하나도 없으며"

우리가 의인 아님에도 구원 받은 것은 주님의 보혈의 용서와 하나님의 사랑 때문입니다. 모세가 율법에 간음한 여인을 돌로 치라는 것은 율법적 심판입니다. 그 심판을 주님이 받으셔서 완성 하셨습니다. 여호수아 7장에서 아간의 범죄에 돌을 쳐서 죽였던 아골 골짜기가 소망의 문이 되었습니다.

(호2:15) "거기서 비로소 그의 포도원을 그에게 주고 아골 골짜기로 소망의 문을 삼아 주리니"

주님의 십자가를 통과한 죄인은 더 이상 정죄의 대상이 아니라 용서와 사랑의 대상입니다.

(롬8;1~2) "그러므로 이제 그리스도 예수 안에 있는 자에게는 결코 정죄함이 없나니 이는 그리스도 예수 안에 있는 생명의 성령의 법이 죄와 사망에서 너를 해방하였음이라"

돌 대신 용서를 할 수 있는 사람은 예수님의 사랑을 증거 하는 사람입니다. 그리스도의 사랑의 용서와 생명을 입은 자로서 또 다른 사람을 용서하고 사랑 할 수 있는 특별한 복을 받은 사람으로 예수 생명을 전하는 복된 교회와 성도들이 되시기를 바랍니다.

# 수전절 예수

(요10:22~39) "예루살렘에 수전절이 이르니 때는 겨울이라 예수께서 성전 안 솔로몬 행각에서 거니시니 유대인들이 에워싸고 이르되 당신이 언제까지나 우리 마음을 의혹하게 하려 하나이까 그리스도이면 밝히 말씀하소서 하니 예수께서 대답하시되 내가 너희에게 말하였으되 믿지 아니하는도다 내가 내 아버지의 이름으로 행하는 일들이 나를 증거하는 것이거늘 너희가 내 양이 아니므로 믿지 아니하는도다 내 양은 내 음성을 들으며 나는 그들을 알며 그들은 나를 따르느니라 내가 그들에게 영생을 주노니 영원히 멸망하지 아니할 것이요 또 그들을 내 손에서 빼앗을 자가 없느니라 그들을 주신 내 아버지는 만물보다 크시매 아무도 아버지 손에서 빼앗을 수 없느니라 나와 아버지는 하나이니라 하신대 유대인들이 다시 돌을 들어 치려하거늘 예수께서 대답하시되 내가 아버지로 말미암아 여러 가지 선한 일을 너희에게 보였거늘 그 중에 어떤 일로 나를 돌로 치려 하느냐 유대인들이 대답하되 선한 일로 말미암아 우리가 너를 돌로 치려는 것이 아니라 신성모독으로 인함이니 네가 사람이 되어 자칭 하나님 이라 함 이로라 예수께서 이르시되 너희 율법에 기록된바 내가 너희를 신이

라 하였노라 하지 아니하였느냐 성경은 폐하지 못하나니 하나님의 말씀을 받는 사람들을 신이라 하셨거든 하물며 아버지께서 거룩하게 하사 세상에 보내신 자가 나는 하나님의 아들이라 하는 것으로 너희가 어찌 신성모독이라 하느냐 만일 내가 내 아버지의 일을 행하지 아니하거든 나를 믿지 말려니와 내가 행하거든 나를 믿지 아니할지라도 그 일은 믿으라 그러면 너희가 아버지께서 내 안에 계시고 내가 아버지 안에 있음을 깨달아 알리라 하시니 그들이 다시 예수를 잡고자 하였으나 그 손에서 벗어나 나가시니라"

신구약 중간 사 시대를 우리는 영적 암흑기라 합니다. 말라기 이후 세례요한 때 까지를 이 시기로 봅니다. 더 구체적으로 서술하자면 약 420여년의 시기를 말합니다.

1. 바사시대 430~332
2. 헬라시대 331~167 (알렉산더 왕국의 분열)
3. 마키비시대 167~63 (수전절 유래)
4. 로마시대 63~예수탄생

수전절은 신구약 시대인 B.C 164년 유다 마카비가 시리아의 안티오쿠스 에피파네스로부터 성전을 되찾아 이방신의 우상 제사를 폐하고 성전을 거룩하게 한 것을 기념하여 지키기 시작한 절기입니다. 본문은 예수님께서 수전절에 유대 무리들을 가르치시는 가운데 일어난 일입니다. 예수님의 가르치심은 우리 모든 성도들에게 하시는 말씀입니다. 특별히 모든 목회자에게 주시는 강력한 메시지입니다.

### 첫째 : 성전 거룩의 회복입니다.
성전의 회복은 빼앗긴 건물을 되찾는 차원에서 끝나는 것이 아님니다. 또, 의식적 제사나 예배의 회복이 아닌 속사람을 고치는 것입니다. 단순히 이방 제사와 제물을 몰아내어서 성전이 되는 것이 아니라 그 성전 안에 하나님이 계셔야 하고 그 하나님을 하나님 되게 하는 성도가 있어야 합니다.

(요10:24) "그리스도이시면 밝히 말씀 하소서 하니"

(요10:25) "예수께서 대답하시되 내가 너희에게 말하였으되 믿지 아니하는 도다"

(요10:26) "너희가 내 양이 아니므로 믿지 아니하는 도다 내 양은 내 음성을 들으며 나는 그들을 알며 그들은 나를 따르느니라"

양과 목자의 관계가 성립되고 회복되는 곳에 하나님의 거룩과 임재가 있는 참 성전이 됩니다. 보이는 외부적인 모습의 이를테면 건물, 예배의 형식을 통해 보이지 않는 참 성전을 회복하기를 원하십니다.

(요2:21) "그러나 예수는 성전 된 자기 육체를 가르켜 말씀하신 것이라"

성전은 예수그리스도 이시요 성전은 예수님을 그리스도라 고백하는 성도입니다.

(고전 6:19) "너희 몸은 너희가 하나님께로부터 받은바 너희 가운데 계신 성령의 전인 줄을 알지 못하느냐"

(고후6:16) "하나님의 성전과 우상이 어찌 일치가 되리요 우리는 살아 계신 하나님의 성전이라 이와 같이 하나님께서 이르시되내가 그들 가운데 거하며 두루 행하여 나는 그들의 하나님이 되고 그들은 나의 백성이 되리라"

온전한 성전의 회복은 성전 되신 예수그리스도를 온전히 기뻐하므로 이루어집니다. 이것은 목자이신 주님의 음성을 듣고 순종할 때 거룩으로 승화됨으로 나타납니다. 성전의 거룩은 하나님을 하나님 되게 하며 성도가 성도다워지게 합니다.

**둘째 : 말씀의 빛이 있어야 합니다.**

시리아의 안티오쿠스 에피파네스는 하나님의 성전에 우상과 우상의 제단을 설치할 뿐만 아니라 매음의 소굴을 만들고 성경을 다 없애 버렸습니다. 하나님의 말씀을 들을 수 없으니 우상이 우상인줄 알지 못하고 죄가 죄인 줄 알지 못하는 영적 소경이요 암흑 속에서 살 수 밖에 없게 됩니다.

(롬10:17) "그러므로 믿음은 들음에서 나며 들음은 그리스도의 말씀으로 말미암았느니라"

(눅11:28, 계1:3) "말씀을 듣고 지켜 행하는 자가 복이 있다" 하였는데 중간사 시대인 영적 암흑기에는 말씀의 빛이 없었습니다. 이러한 때에 제사장인 맛디아가 반란을 일으키고 그의 아들이 예루살렘을 회복하며 하나님 말씀이 들려지게 됩니다. 그러나 유대인들이 전하고 받는 말씀의 수준이 육신적 수준에 머물러 있었음이 오늘 사건을 통해 더러 나게 됩니다. 주님께서 "내가 하나님의 아들이다."라고 선포하는데도 불구하고 유대인들의 귀에는 "신성모독'으로 들리게 되고 그들의 하나님에 대한 충성의 표현이 돌을 들어 예수님을 치려는 것이었습니다. (요10:35) "하나님 말씀을 받은 사람은 신이라" 합니다. 하나님은 말씀이시며 그 말씀이 육신이 되어 빛으로 오신 분이 예수님이십니다.

(요1:9) "참 빛 곧 세상에 와서 각 사람에게 비추는 빛이 있었나니"

(요8:12) "나는 세상의 빛이니"

수전절에 유대인들은 각자의 가정에서 8일 동안 절기를 지키며 8개의 촛대에 깨끗한 기름을 채우고 매일 하나의 촛대에 불을 밝혔습니다. 절기 마지막 날에는 여덟 개의 촛대에 모두 불을 밝히게 되

는 것입니다. 그래서 수전절을 하누카 즉, 빛의 절기 라 부르는 빛
축제가 됩니다. (요10:30) **"빛 되시는 예수님께서 나와 하나님은 하나이다."**
라고 선포 하십니다. 말씀이 육신이 되어 말씀의 등불로 인생을 인
도하시고 하나님과 하나 되게 하시는 것이 예수그리스도의 사역입
니다.

　예수님 = 하나님 = 말씀 = 빛

　예수님이 빛 되심에 그치지 않고 하나님은 성도가 빛이 되기를 요
청하십니다.

**(마5:14) "너희는 세상의 빛이라"**

　말씀의 빛이 들어간 사람=신(하나님)입니다. 즉, 인격적 하나님이
내주하시므로 하나님이 더러 나는 상태가 되는 것입니다. 말씀의
등불이 켜져 있는 사람이 곧 신이신 하나님을 품은 사람입니다. 우
리는 볼품없고 연약한 질 그릇 일 수밖에 없지만 그 안에 예수님이
있으면 보배로운 그릇 이 되는 것과 같은 이치입니다.

**(고후4:6~7) "어두운데에 빛이 비치라 말씀하셨던 그 하나님께서 예수 그리**
**스도의 얼굴에 있는 하나님의 영광을 아는 빛을 우리 마음에 비추셨느니라"**

　우리가 이 보배를 질그릇에 가졌으니 이는 심히 큰 능력은 하나님
께 있고 우리에게 있지 아니함을 알게 하려 함이라. 율법적 지식의
말씀에 갇혀 있는 것이 아니라 살아있는 생명의 말씀의 비침이 일
어나면 우리 안에 거하시는 성령께서 빛 됨의 거룩함을 더러 내게
하십니다. 하나님의 영광의 빛이 거하는 성전이 어떻게 거룩하지
않을 수 있겠습니까?

　수전절은 겨울철에 맞이하는 마지막 절기입니다. 태양력으로 11

월~12월에 해당하는 시기입니다.

(요10:22) **"때는 겨울이라"**

영적 겨울의 때를 준비하는 절기입니다. 인생의 겨울이 오고 심판의 겨울이 오기 전에 성전은 거룩을 회복해야 하고 그 거룩은 예수그리스도의 말씀의 빛이 들어와야 이루어집니다. 먼저 부름 받은 성도가 빛의 흰옷을 입고 다닐 때 어둠에 있는 자녀들을 인도하여 참 빛 되시는 주님께 인도 할 수 있음을 기억해야 합니다.

(사60:1) **"일어나 빛을 발하라 이는 네 빛이 이르렀고 여호와의 영광이 네 위에 임하였음이니라"**

할렐루야

# 에덴에서 그리스도까지

(창2:8~14) **"여호와 하나님이 동방의 에덴에 동산을 창설하시고 그 지으신 사람을 거기 두시니라 여호와 하나님이 그 땅에서 보기에 아름답고 먹기에 좋은 나무가 나게 하시니 동산 가운데에는 생명나무와 선악을 알게 하는 나무도 있더라 강이 에덴에서 흘러나와 동산을 적시고 거기서부터 갈라져 네 근원이 되었느니 첫째의 이름은 비손이라 금이 있는 하월라 온 땅을 둘렀으며 그 땅의 금은 순금이요 그 곳에는 베델리엄과 호마노도 있으며 둘째 강의 이름은 기혼이라 구스 온 땅에 둘렀고 셋째 강의 이름은 힛데겔이라 앗수르 동쪽으로 흘렀으며 넷째 강의 이름은 유브라데더라"**

오늘날 개인은 물론이고 가정과 사회 국가가 여러모로 위기 가운데 있습니다. "위기'는 정상적인 상태를 이탈할 때 발생합니다. 죄의 어원을(하타) 보면 "빗나가다, 과녁에서 벗어나다"라는 뜻을 가지고 있습니다. 개인과 가정과 사회가 위기가 온 것은 하나님의 마음에서 빗나가 죄의 상태가 되었기 때문이라 할 수 있습니다. 본질에서 빗나가 있는 상태를 정상으로 돌아오게 하는 사역이 필요합니다. 이런 맥락에서 오늘날 교회가 감당해야 할 중요한 사역이 바로 치유와 회복입니다.

하나님께서 모든 자연만물과 사람을 창조 하시고 에덴동산을 만들어 주십니다. 자연 만물을 만드시고 보시기에 좋았더라 하셨고 사람을 창조하시고도 보시기에 심히 좋았더라 하셨습니다. 에덴동산이 창설 하실 때 상태도 보시기에 좋은 상태였습니다. 에덴동산의 뜻은 "기쁨, 희락, 낙원"입니다. 그런데 죄로 인하여 보시기에 좋은 상태가 파괴되고 하나님의 마음에서 빗나가게 되었습니다. 오늘 우리 몸 된 교회가 하나님의 비전을 품고 에덴을 회복하시기를 축원 드립니다. 그럼 어떻게 회복할 것인가?

**첫째 : 샘물을 통한 번성과 치유와 회복입니다.**

에덴에서 흘러나와 4개의 큰 강을 이룹니다. 첫 번째 강은 비손강입니다. '비손'은 '푸쉬'에서 유래된 어원으로 '흩어지다. 퍼지다.'라는 뜻을 가지고 있습니다. 비손강이 '하윌라' 땅을 둘렀는데 '하윌라'는 '춤을 추다.'라는 뜻을 가지고 있습니다. 비손 강이 춤을 추듯이 흩어져 퍼져 나가는데 그곳에는 정금과 각종 보석이 있는 땅입니다. 교회의 사역은 이렇게 춤을 추듯 즐거워하는 가운데 번성해 가고 정금과 보석 같은 사람들을 회복하는 사역입니다. 둘째 강은

에덴에서 그리스도까지

기혼인데 구스 온 땅에 둘렀습니다. 기혼은 '끼아흐'에서 유래된 어원으로 '넘쳐흐르다'는 뜻입니다. 하나님의 생명력 있는 복음이 넘쳐흐르는데 '구스' 라는 이방인의 땅에 까지 흘러가는 것입니다. 셋째 강 힛데겔은 '화살처럼 빨리 흐른다' 는 뜻을 가지고 있습니다. 넷째 강 유브라데는 '솟아오른다 '라는 뜻입니다.

에덴에서 발원한 네 강은 4복음이요 동서남북 온 땅 이라 할 수 있습니다. (행1:8) **"오직 성령이 너희에게 임하면 너희가 권능을 받고 예루살렘과 유대와 사마리아와 땅 끝까지 이르러 내 증인이 되리라"** 하셨습니다. 이와 같이 에덴에서 시작된 강이 유대인뿐만 아니라 이방인에게까지 춤을 추듯 흘러넘치고 빠르게 증거 되어져 나가는 것을 말씀합니다. 이와 연관된 성경의 말씀을 찾아가면, 겔 47장에서 성전 문지방에서 흘러나온 물이 발목을 지나 무릎에 이르렀다가 다시 허리에 오르고 마침내 헤엄을 쳐 건너야 하는 강 이 됩니다.

(겔47:8~9) **"그가 내게 이르시되 이 물이 동쪽으로 향하여 흘러 아라바로 내려가서 바다에 이르니 이 흘러내리는 물로 그 바다의 물이 되살아나리라 이 강물이 이르는 곳마다 번성하는 모든 생물이 살고 또 고기가 심히 많으리니 이 물이 흘러 들어가므로 바닷물이 되살아나겠고 이 강이 이르는 각처에 모든 것이 살 것이며 또 이 강 가에 어부가 설 것이니"**

이렇게 번성할 뿐만 아니라 놀라운 회복과 치유가 일어납니다.

(계22:1~2) **"또 그가 수정같이 맑은 생명수의 강을 내게 보이니 하나님과 어린양의 보좌로부터 나와서 길 가운데로 흐르더라 강 좌우에 생명나무가 있어 열두 가지 열매를 맺되 달마다 그 열매를 맺고 그 나무 잎사귀들은 만국을 치료하기 위하여 있더라."**

에덴에서 나온 네 강과 에스겔47장의 보좌로부터 흘러나온 강과 계시록 22장의 강의 특징이 무엇입니까? 작은 샘물이 강을 이루었

다는 것이며 그 강이 흐르는 곳마다 생명이 살아나는 치유와 회복
이 일어난다는 것입니다.

### 둘째 : 에덴에서 그리스도까지입니다.

　기쁨의 낙원을 뜻하는 에덴은　예수그리스도를 가르칩니다. 에스
겔 47장의 강도 성전 문지방에서 흘러나온 물이라고 했습니다. 성
전 문지방에서 흘러나온 물이 무엇입니까? 또 계시록 22장의 생명
수 강도 하나님과 어린양의 보좌에서 흘러 나왔다고 합니다. 에덴
의 4강 ,에스겔서의 강, 계시록의 강의 발원지는 바로 십자가 위에
예수그리스도의 옆구리에서 터져 나온 물과 피 입니다.

　**(요일5:6~7) "이는 물과 피로 임하신 이시니 곧 예수 그리스도시라 물로만
아니요 물과 피로 임하셨고 증언하는 이는 성령이시니 성령은 진리니라 증언
하는 이가 셋이니 성령과 물과 피라 또한 이 셋은 합하여 하나 이니라"**

　이것은 또한 요 4장에서 야곱의 우물에서 만난 사마리아 여인에
게 주신 생수 이십니다.

　**(요4:14) "내가 주는 물을 마시는 자는 영원히 목마르지 아니하리니 내가 주
는 물은 그 속에서 영생하도록 솟아나는 샘물이 되리라"**

　예수님께서는 사마리아 여인에게 영과 진리로 예배 하라고 말씀
하십니다.(요 4:23) 진정한 에덴의 회복은 예수그리스도로 말미암습
니다. 에덴동산은 기쁨과 희락의 동산이요 낙원이요 천국인데 이것
은 예수그리스도의 생수를 먹고 마심으로 이루어지게 됩니다.

　사람이 흙으로 지음을 받았는데 생수가 부어지지 않으면 메마른
심령의 광야와 같은 인생을 사는 것이고 생수가 흡족히 부어지면
기름진 옥토의 심령이요 기쁨의 에덴동산의 삶을 살게 됩니다.　흙
으로 지은 사람이 영과 진리로 예배할 때　생수가 부어지고 샘물이

흘러 강을 이루며 치유와 회복이 일어납니다. 예배를 통해 예수그리스도께서 십자가 위에서 쏟으신 물과 피를 가르치고 증거 하는 곳이 교회이고 그 역사적인 사명을 우리가 받았습니다.

에덴이 그리스도임을 나타내는 것은 비전이 실재가 되는 것입니다. 최고의 사랑 예수그리스도의 사랑을 강단과 사역 속에서 증거하시는 가운데 상처가 치유되고 회복이 일어나는, 비전이 실재가 되는 교회가 되시기를 축원 드립니다.

## 주인을 아느냐

(사1:2~3) "하늘이여 들으라 땅이여 귀를 기울이라 여호와께서 말씀하시기를 내가 자식을 양육하였거늘 그들이 나를 거역하였도다 소는 그 임자를 알고 나귀는 그 주인의 구유를 알건마는 이스라엘은 알지 못하고 나의 백성은 깨닫지 못하는도다 하셨도다."

본문을 살필 때에 문자적인 표현에 한정 되어 버린다면 길을 찾지 못하듯이 무엇을 말하고자 하는 것인지 알지 못할 것입니다. 여기서 땅과 하늘, 소와 나귀로 표현되고 있는 것이 무엇인지 알아야 본문의 뜻을 이해 할 수 있을 것입니다.

**첫째 : 하늘과 땅은 두 증인을 나타내고 있습니다.**
(신19:15) "사람의 모든 악에 관하여 또한 모든 죄에 관하여는 한 증인으로

만 정할 것이 아니요 두 증인의 입으로나 또는 세 증인의 입으로 그 사건을 확정할 것이며"

이사야 선지자는 구약의 여러 선지자들 중에서 가장 긴 시간동안 선지자로 활동 했습니다. 약 60년 동안 여러 왕조를 거치면서 하나님의 말씀을 증거 했고 핍박도 많이 받은 선지자입니다. 이사야의 이름 뜻이 "여호와는 구원이시다."입니다.

66장으로 이루어진 이사야서는 1장~39장까지는 구약39권 (심판의 예언)을 , 40장~66장까지는 신약 27권 (구원과 축복) 으로 나누어 분류할 수 있습니다. 본문의 땅과 하늘은 두 증인을 뜻 한다고 할 수 있습니다. 또, 소와 나귀는 노아의 방주에 들인 정한 짐승과 부정한 짐승을 대표한다고 하겠습니다.

(창7:2) "너는 모든 정결한 짐승은 암 수 일곱씩, 부정한 것은 암수 둘씩을 내게로 데려오며"

완전수인 일곱 마리의 정결한 짐승은 하나님 앞에 제물로 드려지기 위해 보존되어 집니다. 또, 증인의 수인 두 마리의 부정한 짐승은 하나님의 구원과 심판을 목격하게 하기 위해 보존되어지지만 이 부정한 짐승과 같은 죄인들의 구원을 원하시는 하나님의 마음이 더러납니다.

(겔18:23) "주 여호와의 말씀 이니라 내가 어찌 악인이 죽는 것을 조금인들 기뻐하랴 그가 돌이켜 그 길에서 떠나 사는 것을 어찌 기뻐하지 아니하겠느냐"

(벧후3:9) "주의 약속은 어떤 이들이 더디다고 생각하는 것 같이 더딘 것이 아니라 오직 주께서는 너희를 대하여 오래 참으사 아무도 멸망하지 아니하고 다 회개하기에 이르기를 원하시느니라."

심판 가운데에서도 생존자를 남겨 두시는 하나님의 은혜입니다.

(사1:9) "만군의 여호와께서 우리를 위하여 생존자를 조금 남겨 두지 아니하

셨다면 우리가 소돔 같고 고모라 같았으리로다."

**둘째 : 하늘과 땅은 하늘에 속한 자와 땅에 속한 자를 말씀합니다.**

(고전15:47~48) "첫 사람은 땅에서 났으니 흙에 속한 자이거니와 둘째 사람은 하늘에서 나셨느니라 무릇 흙에 속한 자들은 저 흙에 속한 자와 같고 무릇 하늘에 속한 자들은 저 하늘에 속한 이와 같으니 우리가 흙에 속한 자의 형상을 입은 것 같이 또한 하늘에 속한 이의 형상을 입었느니라."

첫 사람 아담은 선악과의 범죄 후 땅에 속한 사람으로 죄인의 형상이요, 둘째 사람 예수님은 하늘에서 나셨으며 하나님의 형상을 가지셨습니다. 하나님을 알고 아버지라 하는 자는 하늘의 시민권을 가진 하늘에 속한 자입니다. (빌3;20~21) 그러나 그리스도의 십자가의 구속을 믿지 아니하고 하나님을 떠나 사는 사람은 땅에 속한 자이며 영원한 심판에 놓이게 됩니다. (빌3:18~19)

본래 하늘이신 예수께서 땅이요 짐승과 같은 우리를 위해 육신을 입고 오셨습니다. 그리고 부정한 짐승과 같은 죄인 된 우리에게 생명 양식이 되시기 위해 구유에 누우셨습니다. 광야에서는 하늘에서 내리는 만나로 먹이시고 가나안에서는 율법의 말씀으로 양육하시고 예루살렘에서는 복음의 말씀으로 먹이시고 마침내 이 모든 것을 이루시는 십자가의 대속물이 되셨습니다. 그리하여 행각의 종자요 부패한 자식 (사1;4) 인 우리가 주인을 알고 임자를 아는 사람이 되었습니다. 그리스도의 생명 양식을 먹고 짐승 됨에서 사람이 되었습니다. 땅에 속한 사람이 하늘에 속한 사람으로 변화 하였습니다. 부패한 이스라엘을 향하여 외쳤던 이사야 선지자의 구원이 그리스도 예수로 말미암아 실재가 되어 우리에게 왔습니다.

우리에게 주신 복은 하나님을 아는 복이요, 그 분을 믿는 복이요,

하나님의 의로운 자녀가 된 복입니다. 그러므로 우리가 "할렐루야" 외치는 것은 당연합니다.

# 감사하며 가는 길

(마21:20~30) "저물 때에 예수께서 열두 제자와 함께 앉으셨더니 그들이 먹을 때에 이르시되 내가 진실로 너희에게 이르노니 너희 중의 한 사람이 나를 팔리라 하시니 그들이 몹시 근심하여 각각 여짜오되 주여 나는 아니지요 대답하여 이르시되 나와 함께 그릇에 손을 넣는 그가 나를 팔리라 인자는 자기에 대하여 기록된 대로 가거니와 인자를 파는 그 사람에게는 화가 있으리로다 그 사람은 차라리 태어나지 아니하였더라면 제게 좋을 뻔하였느니라 예수를 파는 유다가 대답하여 이르되 랍비여 나는 아니지요 대답하시되 네가 말하였도다 하시니라 그들이 먹을 때에 예수께서 떡을 가지사 축복하시고 떼어 제자들에게 주시며 이르시되 받아서 먹으라 이것은 내 몸이니라 하시고 또 잔을 가지사 감사기도 하시고 그들에게 주시며 이르시되 너희가 다 이것을 마시라 이것은 죄 사함을 얻게 하려고 많은 사람을 위하여 흘리는바 나의 피 곧 언약의 피니라 그러나 너희에게 이르노니 내가 포도나무에서 난 것을 이제부터 내 아버지의 나라에서 새것으로 너희와 함께 마시는 날까지 마시지 아니하리라 하시니라 이에 그들이 찬미하고 감람산으로 나아 가니라"

유월절 만찬 후 예수님께서 찬송하시며 겟세마네로 가십니다. 탈무드에 이런 말이 있습니다.

"세상에서 가장 지혜로운 사람은 배우는 사람이고 세상에서 가장 강한 사람은 자기를 이기는 사람이고 세상에서 가장 행복한 사람은 감사하며 사는 사람이다."

환란가운데 감사할 수 있는 사람이 진정한 믿음의 사람이요 승리자라고 할 수 있습니다.

감사하는 자 = 성공한 자

예수님께서는 곧 있을 유다의 배신을 아시면서도 조금도 흔들리지 않으십니다. 뿐만 아니라 겟세마네의 진액을 짜 내는 기도 후에 있을 십자가의 고난을 아시면서도 찬송하며 고난의 길을 가십니다. 우리도 이렇게 고난 가운데 감사 할 수 있는 비결은 무엇일까요?

**첫째 : 예수그리스도의 사랑에 대한 확신이 있을 때  감사 할 수 있습니다.**

가룻 유다의 배신을 아시면서도 예수님께서 그의 발을 씻겨 주십니다. 뿐만 아니라 떡과 포도주를 주시며 **"이것을 받아먹으라 이것은 내 몸이니라 이것을 받아 마시라 나의 피 곧 언약의 피니라."** 하십니다. 즉, 죽음으로 내어 주실 자신의 몸이요 피를 가룻 유다에게 주시는 것입니다.

(요13:1) **"유월절 전에 예수께서 자기가 세상을 떠나 아버지께로 돌아가실 때가 이른 줄 아시고 세상에 있는 자기 사람들을 사랑하시되 끝까지 사랑하시니라"**

그럼에도 불구하고 가룻 유다는 예수님을 배신하고 은 30냥에 팔아넘깁니다.

(마26:15~16) **"내가 예수를 넘겨주리니 얼마나 주려느냐 하니 그들이 은 삼십을 달아 주거늘 그가 그때부터 예수를 넘겨 줄 기회를 찾더라"**

266

은 30냥은 구약의 종의 몸값이요 소 한 마리의 값입니다.

**(출21:32)** **"소가 만일 남종이나 여종을 받으면 소 임자가 은 삼십 세겔을 그의 상전에게 줄 것이요"**

유다의 이름의 뜻이 '남자의 성읍'입니다. 여자로 그리스도의 신부가 되어야 하는데 남자로써 스스로 남편의 위치에 서려고 하니 예수님을 사랑할 수도 순종 할 수도 없게 됩니다. 그러므로 가룟 유다의 마음은 완고했고 그에게 들어오는 마귀를 거부하지 않았습니다. 그것은 예수그리스도의 사랑의 메시지 보다 마귀의 탐욕의 메시지에 더 마음을 내어 주었기 때문입니다.

**(요13:30)** **"유다가 그 조각을 받고 나가니 밤 이니라"**

하나님의 은혜와 생명 밖으로 나가면 밤입니다. 어둠의 존재는 빛을 피해서 다니고 빛은 어둠을 몰아냅니다. '밤이 되는 인생이냐? 낮이 되는 인생이냐?'는 예수그리스도의 사랑을 확신하느냐 불신하느냐 입니다. 그리스도의 사랑 안에 있으면 빛이요 감사입니다.


**둘째 : 새 언약의 확신이 있을 때 감사 할 수 있습니다.**

옛 언약은 돌비에 새겨진 율법이며 짐승의 피로 드려지는 제사를 통한 한시적인 용서입니다. 새 언약은 우리 마음에 새겨진 복음이며 예수그리스도의 피로 영원한 속죄와 화목을 이룬 사랑입니다.

**(렘31:33)** **"그러나 그 날 후에 내가 이스라엘 집과 맺을 언약은 이러하니 곧 나의 법을 그들의 속에 두며 그들의 마음에 기록하여 나는 그들의 하나님이 되고 그들은 내 백성이 될 것이라 여호와의 말씀이니라."**

본문에서 다른 11명의 제자들은 '주님' 이라 부르는데 가룟 유다는 '랍비여' 라고 부릅니다. 마음에 기록된 언약이 없으면 '랍비'에 머물고 맙니다. 다빈치가 그린 최후의 만찬을 보면 가룟 유다는 돈 주머니를 움켜쥐고 있고 그 앞에 소금 그릇이 엎질러져 있습니다. 소금은 변하지 않는 언약을 뜻 합니다. (민18:19) 가룟 유다의 마음에는 예수그리스도의 새 언약이 없는 것입니다. 마음에 믿는 대로 행동으로 나타납니다. 예수님은 최후의 만찬과 세족식을 행하신 후 제자들에게 말씀하십니다.

(요13:34) "새 계명을 너희에게 주노니 서로 사랑하라 내가 너희를 사랑한 것 같이 너희도 서로 사랑하라"

예수님은 성부 하나님의 사랑에 확신이 있었으므로 십자가를 지고 가는 길을 찬미하시며 가실 수 있었습니다. 거친 세상에서 때때로 거친 사람을 만나더라도 찬송하며 믿음의 길을 갈 수 있는 것은 예수그리스도의 사랑의 언약에 대한 확신이 있을 때 가능 합니다. 감사는 해독제이며 질병의 예방제이며 건강의 보양제입니다. 가룟 유다에게는 사랑의 확신이 없으므로 감사가 없었고 예수그리스도에게는 사랑이 가득하심으로 감사가 충만 하셨습니다.

성도의 신앙은 감사입니다. 십자가 지고도 감사 할 수 있는 신앙은 그리스도의 사랑이 함께 하심의 증거이기도 합니다.

# 성전 정결

(마21:12~17) "예수께서 성전에 들어 가사 성전 안에서 매매하는 모든 사람들을 내쫓으시며 돈 바꾸는 사람들의 상과 비둘기파는 사람들의 의자를 둘러 엎으시고 그들에게 이르시되 기록된바 내 집은 기도하는 집이라 일컬음을 받

으리라 하였거늘 너희는 강도의 소굴을 만드는 도다 하시니라 맹인과 저는 자들이 성전에서 예수께 나아오매 고쳐주시니 대제사장들과 서기관들이 예수께서 하시는 이상한 일과 또 성전에서 소리 질러 호산나 다윗의 자손이여 하는 어린이들을 보고 노하여 예수께 말하되 그들이 하는 말을 듣느냐 예수께서 이르시되 그렇다 어린 아기와 젖먹이들의 입에서 나오는 찬미를 온전하게 하셨나이다 함을 너희가 읽어 본 일이 없느냐 하시고 그들을 떠나 성 밖으로 베다니에 가서 거기서 유하시니라."

본문과 같은 내용이 사복음서에 다 기록되어 있습니다. 그 만큼 중요한 문제라는 것을 알 수 있습니다.

특별히 마태복음과 요한복음의 성전 정결의 본문 말씀을 비교해 보면 흥미로운 사실을 하나 발견하게 됩니다. 마태복음 21장은 예수님께서 유월절 어린양으로 죽으시기 위해 예루살렘으로 들어오시면서 연이어 본문의 내용이 기록되어 있습니다. 요한복음 2장에서는 가나혼인잔치에서 예수님의 공생애 사역의 첫 기적인 물로 포도주를 만드신 사건 이후에 성전정결 사건이 기록되어 있습니다. 여기서 우리는 두 가지의 질문을 가져 볼 수 있습니다.

### 첫째 : 질문은, 왜?

하나님은 깨끗한 그릇을 쓰시기 때문입니다.

(딤후2:20~21) "큰 집에는 금 그릇과 은그릇뿐 아니라 나무그릇과 질그릇도 있어 귀하게 쓰는 것도 있고 천하게 쓰는 것도 있나니 그러므로 누구든지 이런 것에서 자기를 깨끗하게 하면 귀히 쓰는 그릇이 되어 거룩하고 주인이 쓰기에 합당하며 모든 선한 일에 준비함이 되리라."

하나님이 쓰시는 성전은 깨끗한 성전입니다. 아무리 화려하게 지은 솔로몬 성전도, 헤롯 성전도 또, 검소하게 지은 스룹바벨 성전도 그 모양으로 쓰신 것이 아니라 하나님 마음에 합한 깨끗한 성전일 때 쓰셨습니다. 그렇지 못하고 탐욕과 죄악의 우상이 들어 왔을 때 그 성전은 돌 하나도 남기지 않고 무너뜨리셨습니다. 하나님 자신이 거룩하시기 때문에 하나님의 자녀인 성도들도 마땅하게 거룩해야 합니다.

(레19:2) "너는 이스라엘 온 회중에게 말하여 이르라 너희는 거룩 하라 이는 나 여호와 너희 하나님이 거룩함 이니라"

거룩하신 하나님이 거룩하지 않는 곳에 계실 수가 없고 빛이신 그분이 어둠과 함께 할 수 없습니다. 그러므로 성도의 성전 됨의 영광은 거룩하신 하나님, 빛 되시는 하나님 안에 있을 때 가능 합니다. 죄인을 만나주시는 은혜가 있다 하여 죄를 더 할 수 없다고 말씀하십니다.

(롬6:1) "그런즉 우리가 무슨 말 하리요 은혜를 더하게 하려고 죄에 거하겠느냐 그럴 수 없느니라 죄에 대하여 죽은 우리가 어찌 그 가운데 더 살리요"


**둘째 : 성전을 어떻게 거룩하게 할 것인가?**

깨끗한 성전은 오직 여호와 신앙으로 만들어 집니다. 예루살렘으로 입성하시는 것은 진정한 예루살렘을 세우시고자 하심입니다. 진정한 예루살렘은 성도의 심령 안에 세워지는 예수그리스도 이십니다. 말씀의 등불을 켜고 내면의 어둠을 몰아내고 삶의 발걸음을 인도 받을 때 진정한 왕이 입성하시고 좌정하십니다.

(시119:9) "청년이 무엇으로 그 행실을 깨끗케 하리이까 주의 말씀을 따라 삼갈 것 이니라"

(딤전4:5) "하나님의 말씀과 기도로 거룩하여짐이라."

말씀의 채찍에 기도로 더욱 선명한 거룩이 나타나게 됩니다.

(시119:105) "주의 말씀은 내 발의 등이요 내 길에 빛 이니이다"

성전 정결을 하시면서 예수님은 "내 집은 기도하는 집이라."하십니다. 뿐만 아니라 성전이 곧 예수님이시라고 말씀하십니다.

(요2:21) "그러나 예수는 성전 된 자기 육체를 가리켜 말씀하신 것이라."

요한복음 2장의 가나 혼인 잔치에서 물이 변하는 포도주 되는 것은 양적인 변화가 아닌 질적인 변화입니다. 우리 심령과 삶이 양적인 변화 보다 질적인 변화가 먼저 일어나야 합니다. 외식적 신앙이 아닌 내면 깊은 곳에서 인격적으로 하나님을 만나고 교제해야 합니다. 그러면 옛 사람이 새 사람 되는 질적인 변화가 일어나 새로운 피조물이 됩니다.

(고후5:17) "그런즉 누구든지 그리스도 안에 있으면 새로운 피조물이라 이전 것은 지나갔으니 보라 새 것이 되었도다."

성전 된 예수님이 우리 안에 세워지면 이제 성도가 곧 성전이 됩니다.

(고전6:19~20) "너희 몸은 너희가 하나님께로부터 받은바 너희 가운데 계신 성령의 전인 줄을 알지 못하느냐 너희는 너희 자신의 것이 아니라 값으로 산 것이 되었으니 그런즉 너희 몸으로 하나님께 영광을 돌리라"

사랑하는 성도 여러분! 예수님은 진정한 예루살렘을 우리 안에 세우시기위해 오셨고 탐욕의 예루살렘을 십자가의 보혈로 정결하게 하심으로 거룩한 기쁨의 성전을 회복하셨습니다.

할렐루야!

(고전6:11) "너희 중에 이와 같은 자들이 있더니 주 예수 그리스도의 이름과 우리 하나님의 성령 안에서 씻음과 거룩함과 의롭다 하심을 받았느니라."

# 무화과 사건

(마21:18~22) "이른 아침에 성으로 들어오실 때에 시장 하신지라 길 가에서 한 무화과나무를 보시고 그리로 가사 잎사귀 밖에 아무 것도 찾지 못하시고 나무에게 이르시되 이제부터 영원토록 네가 열매를 맺지 못하리라 하시니 무화과나무가 곧 마른지라 제자들이 보고 이상히 여겨 이르되 무화과나무가 어찌하여 곧 말랐나이까 예수께서 대답하여 이르시되 내가 진실로 너희에게 이르노니 만일 너희가 믿음이 있고 의심하지 아니하면 이 무화과 나무에게 된 이런 일만 할 뿐 아니라 이 산더러 들려 바다에 던져지라 하여도 될 것이요 너희가 기도할 때에 무엇이든지 믿고 구하는 것은 다 받으리라 하시니라."

마태복음에서는 성전정결과 무화과 사건 순서로 되어 있지만 마가복음에서는 무화과 사건과 성전정결 사건으로 되어 있습니다. 이것은, 마태복음은 왕으로 오신 예수그리스도의 관점에서 성전정결이 먼저 나오는 것이고 마가복음에서는 종으로 오신 예수님에 대한 관점으로 기록되었으므로 무화과 사건이 먼저 기록되었다고 할 수 있겠습니다. 본문의 무화과 사건을 통한 하나님의 메시지는 무엇이겠습니까?

무화과는 꽃이 없는 열매입니다. 꽃은 식물의 생식기관으로 꽃잎, 암술, 수술, 꽃받침으로 구성됩니다. 이 네 가지를 다 갖추면 '갖춘 꽃'이라 하고 한 가지라도 안 갖추면 '안 갖춘 꽃' 이 됩니다. 무화과는 꽃 잎이 없기 때문에 안 갖춘 꽃이 됩니다. 또, 암 꽃과 숫 꽃이 함께 피면 양성화 이며 따로 피면 단성화 인데 무화과는 암 꽃과 숫 꽃이 따로 피는 단성화입니다. 결론적으로, 무화과는 안 갖춘 꽃이며 단성화 이지만 꽃이 있다는 것입니다.

무화과 열매라고 생각하는 초록색 열매 모양은 사실은 꽃입니다. 꽃이 필 때 꽃받침과 꽃자루가 길죽한 주머니처럼 커지면서 작은 꽃들이 주머니 속으로 들어가 꽃이 보이지 않게 된 것입니다. 열매의 껍질이 꽃받침이고 속의 붉은 융털같이 생긴 것이 암술 꽃입니다. 겉으로 보기에 꽃도 없이 어느 날 열매만 익었기 때문에 꽃이 없는 과일로 여겨져 이름이 '무화과'(無花果)가 된 것입니다.

무화과의 수정은 작은 자루 밑의 구멍으로 벌레들이 들어가서 수정 시키고 그 벌레는 자루 속에 갇혀 죽습니다, 마치 예수님이 우리 대신 죽으시고 생명을 주신 것과 같습니다. 불의하여 스스로는 꽃을 피울 수 없고 열매도 맺을 수 없는 우리가 주님의 죽으심으로 구별된 생명과 은혜의 사람이 되는 것과 같습니다. 그래서 무화과는 성도이며 교회라 할 수 있습니다. 예수그리스도의 죽으심으로 탄생하였음에도 불구하고 열매 맺지 못한다는 것은 무슨 뜻 입니까? 예수 안에 있지 않다는 뜻입니다.


성경에는 무화과나무 뿐 만 아니라 여러 나무에 대해 말씀 합니다. 예수님 자신이 나무로 비유되고 있기도 합니다. 또, 한편으로 나무는 성도를 가르치기도 합니다.

**(요15:5) "나는 포도나무요 너희는 가지라 그가 내 안에 ,내가 그 안에 거하면 사람이 열매를 많이 맺나니 나를 떠나서는 너희가 아무것도 할 수 없음이라"**

무화과는 불완전한 안 갖춘 꽃 일 뿐 만 아니라 단성이라 스스로 꽃을 피울 수 도 없고 열매를 맺을 수도 없습니다. 이와 같이 불의하고 무익한 인간은 하나님을 떠나서는 좋은 열매가 될 수 없습니다. 열매가 아닌 잎만 무성하다는 것은 자기 자랑, 자기 의로 가득 차 있어서 하나님의 요구하심의 좋은 열매를 맺지 못하고 있는 상태입니다.

아담과 하와가 범죄 하고 나서 무화과 잎으로 옷을 만들어 입지만 그 옷은 금방 시들고 말라 버려서 몸을 보호 하는 기능을 할 수가 없습니다. 하나님의 사랑은 범죄 한 그들에게 짐승의 가죽으로 옷을 만들어 주는 것입니다. 하나님이 만들어 주시는 가죽 옷을 입은 아담과 하와는 마치 생명싸개 속에 있는 성도와 같습니다.

(삼상25:29) "사람이 일어나서 내주를 쫓아내 주의 생명을 찾을지라도 내 주의 생명은 내 주의 하나님 여호와와 함께 생명 싸개 속에 싸였을 것이요"

예수님께서 고난당하시기 위해 주일날 예루살렘으로 들어오셔서 월요일 날 하신 것이 성전정결 사건과 무화과 사건입니다. 이 두 사건은 성전 된 성도가 어떻게 하여야 하는 것인지를 보여 줍니다. 성전은 하나님의 집이요 진리의 기둥과 터 입니다.(딤전3:15) 두 사건을 다루시면서 예수님은 또 한 가지를 강조 하시는데 바로 기도입니다.

(마21:13) "그들에게 이르시되 기록 된 바 내 집은 기도하는 집이라"

(마21:22) "너희가 기도 할 때에 무엇이든지 믿고 구하는 것은 다 받으리라 하시니라"

진리 안에서 기도할 때 성도가 거룩한 성전이 될 뿐만 아니라 예수님께서 요구 하실 때 좋은 열매를 내어 드릴 수 있습니다.


# 혼돈에서 질서로


(렘4:23~28) "보라 땅을 본즉 혼돈하고 공허하며 하늘에는 빛이 없으며 내가 산들을 본즉 다 진동하며 작은 산들도 요동하며 내가 본즉 사람이 없으며 공중

의 새가 다 날아갔으며 보라 내가 본즉 좋은 땅이 황무지가 되었으며 그 모든 성읍이 여호와 앞 그의 맹렬한 진노 앞에 무너졌으니 여호와께서 이와 같이 말씀하시길 이 온 땅이 황폐할 것이나 내가 진멸하지는 아니할 것이며 이로 말미암아 땅이 슬퍼할 것이며 위의 하늘이 어두울 것이라 내가 이미 말하였으며 작정하였고 후회하지 아니하였은즉 또한 거기서 돌이키지 아니하리라 하셨음이로다."

(렘4:23) "땅이 혼돈하고 공허하며 하늘에는 빛이 없으며"
(창1:2) "땅이 혼돈하고 공허하며 흑암이 깊음 위에 있고"

두 문장의 현상과 상태는 같은듯하지만 엄밀한 의미에서 다릅니다. 그 다름은 시간적인 출발이 다름에서 시작합니다. **창1:2**절은 하나님께서 천지를 창조하시기 이전의 현상이요 상태입니다. **렘4;23**은 하나님이 천지창조 뿐 아니라 사람을 창조 하시고 사랑하사 자기 백성 삼으신 이 후의 상태라는 것이 다릅니다. 이 두 문장은 표면적 서술은 같지만 내면에 흐르는 시간적, 역사적 배경이 다릅니다.

**창1:2**절의 **땅이 혼돈하고**는 '영적으로 황폐하고 무지한 상태'이며 **공허하고**는 '하나님을 알지 못하는 상태' 이고 **흑암이 깊음 위에 있고** 라는 것은, '하나님과의 단절 된 상태'입니다. **렘4:23**은 빛이 없는 상태입니다. 이것은, 죄악으로 빛이신 하나님이 가려지고 하나님과의 교통이 단절된 심판의 현상입니다.

(창1:3) "빛이 있으라 하시니 빛이 있었고"

이 빛은 (창1:2) "**하나님의 영은 수면위에 운행하시니**"에서 시작 됩니다. 하나님의 영 즉, 성령이 수면(물의 얼굴) 위에 운행하시므로 빛이 비취게 됩니다. 성령이 말씀을 조명하여 깨닫게 하는 은혜가 있을 때 빛이 우리 안에 거 하실 수 있습니다. 물과 같은 우리 심령에 하나님의 영이 임재하실 때 하나님의 얼굴인 은혜가 나타납니다. 그

혼돈에서 질서로

275

러나 물과 같은 우리 심령에 사단의 영이 임하면 사단의 도구가 되고 하나님의 심판이 나타납니다.

**(욥26:5) "죽은 자의 영들이 물 밑에서 떨며"**

**(욥26:10) "수면의 경계를 그으시니 빛과 어둠이 함께 끝나는 곳 이니라"**

천지창조를 말씀으로 하셨는데 그 말씀의 또 다른 표현이 빛입니다. 왜냐하면 하나님은 말씀이시고(요1:1) 그 말씀이 육신이 되어 오신 분이 예수님이신데 (요1:14) 주님이 친히 (요9:5,1:9) **"나는 빛이라."** 선포하시기 때문입니다. 천지 창조는 빛의 창조로 시작 하시고 어둠을 몰아 내셨습니다. 그리고 질서를 세우셨습니다.

**(고전14:33) "하나님은 무질서의 하나님이 아니시오 오직 화평의 하나님 이시니라"**

그럼에도 불구하고 인간의 탐욕 된 죄악으로 광명한 빛을 잃어 버리고 영적 질서가 파괴되어 감으로 하나님과 불화하여 심판을 받는 것이 예레미야 4장의 상황입니다. 혼돈과 흑암의 상태를 질서와 광명한 빛으로 바꾸는 것은 하나님이시며 빛 되시는 예수그리스도께서 임재하실 때 가능 합니다. 반대로 질서가 파괴되고 혼돈과 흑암의 상태가 되는 것은 예수그리스도의 빛이 떠나고 하나님의 임재가 떠나간 상태입니다.

**(눅23:44) "때가 제 육시쯤 되어 해가 빛을 잃고 온 땅에 어둠이 임하여 제 구시까지 계속하며"**

십자가의 죽으심으로 자기백성의 모든 죄악의 어둠을 담당하시는 예수그리스도의 사랑은 계속 됩니다.

**(렘4:27) "내가 진멸하지는 아니 할 것이며"**

남은 자를 통해 회복시켜 주실 것이라는 은혜의 언약입니다.

**(사6:13) "그 중에 십분의 일이 아직 남아있을지라도 이것도 황폐하게 될 것**

276

이나 밤나무와 상수리나무가 베임을 당하여도 그 그루터기는 남아 있는 것 같이 거룩한 씨가 이 땅의 그루터기니라 하시더라"

(롬9:27~29) "또 이사야가 이스라엘에 관하여 외치되 이스라엘 자손들의 수가 비록 바다의 모래 같을 지라도 남은 자만 구원을 받으리니 주께서 땅 위에서 그 말씀을 이루고 속히 시행하시리라 하셨느니라  또한 이사야가 미리 말한바 만일 만군의 주께서 우리에게 씨를 남겨 두지 아니하셨더라면 우리가 소돔과 같이 되고 고모라와 같았으리로다 함과 같으니라"

(롬11:5) "그런즉 이와 같이 지금도 은혜로 택하심을 따라 남은 자가 있느니라"

남은 자를 통한 회복의 은혜가 있다 할지라도 죄악에 대한 징계는 취소되지 않습니다.

(렘30:11) "이는 여호와의 말씀이라 내가 너와 함께 있어 너를 구원할 것이라 너를 흩었던 그 모든 이방을 내가 멸망시키리라 그럴지라도 너만은 멸망시키지 아니하리라 그러나 내가 법에 따라 너를 징계할 것이요 결코 무죄한 자로만 여기지는 아니하리라."

죄악 된 유다의 불신앙에 대해 바벨론 포로의 고난으로 징계하시겠지만 다시 회복할 수 있도록 하겠다는 것입니다.


여러분은 지금 혹시 빛을 잃어버리고  혼돈하고 공허한 상태 입니까? 아니면, 말씀의 빛, 생명의 빛으로 인하여 하나님과의 영적인 교제가 충만합니까? 여러분은 바알에게 무릎 꿇지도 않고 입 맞추지도 않은 남은 자 입니까? 아니면 바알과 아세라에게 무릎을 꿇어 입 맞추고 징계당하고 고난 받으신 사람입니까? 어떤 상태와 어떤 이유 가운데 있다할지라도 지금은 빛으로 오신 예수그리스도를 만나고 그 분을 나타내는 그리스도인으로 다시금 신앙의 결단을 하시기를 축원 드립니다.

# 진리를 아는 한 사람

(렘5:1~5) "너희는 예루살렘 거리로 빨리 다니며 그 넓은 거리에서 찾아보고 알라 너희가 만일 정의를 행하며 진리를 구하는 자를 한 사람이라도 찾으면 내가 이 성읍을 용서하리라 그들이 여호와께서 살아 계심을 두고 맹세 할지라도 실상은 거짓 맹세니라 여호와여 주의 눈이 진리를 찾지 아니 하시나이까 주께서 그들을 치셨을지라도 그들이 아픈 줄을 알지 못하며 그들을 멸하셨을지라도 그들이 징계를 받지 아니하고 그들의 얼굴을 바위보다 굳게 하여 돌아오기를 싫어하므로 내가 말하기를 이 무리는 비천하고 어리석은 것뿐이라 여호와의 길, 자기 하나님의 법을 알지 못하니 내가 지도자들에게 가서 그들에게 말하리라 그들은 여호와의 길, 자기 하나님의 법을 안다 하였더니 그들도 일제히 멍에를 꺾고 결박을 끊은지라"

본문과 짝을 이루는 말씀이 창18:23~32 입니다. 소돔과 고모라를 멸망시키겠다는 하나님 앞에 아브라함이 간절히 요청 합니다.

(창18:23) "아브라함이 가까이 나아가 이르되 주께서 의인을 악인과 함께 멸하려 하시나이까"

그러면서 의인 50명으로 시작하여 45명, 40명, 30명 20명 10명까지 거듭 중보 합니다.

(창18:32) "아브라함이 또 이르되 주는 노하지 마옵소서 내가 이번만 더 아뢰리이다 거기서 십 명을 찾으시면 어찌 하려 하시나이까 이르시되 내가 십 명으로 말미암아 멸하지 아니하리라"

오늘 본문에서 진리를 아는 한 사람을 찾습니다. (렘5:1) 우리가 깊이 생각해야 할 것은, 소돔과 고모라는 이방인의 땅이요 이방인이 사는 땅으로 의인 10명이 없었습니다. 어찌 보면 당연한 결과이기도 합니다. 그러나 예레미야 5장의 대상은 이방 땅과 이방인이 아니라 하나님이 택하시고 자기 백성 삼으신 유대와 유대인들입니다. 이들은 전통적으로 하나님의 말씀인 율법의 가르침으로 살아온 사람들입니다. 그런데 의인 한 명이 없습니다. 이방인들이 하나님의 말씀에 귀를 닫고 완고하게 하는 것은 어찌 보면 당연한 것이지만 유대인이 마음을 완고하게 하는 것은 어찌 된 일입니까?

**(렘5:3)** **"여호와여 주의 눈이 진리를 찾지 아니 하시나이까 주께서 그들을 치셨을지라도 그들이 아픈 줄을 알지 못하며 그들을 멸하셨을지라도 그들이 징계를 받지 아니하고 그들의 얼굴을 바위보다 굳게 하여 돌아오기를 싫어하므로"**

영적인 감각이 무뎌져서 하나님의 음성이 들리지 않고 보이지 않고 느껴지지 않는 것입니다. 영적 문둥병자요 소경이 되어 있습니다. 유대 백성들의 죄는 하나님의 징계에 대해서도 무감각하고 오히려 더 완악한 마음으로 하나님을 배척합니다. 소돔과 고모라 보다 더 심각한 질환에 걸려 있음을 알 수 있습니다. 하나님은 소돔과 고모라를 멸망시키실 때도 롯과 그의 가족들을 살려 주십니다. 그리고 롯이 의로웠다고 합니다.

**(벧후2:7~8)** **"무법한자들의 음란한 행실로 말미암아 고통당하는 의로운 롯을 건지셨으니 이는 이 의인이 그들 중에 거하여 날마다 저 불법한 행실을 보고 들음으로 그 의로운 심령이 상함이라"**

아브라함과 분가를 해야 할 상황에서 롯은 눈에 보기 좋은 대로 요단동편을 택하여갑니다.

**(창13:10)** **"이에 롯이 눈을 들어 요단 지역을 바라본즉 소알까지 온 땅에 물이 넉넉하니 여호와께서 소돔과 고모라를 멸하시기 전이였으므로 여호와의 동산 같고 애굽 땅과 같았더라"**

또, 롯은 소돔과 고모라의 불의한 자들에게 자신의 딸을 내어주어 범죄 하게 하려 했습니다.**(창19:3)** 뿐만 아니라 소돔과 고모라의 불 심판에서 구원받아 나온 후 에도 롯은 술에 취해 딸들이 범죄 하게 하는 일에 무방비 상태였습니다.(창19:33) 이런 일련의 과정을 보면 롯이 진정 의로운 사람이 아니라는 것을 알 수 있습니다. 그럼에도 불구하고 롯이 의롭다고 성경이 증언하는 것은 아브라함과의 언약 을 기억하신 하나님의 칭의의 은혜를 입었기 때문입니다.

**(창19:29) "하나님이 그 지역의 성을 멸하실 때 곧 롯이 거주하는 성을 엎으실 때에 하나님이 아브라함을 생각하사 롯을 그 엎으시는 중에서 내보내셨더라."**

그렇습니다. 불 심판에서 롯이 구원받은 것은 아브라함과의 언약 을 기억하신 하나님의 은혜였습니다. 예레미야를 통해 유다의 심판 을 말씀하시면서 **(렘5:1) "너희가 만일 정의를 행하며 진리를 구하는 자를 한 사람이라도 찾으면 내가 이 성읍을 용서하리라"** 하십니다.

그 한 사람이 누구 입니까? 바로 예수그리스도 이십니다.

**(렘5:3) "여호와여 주의 눈이 진리를 찾지 아니 하시나이까"**

진리 되시는 하나님이 진리를 찾으신다는 말씀이 무슨 말입니까? 진리 되시는 예수그리스도가 내주 되어 있는 사람을 찾으신다는 것 입니다. 예수그리스도의 보혈로 의롭다 인침을 받은 사람 즉, 진리 화 된 성도를 찾으신다는 말씀입니다. 소돔과 고모라의 불 심판에서 롯을 구원하신 것은 롯의 의로움이 아닌 아브라함의 의를 보시고 언 약을 기억하신 것입니다. 이렇듯이, 오늘날 찾으시는 의인 한 사람 은, 예수그리스도를 믿음으로 의롭다 인침 받은 진리 안에 있는 사 람을 뜻 합니다. 유다 예루살렘을 회복시키시는 은혜는 유다의 왕으 로 오실 예수그리스도 때문입니다. 또한 롯과 같이 불의한 우리를 구원하시는 이유는 예수그리스도의 보혈의 언약 때문입니다.

**(마26:28) "이것은 죄 사함을 얻게 하려고 많은 사람을 위하여 흘리는바 나**

의 피 곧 언약의 피니라"

(롬5:8~9) "우리가 아직 죄인 되었을 때에 그리스도께서 우리를 위하여 죽으심으로 하나님께서 우리에 대한 자기의 사랑을 확정 하셨느니라 그러면 이제 우리가 그의 피로 말미암아 의롭다 하심을 받았으니 더욱 그로 말미암아 진노하심에서 구원을 받을 것이니"

예수그리스도로 말미암아 우리가 구원 받았음에 대한 고백을 하는 것이 진리를 아는 사람 이며 진리 안에 있는 사람입니다.

(롬9:29) "만일 만군의 주께서 우리에게 씨를 남겨 두지 아니하셨더라면 우리가 소돔과 같이 되고 고모라와 같으리로다 함과 같으니라."

# 죽으셔서 살리시는 예수

(요19:31~37) "이 날은 준비일이라 유대인들은 그 안식일이 큰 날이므로 그 안식일에 시체들을 십자가에 두지 아니하려 하여 빌라도에게 그들의 다리를 꺾어 시체를 치워 달라하니 군인들이 가서 예수와 함께 못 박힌 첫째 사람과 또 그 다른 사람의 다리를 꺾고 예수께 이르러서는 이미 죽으신 것을 보고 다리를 꺾지 아니하고 그 중 한 군인이 창으로 옆구리를 찌르니 곧 피와 물이 나오더라 이를 본 자가 증언하였으니 그 증언이 참이라 그가 자기의 말하는 것이 참인 줄 알고 너희로 믿게 하려 함이니라 이 일이 일어난 것은 그 뼈가 하나도 꺾이지 아니하리라 한 성경을 응하게 하려 함이라 또 다른 성경에 그들이 그 찌른 자를 보리라 하였느니라"

예수님은 유월절 전날인 니산월 13일 금요일에 죽으십니다.
세례요한이 초림하신 예수님을 보고

(요1:29) "보라 세상 죄를 지고 가는 하나님의 어린 양이로다 -합니다."

예수님께서 어린 양으로 죽으심은 유월절 어린양의 대속의 완성입니다. 출애굽기 12장의 유월절 어린 양이 율법적 요구의 성취에 대한 모형이요 예표였다면, 예수그리스도의 유월절 어린양의 죽으심은 하나님의 언약의 성취요 실재입니다. 그러므로 예수님의 어린 양으로써의 죽으심은 구약 짐승의 제사의 마감이요 복음의 시작입니다.

(마11:13) "모든 선지자와 율법이 예언한 것은 요한까지니"

(롬10:4) "그리스도는 모든 믿는 자에게 의를 이루기 위하여 율법의 마침이 되시느니라"

예수그리스도는 죄 없는 의인이심에도 불구하고 죄 있는 우리를 위해 친히 유월절 속죄의 제물로 드려졌습니다. 예수님 자신이 죽으셔서 우리를 다시 살리시기 위함입니다.

(요19:31) "안식일에 시체들을 십자가에 두지 아니하려 하여"

참 안식이 되시는 예수그리스도 안에는 죄의 댓가인 사망인 시체가 없습니다.

(히4:3) "이미 믿는 우리들은 저 안식에 들어가는 도다"

(마12:8) "인자는 안식일의 주인 이니라"

십자가형을 받은 사람들의 죽음을 확인 하는 과정 가운데 다른 형 집행자들과 다르게 예수님의 다리는 꺾지 않았습니다.

(요19:32~33) "군인들이 가서 예수와 함께 못 박힌 첫째 사람과 또 그 다른 사람의 다리를 꺾고 예수께 이르러서는 이미 죽으신 것을 보고 다리를 꺾지 아니하고 그 중 한 군인이 창으로 옆구리를 찌르니 곧 피와 물이 나오더라."

예수님의 다리를 꺾지 않은 것은 성경의 말씀을 이루려 하심이라 (요19:36) 하였습니다. 이것이 의미하는 것이 무엇입니까?

282

(출12:46) "한 집에서 먹되 그 고기를 조금도 집 밖으로 내지 말고 뼈도 꺾지 말지며"

유월절 어린양을 먹을 때 뼈를 꺾지 않고 양 한 마리 전체가 드려진 것과 같이 어린양 되시는 예수님이 유월절 대속의 제물로 온전히 드려지는 것을 뜻 하십니다. 성도가 예수그리스도를 영접함에도 온전한 믿음으로 말씀을 보고, 듣고, 읽음에 통으로 받아야합니다. 또한, 예수그리스도의 대속의 사역이 사단의 술수에도 꺾이지 않듯이 복음의 증거도 중단됨이 없이 계속 될 것임을 말씀 합니다. 예수님의 옆구리에서 피와 물이 나왔습니다.

(요19:34) "그 중 한 군인이 창으로 옆구리를 찌르니 곧 피와 물이 나오더라"

여기의 옆구리는 창세기 2장 21절의 아담의 갈빗대와 어원을 같이 합니다. 아담의 갈빗대에서 하와를 창조하셨듯이 예수그리스도의 옆구리에서 나온 물과 피로 성도가 생명을 얻었습니다. 또한 교회가 세워 졌습니다. 할렐루야!

예수그리스도의 옆구리에서 나온 피는

(마26:28) "이것은 죄 사함을 얻게 하려고 많은 사람을 위하여 흘리는바 나의 피 곧 언약의 피니라 -는 말씀이 성취입니다. 또한 교회의 생명이 그리스도께 있음을 증거 합니다."

(행20:28) "여러분은 자기를 위하여 또는 온 양떼를 위하여 삼가라 성령이 그들 가운데 여러분을 감독자로 삼고 하나님이 자기 피로 사신 교회를 보살피게 하셨느니라"

또, 예수님의 옆구리에서 나온 물은 물세례의 상징입니다.

(출17:6) "너는 그 반석을 치라 그것에서 물이 나오리니 백성이 마시리라"

(고전10:2~4) "모세에게 속하여 다 구름과 바다에서 세례를 받고 다 같은 신령한 음료를 마셨으니 이는 그들을 따르는 신령한 반석으로부터 마셨으매 그 반석은 곧 그리스도시라"

예수그리스도의 죽으심은 새로운 생명의 탄생을 위한 것 이였습니다. 그러므로 예수그리스도의 죽으심은 자기 백성을 살리시기 위한 죄 사함의 제물 되심입니다. 예수님의 죽으심과 함께 그 분을 믿는 자들의 죄가 사망 선고를 받았고 예수님의 부활 하심은 성도의 새 생명의 탄생입니다. 세례요한의 세례는 회개의 물세례이지만 예수그리스도의 옆구리에서 나온 물세례는 영생의 생명 세례입니다. 어거스틴은 "최초의 성례전은 예수님의 옆구리에서부터 시작 되었다" 고 말했습니다.

(요일5:6~8) "이는 물과 피로 임하신 이시니 곧 예수 그리스도시라 물로만 아니요 물과 피로 임하셨고 증언하는 이는 성령이시니 성령은 진리니라 증언하는 이가 셋이니 성령과 물과 피라 또한 이 셋은 합하여 하나이니라"

죄의 삯은 사망인데 이것을 예수님께서 죽으심으로 완불해 주셔서 우리는 영생을 얻게 되었습니다. (요19:30) "다 이루었다" 헬라어로 "테테레스타이"입니다. 고대 납세증에도 "테테레이스타이"를 사용했는데 그 뜻은 "완불됨"입니다.

나 구원 받았네 너 구원 받았네 우리 구원 받았네~

할렐루야 !


# 밀밭사이로

(막2:23~28) "안식일에 예수께서 밀밭 사이로 지나가실 새 그의 제자들이 길을 열며 이삭을 자르니 바리새인들이 예수께 말하되 보시오 저들이 어찌하

여 안식일에 하지 못할 일을 하나이까 예수께서 이르시되 다윗이 자기와 및 함께 한 일을 읽어 보지 못하였느냐 그가 아비아달 대제사장 때에 하나님의 전에 들어가서 제사장 외에는 먹어서는 안 되는 진설병을 먹고 함께한 자들에게도 주지 아니하였느냐 또 이르시되 안식일이 사람을 위하여 있는 것이요 사람이 안식일을 위하여 있는 것이 아니니 이러므로 인자는 안식일에도 주인이니라."

본문을 읽다 보면 박 목월 시인의 "나그네"라는 시가 떠오릅니다.

**나그네**

강나루 건너서 밀 밭길을

구름에 달 가듯이

가는 나그네

길은 외줄기

남도 삼 백리

술 익는 마을마다

타는 저녁 놀

구름에 달 가듯이

가는 나그네

예수님께서 밀 밭길을 나그네 되어 가신 길이지 않을까 잠깐 사색 해봅니다. 밀은 예수님을 가르키고 밭은 세상을 가르킵니다. 예수님께서 친히 자신을 비유하여 말씀하시기를 **(요 12:24) "한 알의 밀이 땅에 떨어져 죽지아니하면 한 알 그대로 있고 죽으면 많은 열매를 맺느니라"** 하셨습니다.

**(마13:38) "대답하여 이르시되 좋은 씨를 뿌리는 이는 인자요 밭은 세상이요**

좋은 씨는 천국의 아들들이요 가라지는 악한 자의 아들들이요"

그러므로 안식일에 예수께서 밀 밭 사이로 지나가신다는 것은, 복음의 씨가 뿌려져 자라 참 안식되어진 성도와 교회 즉, 예수께서 다스리시는 나라를 가르칩니다.

(막2:23) "제자들이 길을 열며 이삭을 자르니"

이것은 제자들이 예수그리스도와 함께 복음의 길, 십자가의 길을 가므로 추수가 일어나는 것을 말씀합니다. 안식일에 예수그리스도께서 다스리시는 나라 즉, 교회와 성도 안에 복음의 추수가 일어나는 것입니다.

(막4:26~29) "또, 이르시되 하나님의 나라는 사람이 씨를 땅에 뿌림과 같으니 그가 밤낮 자고 깨고 하는 중에 씨가 나서 자라되 어떻게 그리 되는지를 알지 못 하느니라 땅이 스스로 열매를 맺되 처음에는 싹이요 다음에는 이삭이요 그 다음에는 이삭에 충실한 곡식이라 열매가 차차 익으면 곧 낫을 대나니 이는 추수 때가 이르렀음이라"

사무엘상 21장에 다윗이 사울의 추격을 피해 아히멜렉 제사장에게로 도피를 합니다. 그리고 진설병을 구하여 먹습니다.

진설병은 고운 가루에 누룩을 넣지 않고 만든 떡으로 매 안식일마다  성소 떡 상에 드려졌던 것입니다. 이 떡을 먹을 수 있는 사람은 제사장 뿐 이였음에도 불구하고 다윗과 그를 따르는 군사들이 생명의 위급함 가운데에서 제사장으로부터 받아먹게 되었습니다.

다윗을 따르던 무리들에 대해 성경은 이렇게 증언 합니다.

(삼상22:2) "환난 당한 모든 자와 빚진 모든 자와 마음이 원통한  자가 다 그에게로 모였고"

세리와 죄인들과 함께 식사 하셨던 예수님을 예표 합니다.

(막2:15) "그의 집에 앉아 잡수실 때에 많은 세리와 죄인들이 예수와 그의 제

자들과 함께 앉았으니 이는 그러한 사람들이 많이 있어서 예수를 따름이라"

　다윗은 예수그리스도의 족보를 잇는 사람이며 다윗과 함께한 사람들은 세리와 죄인 같은 우리 성도들을 나타냅니다. 죄인이 의인 되는 것은 거룩한 떡인 진설병을 먹는 것에서 출발 합니다. 진설병은 바로 죄 없으심에도 불구하고 스스로 부셔지는 고난인 성육신의 십자가를 통해 우리에게 오신 예수그리스도 이십니다.

　**(빌2:6~7) "그는 근본 하나님의 본체시나 하나님과 동등 됨을 취할 것으로 여기지 아니하시고 오히려 자기를 비워 종의 형체를 가지사 사람들과 같이 되셨고 사람의 모양으로 나타 나사 자기를 낮추시고 죽기까지 복종하셨으니 곧 십자가의 죽으심이라"**

　진설병을 내어준 아히멜렉 제사장이 사울의 칼에 죽임을 당합니다. 친히 생명의 떡인 진설병이 되어 내어 주신바 되신 예수님께서 빌라도에게 고난을 받으사 죽으십니다. 땅에 떨어진 밀이 썩어서 싹을 틔우고 많은 열매를 맺음과 같이 하나님이 세상으로 보내신 독생자 예수그리스도로 말미암아 우리는 구원의 열매를 맺고 하나님의 나라가 되었습니다.

　하나님의 나라는 죽음을 이깁니다. 예수그리스도의 죽으심으로 이제 우리 성도는 무럭 익은 밀밭이 되었습니다. 주님이 성도와 교회 사이로 지나가실 때 제자의 길을 함께 걷는 자 마다 그리스도로 먹고 마심의 기쁨의 안식이 선포 되어 집니다.

　**(막2:28) "이러므로 인자는 안식일에도 주인 이니라"**

　제자의 길을 누가 걸을 수 있습니까? 예수를 먹고 마실 수 있는 수준의 사람들입니다. 예수그리스도로 참 평안을 얻는 안식이 이루어지면 하나님의 나라가 됩니다.

　**(눅17:21) "하나님의 나라는 너희 안에 있느니라."**

# 십자가 지고가라 (정의)

(막15:21~23) "마침 알렉산더와 루포의 아버지인 구레네 사람 시몬이 시골로부터 와서 지나가는데 그들이 그를 억지로 같이 가게 하여 예수의 십자가를 지우고 예수를 끌고 골고다라 하는 곳 (번역하면 해골의 곳) 에 이르러 몰약을 탄 포도주를 주었으나 예수께서 받지 아니하시니라"

　우리 인생에서 우연이라는 이름으로 나타나는 일들이 사실은 하나님의 계획 속에 일어나는 일인지를 깨닫게 되면 더 이상 '우연'이 아니라 필연이 됩니다. 예수님이 십자가를 지시고 골고다로 향하는 길목에 마침 구레네 사람 시몬이 지나갑니다. 그리고 그 시몬이 그리스도의 부르심 안으로 깊숙이 들어오게 됩니다. **마 22장**에 혼인잔치 비유가 나옵니다. 청함 받은 사람은 많지만 많은 사람이 거절하고 마지막 혼인집에 들어갈 때 예복을 입지 않아 쫓겨나는 사람도 있습니다.

　(마22:14) "청함을 받은 자는 많되 택함을 입은 자는 적으니라"

　그러나 구레네 사람 시몬은 혼인잔치에 청함을 받았을 뿐만 아니라 택함 받은 사람이 되었습니다. 저와 여러분도 청함 받고 택함 받은 자 인줄로 믿습니다. 청함 받고 택함 받는 것은 축복이요 은혜입니다. 그러나 이 길을 걷는 자에게 주어지는 십자가도 있음을 잊지 말아야 합니다. 제가 가르친 제자 목회자들이 교회를 개척하고 사역하면서 힘들고 어려워하는 모습을 볼 때 제가 이렇게 주님께 여쭈었습니다.

　"주님! 왜 저들을 가르치고 세우게 하셔서 이렇게 안타까운 모습을 보게 하십니까?"

제 아픈 신음 소리에 주님이 말씀하십니다.

"내 십자가가 네 십자가 이다."

제가 다시 묻습니다.

"그럼 그 십자가가 무엇입니까"

주님은 단호하게 말씀 하십니다.

"네 십자가는 법궤이고 말씀이다"

제게 주어진 것은 말씀의 십자가였습니다. 구레네 시몬이 진 십자가는 무엇입니까? 또, 여러분의 십자가는 무엇입니까?

**(눅9:23) "무리에게 이르시되 아무든지 나를 따라 오려거든 자기를 부인하고 날마다 제 십자가를 지고 나를 따를 것 이니라"**

사무엘 상 6장에서 벧세메스 암소는 블레셋에서 수레에 법궤를 싣고 이스라엘 땅으로 옵니다. 구약 제사에서 정한 짐승들만 제물로 드려지는데 그 중에서 소는 정한 짐승일 뿐만 아니라 가장 비중 있는 제물입니다. **(사1:2) "소는 그 임자를 알고 나귀는 주인의 구유를 알건마는 이스라엘은 알지 못하고 깨닫지 못하였도다"** 라고 한탄하시는 하나님을 만나게 됩니다. 정한 짐승인 소가 임자를 알면 벧세메스 암소처럼 수레에 법궤를 싣고 좌로나 우로나 치우치지 않고 하나님이 뜻하신 그 자리까지 갈 수 있습니다.

이것은 소처럼 정한 재물 되어 진 성도를 나타냅니다. 하나님을 모르는 이방인은 법궤를 '수레' 라는 세상의 역사 바퀴위에 실어 보내 버리지만 하나님의 특별한 소명을 받은 성도는 법궤를 어깨에 메고 세상을 행진 합니다. 이것이 십자가를 지고 가는 것이요 하나님의 군병으로 당당히 신앙과 삶에서 그리스도를 증거 하는 것입니다.

(요16:33) "세상에서 너희가 환란을 당하나 담대 하라 내가 세상을 이기었노라"

본문의 구레네 시몬은 길을 가다가 잡혀 억지로 십자가를 지고 예수님이 계신 골고다까지 갑니다. 마침 그 때 그 길을 걷게 하신 분은 하나님 이십니다. 청함 받고 택함 받는 축복입니다. 이 복이 바로 오늘날 저와 여러분의 복입니다. 신앙이 깊어지고 난 뒤 돌아보면, 억지로라도 십자가 지게 하신 그 은혜를 감사하지 않을 수 없습니다. 우리에게 지워진 십자가는 주님 발 앞에 설 때 까지만 지고 가는 것입니다. 즉, 우리 속에 주님이 완전히 거하시고 영광 받으실 그날 까지 전진하는 것입니다. 여호수아 6장에서 아간의 범죄로 인해 '아골 골짜기'가 만들어 지지 않습니까? 아골 골짜기를 소망의 문으로 만들어 주시기 위해 오신 분이 예수님 이십니다.

(호2:15) "아골 골짜기로 소망의 문을 삼아 주리라."

소망 되시는 그 분을 만나면 내 십자가는 자연이 내려놓게 됩니다. 말씀이 육신이 되어 오신 예수님은 말씀 증거의 십자가를 지셨고 그 말씀의 언약 맺으시기 위해 십자가를 지심으로 복음의 완성을 이루셨습니다. 저와 여러분에게 주신 십자가는 벧세메스 암소가 싣고 왔던 법궤도 아니고 제사장이 어깨에 메고 갔던 법궤도 아니며 시몬이 어쩔 수 없이 지고 가는 십자가도 아닙니다. 예수께서 찬미하며 이루신 십자가이며, 은혜와 사랑의 말씀입니다. 오늘 우리에게 주신 구속의 사랑을 위한 말씀이 바로 우리의 십자가입니다. 이 십자가를 찬송하며 지고 가시는 저와 여러분이 되시기를 소원합니다.

# 십자가 지고가라 (방법)

(눅 9:18~24) "예수께서 따로 기도하실 때에 제자들이 주와 함께 있더니 물어 이르시되 무리가 나를 누구라고 하느냐 대답하여 이르되 세례요한 이라 하고 더러는 엘리야, 더러는 옛 선지자 중의 한 사람이 살아났다 하나이다 예수께서 이르시되 너희는 나를 누구라 하느냐 베드로가 대답하여 이르되 하나님의 그리스도이시니 이다 하니 경고하사 이 말을 아무에게도 이르지 말라 명하시고 이르시되 인자가 많은 고난을 받고 장로들과 대제사장들과 서기관들에게 버린바 되어 죽임을 당하고 제 삼일에 살아나야 하리라 하시고 또 무리에게 이르시되 아무든지 나를 따라 오려거든 자기를 부인하고 날마다 제 십자가를 지고 나를 따를 것 이니라 누구든지 제 목숨을 구원하고자 하면 잃을 것이요 누구든지 나를 위하여 제 목숨을 잃으면 구원하리라."

신앙인에게 가장 핵심적인 질문을 예수님께서 하십니다.

"너희는 나를 누구라 하느냐?"

다른 누가 아닌 "너는 나를 누구라 하느냐?"

다른 사람은 세례요한이라 혹은 엘리야 더러는 선지자 중의 한 사람이라 할지라도 '나는 예수님을 누구라 생각하고 믿느냐?' 입니다. 베드로는 대답합니다.

"주는 그리스도시요 하나님의 아들이십니다."

얼마나 멋진 대답인지 모릅니다. 정말 핵심을 콕 집어서 대답하는 지혜를 보게 됩니다. 그런데, 본문과 연관된 마태복음 16장과 마가복음 8장에서는 전혀 다른 베드로의 모습을 보게 됩니다. 예수님께서 고난 받으시고 죽임을 당하셔야 할 것이라 예고하자 (마16:22) "베드로가 예수를 붙들고 항변하여 이르되 주여 그리 마옵소서 이 일이 결코 주께

미치지 아니하리이다" 합니다.

(마16:23) **"예수께서 돌이키시며 베드로에게 이르시되 사탄아 내 뒤로 물러가라 너는 나를 넘어지게 하는 자로다 네가 하나님의 일을 생각하지 아니하고 도리어 사람의 일을 생각하는도다"**

그리스도가 하나님의 아들이라고 고백하는 것은 하나님의 일을 생각 하는 신앙입니다. 그러나, 주님의 고난의 십자가를 가로막는 것은 하나님의 일을 생각하지 못하는 사람이라 할 수 있습니다. 베드로가 고백한 "주는 그리스도시오 하나님의 아들 이십니다." 는 성령이 깨닫게 하고 감동으로 고백하게 한 것입니다.

(마16:17) **"예수께서 대답하여 이르시되 바요나 시몬아 네가 복이 있도다 이를 네게 알게 한 이는 혈육이 아니요 하늘에 계신 내 아버지시니라."**

'바요나'라는 것은 요나의 아들 이라는 말입니다. '요나'는 '비둘기'라는 말로 성령을 상징 합니다. 성령의 아들 곧 하나님의 아들이 고백하는 것이 주는 그리스도시요 하나님의 아들 이라는 것입니다.

(고전12:3) **"또 성령으로 아니하고는 누구든지 예수를 주시라 할 수 없느니라"**

이 진정한 신앙의 고백을 하는 성숙한 사람은 주님이 지신 고난의 십자가를 질 수 있습니다. 그래서 주님은 단호하게 십자가 지고 가라 하십니다. 왜요? 그것이 하나님의 일 이시기 때문입니다. 십자가를 진다는 것은 자기를 부인하는 것입니다. 자기 경험과 지식과 생각과 오감을 내려놓고 오직 그리스도께 집중 한다는 것입니다.

그러나 우리가 베드로의 상반된 고백 '주는 그리스도시오 하나님의 아들 이십니다.' 와 '주여 그리 마옵소서 이 일이 결코 주께 미치지 아니 하리이다.'- 을 통하여 우리가 기억해야 할 것이 있습니다. 성령의 감동으로 깨닫고 믿음의 고백이 이루어졌다 할지라도 자기 부인이 이루어지지 않으면 언제든지 사단의 도구가 될 수 있다는 것입니다.

그렇다면, 어떻게 자기를 부인하고 십자가의 승리를 이룰 수 있겠습니까?

### 첫째 : 십자가는 죽음을 경험하는 것입니다.

하나님 말씀으로 자기 생각과 경험과 모든 지식을 십자가에 못 박아 육이 죽어 장사 지내져야 합니다. 예수님께서 베드로의 신앙 고백을 받으시고 자신의 고난과 죽으심을 말씀하시면서 (마16:24) "이에 예수께서 제자들에게 이르시되 누구든지 나를 따라 오려거든 자기를 부인하고 자기 십자가를 지고 나를 따를 것이니라" 하십니다. 하나님의 말씀이 아니고는 자기를 부인 할 수도 없고 말씀의 십자가를 지고 예수님을 따를 수도 없습니다.

(히4:12) "하나님의 말씀은 살았고 운동력이 있어 좌우에 날선 어떤 검보다도 예리하여 혼과 영과 및 관절과 골수를 찔러 쪼개기 까지 하며 또 마음의 생각과 뜻을 감찰하나니"

날마다 말씀의 거울 앞에 서지 않으면 자신의 연약함을 발견할 수가 없습니다. 또한, 하나님의 말씀의 검이 아니고는 우리의 질기고 강인한 죄성을 잘라낼 수가 없습니다. 말씀의 등불이 우리를 인도하시고 생수를 공급해 주시므로 우리는 자기 십자가를 지고 주님의 길을 쫓아 갈 수 있습니다. 육이 십자가에 못 박히면 이제 성령의 음성을 듣고 성령의 말하게 하심을 따라 말하게 되며 그리스도의 거룩 안으로 들어가게 됩니다. 이것이 십자가의 길이요 십자가를 지고 가는 신앙입니다.

(갈2:20) "내가 그리스도와 함께 십자가에 못 박혔나니 그런즉 이제는 내가 산 것이 아니요 오직 내 안에 그리스도께서 사신 것이라 이제 내가 육체 가운데

사는 것은 나를 사랑하사 나를 위하여 자기 몸을 버리신 하나님의 아들을 믿는 믿음 안에서 사는 것이라."

말씀의 십자가에 못 박힘으로 우리 안의 혈육이 날마다 죽고 그리스도의 의로 다시 사는 것입니다.

### 둘째 : 말씀의 십자가를 지면 부활을 경험하게 됩니다.

주님은 죽으시기 위해 십자가를 지셨는데 다시 사셨습니다. 십자가의 능력은 죽이시고 다시 살리시는 것입니다. 예수님께서 십자가를 지신 곳이 아골 골짜기인 골고다 입니다. 골고다는 '해골' 이라는 뜻으로 사망의 무덤입니다. 그런데 이곳을 소망으로 다시 부활의 출발점이 되게 하십니다.

(호2:15) "아골 골짜기로 소망의 문을 삼아 주리니"

(눅9:24) "누구든지 자기 목숨을 구원하고자 하면 잃을 것이요 누구든지 나와 복음을 위하여 자기 목숨을 잃으면 구원하리라"

(고전1:18) "십자가의 도가 멸망하는 자에게는 미련한 것이요 구원을 받은 우리에게는 하나님의 능력이라"

우리의 십자가도 말씀을 쫓아 날마다 죽고 그 말씀으로 다시 일으킴을 받는 부활의 연속입니다. 육이 죽어 영이 살고 영원히 새로운 피조물로 사는 것은 십자가의 죽음 후에 오는 부활입니다.

십자가를 지고 예수를 쫓으면 보이는 것이 무엇입니까?

오직 예수입니다.

할렐루야 !

십자가의 죽음과 부활을 경험하시는 모든 성도님들 되시기를 예수님 이름으로 축복합니다.

# 십자가 지고가라(결론)

(행2:37~47) "그들이 이 말을 듣고 마음에 찔려 베드로와 다른 사도들에게 물어 이르되 형제들아 우리가 어찌할꼬 하거늘 베드로가 이르되 너희가 회개하여 각각 예수그리스도의 이름으로 세례를 받고 죄 사함을 받으라 그리하면 성령의 선물을 받으리니 이 약속은 너희와 너희 자녀와 모든 먼 데 사람 곧 주 우리 하나님이 얼마든지 부르시는 자들에게 하신 것이라 하고 또 여러 말로 확증하며 권하여 이르되 너희가 이 패역한 세대에서 구원을 받으라 하니 그 말을 받는 사람들은 세례를 받으매 이 날에 신도의 수가 삼천이나 더 하더라 그들이 사도의 가르침을 받아 서로 교제하고 떡을 떼며 오로지 기도하기를 힘쓰니라"

지난 말씀에서

1. 십자가는 말씀이다.

2. 십자가는 죽음과 부활을 경험하는 것이다.

라고 전하였습니다.

오늘은 세 번째로, 십자가는 '제자가 사도로 다시 제자로' 입니다.

말씀의 십자가를 지고 죽음과 부활을 경험하고 나면 나타나는 현상이 무엇입니까?

**첫째 : 제자가 되는 것입니다.**

예수님의 공생애 사역은 30세에 시작 됩니다.

(눅3:23) **"예수께서 가르침을 시작하실 때에 삼십 세쯤 되니라"**

왜냐하면 레위 자손이 성막에서 봉사하는 나이가 30세부터 시작됩니다.

(민4:3) **"곧 삼십 세 이상으로 오십 세까지 회막의 일을 하기 위하여"**

예수님서 가르침을 시작 하셨다고 성경이 기록하고 있는데 "가르침"은 헬라어로 '아르코'입니다. 이 뜻은 '첫째가 되다, 우두머리가 되다' 라는 것입니다. 즉, 예수님께서 왕이 되셔서 다스리기 시작 하셨음을 선포하는 것입니다. 다윗도 왕이 될 때 나이가 30세였습니다.

(삼하5:4) **"다윗이 나이가 삼십 세에 왕위에 올라 사십년 동안 다스렸으되"**

예수님의 가르침의 시작은 12제자를 부르시는 것으로부터 출발합니다.

하나님께서 이스라엘을 향하여 이렇게 말씀하십니다.

(출6:7) **"너희를 내 백성으로 삼고 나는 너희의 하나님이 되리니 나는 애굽 사람의 무거운 짐 밑에서 너희를 빼낸 너희의 하나님 여호와 인줄 너희가 알지라"**

이와 같이 예수님은 갈릴리로 오셔서 베드로를 비롯한 12제자들을 세우십니다.

(마4:19) **"말씀하시되 나를 따라 오라 내가 너희를 사람을 낚는 어부가 되게 하리라 하시니"**

애굽의 사람 밑에서 종살이 하던 사람을 애굽에서 이끌어 내실 뿐만 아니라 그 애굽 사람을 낚아 제자 삼는 엄청난 역전의 인생을 제시하시는 예수님이십니다. "제자"는 스승으로부터 가르침을 받는 사람을 말합니다.

세상의 제자와 예수님의 제자의 차이점은, 세상의 제자는 자기가 스승을 선택하고 찾아가 필요에 의해 배우고 필요에 의해 떠나는 것입니다. 예수님의 제자는, 스승이신 예수님이 친히 제자를 선택하여 부르시고 훈련시키시는 것이 다릅니다. 세상의 제자는 자신을 채우기 위한 것이라면, 예수님의 제자는 자신을 비워 예수님을 채워가는 것이고 자신의 필요에 의한 배움과 떠남이 아니라 예수님의 선택하심과 파송으로 떠난다는 것입니다.

예수님은 제자들에게 현장 교육을 시키십니다. 구약의 모세와 요셉도 하나님으로부터 현장 교육을 받습니다. 모세는 애굽 궁에서 40년, 미디안 광야에서 40년 , 가나안으로 향하는 40년을 보냈습니다. 늘 인도하시고 동행 하시는 하나님 가운데 있었습니다. 요셉은 보디발 장군의 가정 총무로, 왕의 옥에 갇힌 죄수로, 애굽의 총리로 하나님의 은혜와 사랑을 온 몸으로 경험하게 됩니다.

구약에서 하나님은 친히 하나님의 나라와 백성을 부르시고 제자 삼아 훈련시키셨습니다. 예수님께서도 친히 12제자를 부르시고 가르치십니다. 모든 가르침의 중심에는 "낮아지심"이 있습니다. 그리고 그 낮아지심은 하나님 한 분 만 보여 지는 깊은 영성이 함께 합니다. 오직 하나님 안에서 발견되어질 때 참 제자가 되어 집니다.

**(마5:17) "내가 율법이나 선지자를 폐하러 온 줄로 생각하지 말라 폐하러 온 것이 아니요 완전하게 하려 함이니라."**

구약의 가르침과 제자 사역이 폐하여 지는 것이 아니라 신약의 복음 안에서 완성되어져 가는 것입니다.

**(창12:3) "너를 축복하는 자에게 내가 복을 내리고"**

타인으로부터 받은 것에 대한 보답입니다. 이것은 타율적이며 종의 사역입니다.

**(요20:23) "너희가 누구의 죄든지 사하면 사하여질 것이요 -능동적이요 자율적으로 먼저 축복하는 아들의 사역입니다."**

애굽의 종의 사역에서 애굽의 주인으로 옮겨오는 것이 예수님의 제자 되는 것입니다. 이렇게 복음적 제자로 든든히 세워져 나가는 것이 십자가를 지는 것입니다.

## 둘째 : 제자에서 사도로 옮겨가야 합니다.

제자는 '가르침을 받는 자'이고, 사도는 '보내심을 받은 자'입니다. 예수님으로부터 가르침을 받은 제자들이 부활의 주님을 만나고 성령을 받으면 사도가 됩니다. 비로소 완전한 제자요 사명자가 되는 것입니다. 사복음서에서는 베드로를 비롯한 12명이 '제자'로 통칭되지만 사도행전으로 오면 '사도'가 됩니다.(행1:25~26, 2:14, 37, 42,43) 놀라운 사실입니다. 제자에서 사도가 되면 이제 행동하는 신앙이 됩니다. 베드로가 가장 핵심적인 신앙의 고백을 했지만 진리의 말씀위에 세워지지 못했을 때에는 여종 앞에서도 예수님의 제자됨을 부인했습니다.

(막14:66~71) "베드로가 아랫뜰에 있더니 대제사장의 여종 하나가 와서 베드로가 불 쬐고 있는 것을 보고 주목하여 이르되 너도 나사렛 예수와 함께 있었도다 하거늘 베드로가 부인하여 이르되 나는 네가 말하는 것이 무엇인지 알지도 못하고 깨닫지도 못하겠노라 하며 앞뜰로 나갈새 여종이 그를 보고 곁에 서 있는 자들에게 다시 이르되 이 사람은 그 도당이라 하되 또 부인하더라 조금 후에 곁에 서 있는 사람들이 다시 베드로에게 말하되 너도 갈릴리 사람이니 참으로 그 도당이니라 그러나 베드로가 저주하여 맹세하되 나는 너희가 말하는 이 사람을 알지 못하노라 하니"

베드로는 이렇게 세 번이나 예수님의 제자임을 부인했습니다. 그런데 부활을 경험하고 말씀이 육신이 되어 오신 예수그리스도를 인격적으로 만나게 되니 제자일 뿐 아니라 사도로 행동하는 사명자가 됩니다. 베드로는 이제 보냄 받은 사도로 십자가를 지고 골고다에 오르신 예수님의 발자취를 따라 즐겁게 갈 수 있는 자리에까지 서게 됩니다. 억지로 십자가 지고 가는 구레네 사람 시몬은 율법적 제자의 단계 이라 할 수 있습니다. 그 시몬이 내려놓은 십자가를 예수님께서 찬양하며 지고 골고다의 구속을 완성 하십니다. 이것이 율법의 완성이요 제자의 길에서 사도의 길로 가는 것입니다.

(막15:21~22) "마침 알렉산더와 루포의 아버지인 구레네 사람 시몬이 시골로부터 와서 지나가는데 그들이 그를 억지로 같이 가게 하여 예수의 십자가를 지우고 예수를 끌고 골고다라 하는 곳 (번역하면 해골의 곳)에 이르러"

(호2:15) "아골 골짜기로 소망의 문을 삼아주리니"

(요9:7) "실로암은 번역하면 보냄을 받았다는 뜻일라"

하나님으로부터 세상으로 보내심을 받으신 예수님께서 골고다 해골의 언덕으로 십자가를 지고 가셔서 죽으시고 또, 부활 하셨습니다. 성도의 십자가는 말씀으로 날마다 죽고, 또 부활하는 것입니다. 그리고 주님께로부터 세상으로 파송 받은 십자가의 길을 찬미하며 걷는 것입니다. 육으로 십자가를 지면 고통이요 환난이지만 영으로 십자가 지면 기쁨의 찬송이요 천국입니다. 제자에서 사도가 되면 다시 제자 양육이 일어나고 다시 사도적 사명으로 나아가게 됩니다. 사도는 제자일 때 받은 말씀의 씨를 세상의 밭에 나아가 뿌리고 가꾸어 추수하는 사람입니다.

(마28:19~20) "그러므로 너희는 가서 모든 민족을 제자로 삼아 아버지와 아들과 성령의 이름으로 세례를 베풀고 내가 너희에게 분부한 모든 것을 가르쳐 지키게 하라 볼지어다 내가 세상 끝날까지 너희와 항상 함께 있으리라"

할렐루야!

제자로 부름 받은 여러분을 축복합니다.

더 나아가 사도적 사명자로 십자가 지고 승리의 길을 가시기를 축원 드립니다.

# 만나가 담긴 항아리

(출16:31~35) "이스라엘 족속이 그 이름을 만나라 하였으며 깟씨 같이 희고 맛은 꿀 썩은 과자 같았더라 모세가 이르되 여호와께서 이같이 명령하시기를 이것을 오멜에 채워서 너희의 대대 후손을 위하여 간수하라 이는 내가 너희를 애굽 땅에서 인도하여 낼 때에 광야에서 너희에게 먹인 양식을 그들에게 보이기 위함이라 하셨다 하고 또 모세가 아론에게 이르되 항아리를 가져다가 그 속에 만나 한 오멜을 담아 여호와 앞에 두어 너희 대대로 간수하라 아론이 여호와께서 모세에게 명령하신 대로 그것을 증거판 앞에 두어 간수하게 하였고 사람이 사는 땅에 이르기까지 이스라엘 자손이 사십 년 동안 만나를 먹었으니 곧 가나안 땅 접경에 이르기까지 그들이 만나를 먹었더라"

하나님은 당신의 사랑에 대해 실물교육을 통하여 말씀하실 때가 많습니다. 왜냐하면 죄의 안개에 마음이 가려진 인간이 거룩하신 하나님을 볼 수 없듯이 미련한 사람이 하나님의 사랑을 깨닫지 못할 때가 많기 때문입니다. 이스라엘 백성들을 출애굽 시키신 후 가나안으로 들어가기까지 40년을 하나님은 불기둥과 구름기둥으로 인도하셨습니다. 뿐만 아니라 만나를 매일 새벽 주셔서 광야의 양식을 친히 주십니다.

오늘 본문은 양식으로 주셨던 만나를 항아리에 담아 잘 간수하라는 것입니다. 하나님의 사랑을 '만나'라는 실물교육으로 이스라엘인들에 보여 주셨듯이 이스라엘 2세대들과 이 후 오는 모든 세대들을 위해 하나님이 내려주신 만나를 항아리에 담아 실물교육으로 전하라는 것입니다. 그러므로 우리는 만나와 항아리의 영적 의미를 알아야 합니다. 만나는 육신의 양식이기도 하지만 실질적으로는 영의 양식인 말씀을 예표 합니다. 땅의 것, 육신의 것을 보여 주시면서 주님의 손가락은 항상 하늘의 것, 영적인 것을 가르치고 있습니다.

(요6:49~51) "너희 조상들은 광야에서 만나를 먹었어도 죽었거니와 이는 하늘에서 내려오는 떡이니 사람으로 하여금 먹고 죽지 아니하게 하는 것이라 나는 하늘에서 내려온 살아 있는 떡이니 사람이 이 떡을 먹으면 영생하리라 내가 줄 떡은 곧 세상의 생명을 위한 내 살이니라 하시니라"

말씀이 육신이 되어 오셔서 십자가의 죽으심을 이루시므로 산 떡이 되신 분이 예수님 이십니다.

(롬1:14) "말씀이 육신이 되어 우리 가운데 거하시매"

그래서 예수님이 마지막 유월절 성찬식에서 이렇게 말씀 하십니다.

(마26:26) "그들이 먹을 때에 예수께서 떡을 가지사 축복하시고 떼어 제자들에게 주시며 이르시되 받아서 먹으라 이것은 내 몸이니라 하시고"

그러므로 만나는 단순히 육신의 필요를 채워주는 양식이 아니라 하나님의 말씀이며 그 말씀이 육신이 되어 오셔서 죽으셔서 구속을 이루신 예수그리스 이십니다. 항아리는 **예레미야 18장** 토기장이의 비유에서 말씀하시는 바와 같이 하나님이 창조하신 사람을 뜻 합니다. 만나를 항아리 속에 담아 대대로 간수하라 는 말씀은 '하나님의 말씀을 너희 속에 두어 대대로 교훈하라는 것' 입니다. 또 '예수그리스도를 너희 안에 임재하게 하여 예수를 전하라는 것'입니다. 항아리 속에 무엇을 두었느냐에 다라 그 항아리의 가치와 쓰임새가 달라지게 됩니다.

(삿7:16) "항아리 안에는 횃불을 감추고 ~"

이 항아리가 깨어졌을 때 횃불이 드러나고 미디안을 물리치는 승리를 가져 왔습니다.

(렘32:14) "매매증서를 가지고 토기에 담아 오랫동안 보존하게 하라"

예레미야를 통해 하나님은 유다의 회복을 약속하시면서 토기(항아리)에 땅 매매증서를 담아 보관 하라 하십니다. **요한복음 2장에서 가나 혼인 잔치에서는 돌 항아리에 든 물이 포도주로 변화하는 사건이 나타납니다.**

성도 안에 무엇이 담겨 있습니까?

우리는 깨어지기 쉬운 항아리요, 토기요, 질그릇 이지만 그 속에 무엇이 담겨 있느냐에 따라 질적으로 양적으로 전혀 다른 신앙과 삶이 나타납니다.

**(고후4:7) "우리가 이 보배를 질그릇에 가졌으니 이는 심히 큰 능력은 하나님께 있고 우리에게 있지 아니함을 알게 하려 함이라"**

만나가 담긴 항아리를 여호와 앞에 두라 하십니다.

**(출16:33) "또 모세가 아론에게 이르되 항아리를 가져다가 그 속에 만나 한 호멜을 담아 여호와 앞에 두어 너희 대대로 간수하라"**

여호와 앞은 성막에서 법궤 앞에 라는 말입니다. **(출16:34)** 법궤는 지성소에 있던 것으로 하나님의 임재를 상징 하는 것입니다. 이 상태의 성도는 하나님의 말씀을 육신적으로 받아먹는 단계입니다.

이스라엘 백성들이 출애굽과 홍해를 건너는 기적을 경험하고 불기둥과 구름기둥의 인도를 받아 광야에까지 이끌림을 받으며 수많은 기적을 경험 합니다. 그 중 한 가지가 날마다 하늘에서 내려진 만나와 메추리기의 기적입니다. 기적을 경험하고도 입에 만나를 넣으면서도 불평을 멈추지 않는 이스라엘 백성들것처럼 교회에 들어와 하나님의 말씀을 듣고 경험 하지만 여전히 육적이 요소로 하나님을 향해 원망을 멈추지 않는 성도라고 할 수 있습니다.

**(롬2:28) "무릇 표면적 유대인이 유대인이 아니요 표면적 육신의 할례가 할례가 아니니라"**

시간이 흐르면서 만나가 담기 항아리가 법궤 안에 보관 될 때가 있었습니다.

(히9:4) **"금향로와 사면을 금으로 싼 언약궤가 있고 그 안에 만나를 담은 금 항아리와 아론의 싹난 지팡이와 언약의 돌 판들이 있고"**

만나 담은 항아리가 법궤 안에 있는 상태는 질그릇에서 금 항아리로 바뀐 상태입니다. 법궤 밖에서 안으로 옮겨지듯이 하나님의 말씀을 육으로 받아먹는 상태에서 영으로 받아먹는 상태로 바뀌어졌습니다. 광야의 상태가 아니라 가나안의 상태가 된 것입니다.

(롬2:29) **"오직 이면적 유대인이 유대인이며 할례는 마음에 할지니"**

성장하고 성숙된 성도는 주변의 변화와 상관없이 하나님의 임재 안에 있게 됩니다. 이 후 법궤와 함께 만나가 든 항아리를 잃어버릴 때가 있습니다. 바벨론 포로기 이후 법궤와 함께 만나가 든 항아리가 사라졌습니다. 지금까지 찾지 못하고 있습니다. 이것은 무슨 뜻 입니까? 부활하신 예수님께서 제자들을 찾아 오셔서 말씀 하십니다.

(행1:8) **"오직 성령이 너희에게 임하시면 너희가 권능을 받고 예루살렘과 온 유대와 사마리아와 땅 끝까지 이르러 내 증인이 되리라 하시니라"**

제자들이 성령을 받고도 예루살렘을 떠나지 않자 하나님은 스데반의 순교를 통하여 흩어져 복음을 전하게 하십니다.

(행8:1) **"그 날에 예루살렘에 있는 교회에 큰 박해가 있어 사도 외에는 다 유대와 사마리아 모든 땅으로 흩어지니라"**

이와 같이 하나님의 말씀을 상징하는 만나가 담긴 항아리가 법궤 밖에서 법궤 안으로 그리고는 사라져 버린 것은 하나님의 말씀을 가진 예수그리스도의 사람들은 복음의 전파를 위해 흩어져야 한다는 것을 그림자로 보여 줍니다. 복음을 전하기 위해 언제까지 어디까지 가야 하는 것 입니까?

(출16:35) "사람이 사는 땅에 이르기까지입니다."

하나님의 형상으로 창조되었으나 죄를 허용하므로 영적으로 아둔한 짐승이 되었습니다. 다시 사람으로 회복시키기기 위해 하나님은 말씀을 주시고 또, 친히 육체 가운데로 오셨습니다. 이제 그 하나님의 사랑을 받아 새로운 피조물인 새 사람이 되었으므로 온 인류에게 천국이 임하기까지 복음의 만나를 들고 가야 하는 것입니다.

(수5:12) "그 땅의 소산물을 먹은 다음날에 만나가 그쳤으니"

할렐루야!


# 제자의 길

(마28:16~20) "열한 제자가 갈릴리에 가서 예수께서 지시하신 산에 이르러 예수를 뵈옵고 경배하나 아직도 의심하는 사람들이 있더라 예수께서 나아와 말씀하여 이르시되 하늘과 땅의 모든 권세를 내게 주셨으니 그러므로 너희는 가서 모든 민족을 제자로 삼아 아버지와 아들과 성령의 이름으로 세례를 베풀고 내가 너희에게 분부한 모든 것을 가르쳐 지키게 하라 볼지어다 내가 세상 끝날까지 너희와 항상 함께 있으리라 하시니라"

미국 사우스이스트 크리스천 교회의 교육 목사인 '카일 아이들먼'의 저서 "팬인가 제자인가"에서 이렇게 말합니다.

"예수님의 팬인지 제자인지 진단하는 방법은 예수님을 믿는다고 말로만 고백하는지 실재로 따르고 있는지 진정으로 자신의 내면과 실재의 삶을 점검해 보라"

팬(fan)의 정의는 '관람석에 앉아 선수나 배우의 기록 성적, 개인 신상을 조사하고 응원하고 열광하지만 언제든지 떠나거나 상대를 바꿀 수 있는 사람'입니다. 제자는 '응원만 하는 것이 아니라 실전에 함께 뛰고 생사고락을 함께하며 스승을 존경하고 신뢰하며 함께 걷는 사람'입니다.

예수님을 응원하고 따르는 팬(fan) 이 많았습니다. 복음서에 등장하는 허다한 무리들입니다. 예수님께서 오병이어의 기적과 병자 치유와 각종 기적을 행하시는 현장에는 항상 열광하는 무리들이 가득하였습니다. 그러나, 예수님께서 하나님의 공의를 외치실 때나, 고난의 현장에서는 열광하던 무리들은 신속하게 등을 돌리고 떠났습니다. 우리 성도가 팬이 아닌 제자가 되기 위해서는 동행의 길, 십자가의 길을 함께 걸을 수 있는 결단과 실행이 있어야 합니다. 주님이 주시는 은혜 안에서 먹고 마시는 것에서 머물러 있으면 팬이 됩니다. 오병이어의 기적을 체험한 무리들이 예수님을 랍비라 하며 따라 올 때 이렇게 말씀 하십니다.

(요6:26) "내가 진실로 진실로 너희에게 이르노니 너희가 나를 찾는 것은 표적을 본 까닭이 아니요 떡을 먹고 배부른 까닭이로다."

떡이 아닌 예수를 쫓아야 하는데 많은 사람들은 예수님이 가지신 떡을 쫓아오고 그 떡이 보이지 않으면 방향을 바꾸어 돌아서 갑니다. 눅24:13 이하에 보면, 엠마오로 내려가는 두 제자가 부활하신 주님과 동행하며 함께 저녁을 보내며 떡을 주십니다.

(눅24:30~31) "그들과 함께 음식 잡수실 때에 떡을 가지사 축사하시고 떼어 그들에게 주시니 그들의 눈이 밝아져 그인 줄 알아보더니 예수는 그들에게 보이지 아니하시는지라"

동행하는 가운데 경험한 말씀이 육신이 되어 오신 예수는 모습이 보이지 않아도 제자들의 마음에 뜨겁게 살아 역사하였습니다. 그러므로 그들은 내려가는 신앙의 길에서 다시 돌이켜 복음 증거의 자리로 올라 갈 수 있었습니다. 그러므로 성도의 신앙의 성숙은 예수님과 동행 할 때 일어납니다.

(아2:10) **"나의 사랑하는 자가 내게 말하여 이르기를 나의 사랑, 내 어여쁜 자야 일어나서 함께 가자"**

동행의 결과는 십자가의 길에서 나타납니다. 폴란드 작가 헨리크 시엔키에비츠 의 "쿠오바디스"에 기독교 탄압에 로마를 탈출하려던 베드로 앞에 십자가를 메고 걸어가시는 예수님이 나타납니다. 이 환상을 본 베드로가

"쿠오바디스 도미네 (주여 어디로 가시나이까)" 라고 묻습니다.

예수님께서 "네가 나의 어린 양을 버리니 나는 다시 한 번 십자가에 못 박히기 위해 로마로 돌아간다."라고 하십니다. 베드로는 예수님의 말씀을 듣고 돌이켜 로마로 돌아가 복음을 전하다 십자가에 거꾸로 달려 순교합니다. 제자의 길은 동행이요 십자가의 길입니다. 복음을 전하고 제자를 삼아 아버지와 아들과 성령의 이름으로 죄 씻음과 거듭남의 세례를 주고 그들을 가르쳐 지켜 행하게 하여 그리스도께로 인도하여 동행의 십자가의 길을 걷는 것입니다.

(고전1:18) **"십자가의 도가 멸망하는 자들에게는 미련한 것이요 구원을 받은 우리에게는 하나님의 능력이라"**

십자가의 구원에 들어가 그 십자가의 은혜를 선포하는 사명을 받은 사람이 예수님의 제자입니다.

(딤후4:2) **"너는 말씀을 전파하라 때를 얻든지 못 얻든지 항상 힘쓰라 범사에 오래 참음과 가르침으로 경책하며 경계하여 권하라"**

(딤후4:5) **"너는 모든 일에 신중하여 고난을 받으며 전도자의 일을 하며 네**

직무를 다하라"

복음전파가 땅 끝까지 이를 때 까지, 우리의 육신의 생명이 다 하기까지 제자의 길을 걸어가시기를 축원 드립니다.

# 성찬예식

(마26:17~28) "무교절의 첫날에 제자들이 예수께 나아와 이르되 유월절 음식 잡수실 것을 우리가 어디서 준비하기를 원하시나이까 이르시되 성안 아무에게 가서 이르되 선생님 말씀이 내 때가 가까이 왔으니 내 제자들과 함께 유월절을 네 집에서 지키겠다 하시더라 하라 하시니 제자들이 예수께서 시키신 대로 하여 유월절을 준비 하였더라 저물 때에 예수께서 열두 제자와 함께 앉으셨더니 그들이 먹을 때에 이르시되 내가 진실로 너희에게 이르노니 너희 중의 한 사람이 나를 팔리라 하시니 그들이 몹시 근심하여 각각 여쭈오되 주여 나는 아니지요 대답하여 이르시되 나와 함께 그릇에 손을 넣는 그가 나를 팔리라 인자는 자기에 대하여 기록된 대로 가거니와 인자를 파는 그 사람에게는 화가 있으리로다 그 사람은 차라리 태어나지 아니하였더라면 제게 좋을 뻔 하였느니라 예수를 파는 유다가 대답하여 이르되 랍비여 나는 아니지요 대답하시되 네가 말하였도다 하시니라 그들이 먹을 때에 예수께서 떡을 가지사 축복하시고 떼어 제자들에게 주시며 이르시되 받아서 먹으라 이것은 내 몸이니라 하시고 또 잔을 가지사 감사기도 하시고 그들에게 주시며 이르시되 너희가 다 이것을 마시라 이것은 죄 사함을 얻게 하려고 많은 사람을 위하여 흘리는바 나의 피 곧 언약의 피니라"

유대민족이 지키는 대표적인 일곱 절기가 있습니다. 무교절, 유월절, 초실절, 오순절, 나팔절, 속죄일, 초막절입니다. 이 중에서 무교절과 유월절에 행하신 일이 본문의 성찬예식 제정입니다. 무교절은 누룩 없는 떡을 먹으며 하나님이 애굽에서 이끌어 내신 것을 기억하고 감사하는 절기입니다. 무교절과 함께 시작되는 것이 유월절입니다.

누룩을 넣지 않는 빵과 양의 피를 바른 집안에서 불에 구운 양 고기를 먹음으로 출애굽이 시작 됩니다. 죄와 사망의 애굽에서 구원받기 위해서는 반드시 누룩 없는 떡과 유월절 어린양의 피가 있어야 합니다. 이와 같이 죄인 된 인간이 의로우신 하나님으로부터 구원 받기 위해서는 반드시 거룩한 생명의 떡과 죄 없으신 예수님의 피가 있어야 합니다. 유월절을 기념하여 지키라고 하나님은 말씀하십니다.

(출12:14) "너희는 이날을 기념하여 여호와의 절기를 삼아 영원한 규례로 대대로 지킬지니라"

(출12:24~27) "너희는 이 일을 규례로 삼아 너희와 너희 자손이 영원히 지킬 것이니 너희는 여호와께서 허락하신 대로 너희에게 주시는 땅에 이를 때에 이 예식을 지킬 것이라 이 후에 너희의 자녀가 묻기를 이 예식이 무슨 뜻이냐 하거든 너희는 이르기를 이는 여호와의 유월절 제사라 여호와께서 애굽 사람에게 재앙을 내리실 때에 애굽에 있는 이스라엘 자손의 집을 넘으사 우리의 집을 구원 하셨느니라 하라 하매 백성이 머리 숙여 경배 하니라"

친히 유월절 어린 양이 되셔서 내어주신 것이 예수그리스도의 십자가의 죽으심이며 이것을 다시금 친히 말씀 하신 것이 본문의 유월절 날 주셔서 신약의 성도들이 지키는 성찬예식입니다. 성찬식에 대해서도 기념하여 지키라고 하십니다.

(눅22:19) "너희가 이를 행하여 기념하라 하시고"

(고전11:24~26) "축사하시고 떼어 이르시되 이것은 너희를 위하는 내 몸이니 이것을 행하여 나를 기념하라 하시고 식후에 또한 그와 같이 잔을 가지시고 이르시되 이 잔은 내 피로 세운 내 언약이니 이것을 행하여 마실 때마다 나를 기념하라 하셨으니 너희가 이 떡을 먹으며 이 잔을 마실 때마다 주의 죽으심을 그가 오실 때까지 전하는 것 이니라"

여기서 기념하라는 것은 '기억하라'는 뜻입니다. 성찬예식을 하시면서 유독 예수님과 가룟 유다와의 대화가 묵직하게 기록되어 있습니다. 이것을 통하여 성찬식을 할 때마다 기억해야 하는 것을 점검해 보고자 합니다.

## 첫째 : 떡입니다.

무교절의 떡이 죄를 상징하는 누룩을 넣지 않는 떡 이였고 유월절에 드려진 어린양이 흠 없는 것 이였습니다. 이와 같이 죄 없으시고 흠 없으신 거룩하신 하나님이 친히 죄인 된 인간을 찾아 육신으로 오신 분이 예수님 이십니다. 그분의 오심은 죄인 된 인간을 위해 친히 속죄제물이 되셔서 죽으시기 위해 오셨습니다.

(요1:29) "보라 세상 죄를 지고 가는 하나님의 어린 양이로다"

이렇게 마지막 선지자요 제사장인 세례요한이 증언 합니다. 십자가의 죽으심 이전에 보여주신 예표가 유월절 어린양이며 성찬식입니다. 예수님은 짐승의 먹이 통인 구유에 친히 오시되 떡 집인 베들레헴에 오셨습니다. 짐승 된 죄인을 살리는 떡으로 자신을 내어 주시기 위해 오신 것입니다.

유월절 성찬 떡 그릇에 예수님의 손과 가룟 유다의 손이 같이 들어갑니다. 같은 떡 그릇에 손을 넣지만 예수님의 손과 가룟 유다의 손이 뜻하는 바가 전혀 다릅니다. 가룟 유다의 손은 광야의 만나를 향해 뻗은 손입니다. 여전히 무엇을 마실까 무엇을 입을까 염려하고 그것이 충족되어지지 않으면 언제든지 주님을 배신하는 손 입니다. 이미 가룟 유다는 대제사장과 예수님을 넘겨줄 것을 약속하고 유월절 떡 그릇에 손을 넣고 있는 것입니다. 누룩 없는 떡을 떼면서도 이미 그의 마음에는 누룩인 죄의 지배를 받고 있습니다. 뿐만 아니라 죄를 다스릴 의지를 가지는 것이 아니라 죄를 무방비 상태로 허용하고 탐욕의 손을 내밀고 있습니다.

사탄의 유혹은 가룟 유다에게만 있는 것이 아닙니다. 예수님께도 사탄의 유혹이 있었습니다. 그러나 예수님은 말씀으로 단호하게 사탄을 물리치셨습니다.

**(마4:4) "예수께서 대답하여 이르시되 사람이 떡으로만 살 것이 아니요 하나님의 입으로부터 나오는 모든 말씀으로 살 것이라 하였느니라 하시니"**

가룟 유다의 잘못은 죄를 허용하고 죄의 지배를 받았다는 것입니다. 거룩한 떡 그릇에 손을 넣고도 그 떡이 가르치는 예수님을 보기를 거부 했습니다. 예수님은 말씀이 육신이 되어 오셔서 하늘 양식을 내어 주시기 위해 성찬식을 행하셨습니다.

자신의 몸을 찢으셔서 내어 주심으로 모든 죄인의 구원을 완성 하십니다. 어린 양 고기는 불에 구워 먹습니다. 성령으로 말씀을 받지 않으면 가룟 유다의 육신적 탐욕이 그대로 우리 안에 들어 올 수 있음을 기억하시고 말씀의 떡을 먹을 때마다 예수그리스도를 깊이 묵상하시고 자신을 성찰 하시기를 바랍니다.

**둘째 : 포도주입니다.**

예수님께서 잔을 나누어 주시면서 "이것은 죄 사함을 얻게 하려고 많은 사람을 위하여 흘리는바 나의 피 곧 언약의 피니라" 하십니다. 피는 생명입니다. 죄의 댓가는 사망인데 그 사망을 지불하기 위해서는 반드시 피 흘림이 있어야 합니다.

(롬6:23) **"죄의 삯은 사망이요 하나님의 은사는 그리스도 예수 우리 주 안에 있는 영생이니라"**

(히9:22) **"율법에 따라 거의 모든 물건이 피로써 정결하게 되나니 피흘림이 없은즉 사함이 없느니라"**

(레17:11) **"육체의 생명은 피에 있음이라 내가 이 피를 너희에게 주어 제단에 뿌려 너희의 생명을 위하여 속죄하게 하였나니 생명이 피에 있으므로 피가 죄를 속하느니라."**

어린양의 고기도 먹어야 하지만 어린 양의 고기가 죄의 값을 지불하는 것이 아니라 어린 양의 피가 속죄 합니다.

(히10:19~20) **"그러므로 형제들아 우리가 예수의 피를 힘입어 성소에 들어갈 담력을 얻었나니 그 길은 우리를 위하여 휘장 가운데로 열어 놓으신 새로운 살 길이요 휘장은 곧 그의 육체니라"**

창세기 40장에서 두 관원장은 요셉의 꿈 해몽대로 되었습니다. 떡 맡은 관원장은 그 떡을 사단에게 빼앗겼기 때문에 죽었고 술 맡은 관원장은 익은 포도로 포도즙을 내었기 때문에 생명을 얻고 복직을 합니다.

(요6:53) **"인자의 살을 먹지 아니하고 인자의 피를 마시지 아니하면 너희 속에 생명이 없느니라"**

말씀이 육신이 되어 오신 예수님이 살을 찢으셔서 피를 쏟지 않으시면 우리가 구원을 얻을 수가 없습니다. 그러므로 예수님의 피는 구속의 완성을 선포 합니다. "다 이루었다." 이것을 기념하고 기억하라는 것입니다. 성찬예식은 예수그리스도의 십자가의 예표이며 예수그리스도와 먹고 마시는 천국의 그림자입니다.

그리스도와 연합되어지고 그리스도의 생명으로 살아야 하는 이유를 제시하는 것이 성찬 예식임을 기억하시고 거룩하게 구별된 자리에 나아가시기 바랍니다.

# 그대 돌이키지 않겠소

이 땅에서는
그대의 땅이 넓고도 푸르른 것 같은데
저 하늘에서는
그대 발붙일 땅 없으니 어찌 하오

이 땅 창고에는
그대 배부르게 먹고도 남을 양식이 가득한데
저 하늘 창고에는
그대 입술 적셔줄 물 한 방울 없으니 어찌 하오

이 땅 동서남북에서
그대 만나러 오는 벗들이 많은데
저 하늘에는
그대 홀로 견디어야 하는 흑암만 가득하니 어찌 하오

이제 그대 돌이키지 않겠소
보이는 것만 즐거워하지 말고
보이지 않으나 본 것 보다 더 정확한
저-하늘의 복을 구하지 않겠소

# 지난 날을 감사하며

시골을 여행하다 보면 "이런 곳에도 교회가 있네~ "

그리고 연달아 "아~하나님은 역시 위대하십니다. 어디에나 안 계시는 곳이 없으십니다." 라고 그 외진 곳에 교회를 세워주신 것에 감탄하며 감사를 하게 됩니다. 어쩌면 이런 감탄과 신앙의 고백이 등대교회가 개척된 마을을 처음 들어오시는 분들에게도 있을지 모르겠습니다.

깊은 산이 병풍처럼 둘러있고 그 앞으로 햇살에 반짝이는 냇물이 흐르는 한 폭의 정겨운 산수화를 보는 듯한 시골에서 저는 초등학교까지 마쳤습니다. 그리고 중학교를 읍내로 다니며 자취생활을 하게 되었습니다. 중학교 2학년 때인 어느 날, 자취방 좁은 창틈을 두드리는 새벽 미명과 함께 일정하게 들려오는 은은한 종소리에 이끌려 들어간 곳이 교회였습니다. 난생 처음으로 새벽예배를 드리는 모습을 아주 생소하게 넓은 교회 창 너머로 보았습니다.

그렇게 주님과의 만남이 시작 되었고 첫 직장으로 주신 곳이 선교원 교사였습니다.

20대 후반에 은혜 받고 성령의 이끌림 가운데 매일 종탑기도를 하는 가운데

"교회 없는 땅에 교회 세우겠습니다."

라는 서원을 하게 되었습니다. 그리고 서원을 지키기 위해 직장을 다니며 교회건축용 적금을 들었고 농촌 교회를 개척하는데 협력할 수 있었습니다. 그러나 주님의 뜻하심은 단순한 물질의 헌신으로 끝나는 것이 아니라 저의 몸과 마음의 헌신을 원하셨고 신학교로 인도하셨습니다.

신학교 2학년이 되면서 개척의 소명을 깨닫게 되었고 그것이 저에게 주어진 사명의 길이라면 "교회 없는 땅으로 보내달라" 고 기도했습니다. 그렇게 해서 등대교회가 김포시 양촌읍 학운리 356번지에 세워지게 되었습니다.

이곳에 처음 오던 2008년 9월을 잊을 수가 없습니다.
온가족이 함께 승용차로 오는데 마을 입구에서 차가 질퍽한 웅덩이에 빠져 버렸습니다. 두 딸과 남편이 차 뒤에서 밀고 제가 운전을 해서 겨우 웅덩이를 벗어났을 때 제 마음속에 주님의 음성이 들렸습니다. "네가 가는 길이 이렇다. 너를 힘들게 하는 어려움이 있겠지만 가족이 합심하면 이 길을 갈 수 있다."

마을 주변으로 산업단지가 조성되고 있던 중이라 산(山)은 발파되어 바위는 터지고 흙은 무너져 내리고 논과 밭은 메워 지고 있었습니다. 승용차가 달리면 꼬리를 물고 온통 흙먼지가 연기처럼 피어오르고 비가 오면 신발이 푹 푹 빠져 신발위에 비닐을 감싸고 차도까지 걸어 나가야 하는 곳 이였습니다.

퇴비와 농기계가 쌓여 있던 창고가 하나님을 예배하는 교회가 되었습니다. 아이들의 통학의 어려움, 고등학생이 되었음에도 흔한 학원 한 번 갈 수 없는 환경과 난방을 야산에서 나무를 가져다 하는 세월이 12년차 입니다.

버스가 들어오지 않고 가로등이 없는 곳 이였습니다.

(눅3:4~6) "광야에서 외치는 자의 소리가 있어 이르되 너희는 주의 길을 준비하라 그가 오실 길을 곧게 하라 모든 골짜기가 메워지고 모든 산과 작은 산이 낮아지고 굽은 것이 곧아지고 험한 길이 평탄하여질 것이요 모든 육체가 하나님의 구원하심을 보리라 함과 같으니라."

교회가 설립된 후 골목길이 포장이 되고 확장되어졌고 상수도가 들어오고 가로등이 세워졌습니다. 작년에는 교회 앞으로 제2외곽순환도로와 김포도시철도가 차량 5분 거리에 개통이 되었습니다. 중3, 고2이던 저희 아이들이 하나님의 은혜 가운데 고등학교 교사와 한의학 연구원 박사로 어엿한 한 사람의 사회인으로 일익을 담당할 만큼 성장 했습니다.

무엇보다도 감사한 것은,

그동안 하나님께서는 등대교회 강단의 말씀을 통하여 복음을 전파하게 하셨다는 것 입니다.

기독교 방송을 통하여 전 세계로 복음이 나가게 하신 하나님께서 또, 인터넷 등대교회 복음 방송을 통하여 생명의 통로가 될 수 있도록 이끄셨습니다.

또한 교단 총회신학으로서의 사명도 감당할 수 있게 허락하셨습니다. 등대교회와 총회신학을 통하여 목회자가 배출되고 국내외에

316

교회와 선교사들이 세워져 나가고 있습니다. 여전히 소수의 하나님의 자녀들이 예배하는 연약한 환경가운데 있는 교회이지만 베들레헴 구유의 예수그리스도의 영광이 충만한 등대교회입니다.

하나님께서 등대교회를 세우신 선한 목적대로 이끄시고 하나님의 위대하신 역사를 쓰실 것이라 믿습니다. 이제 이곳을 오고 가시는 모든 분들이 하나님의 위대하고 강하신 역사가 고백되어지기를 기도합니다.

(마2:6) "또 유대 땅 베들레헴아 너는 유대 고을 중에서 가장 작지 아니 하도다 네게서 한 다스리는 자가 나와서 내 백성 이스라엘의 목자가 되리라"

# 성경에서
# 성경으로

**초판발행일** | 2020년 2월 28일

**지 은 이** | 이수화
**펴 낸 이** | 배수현
**디 자 인** | 박수정
**제　　작** | 송재호
**홍　　보** | 배보배

**펴 낸 곳** | 가나북스 www.gnbooks.co.kr
**출 판 등 록** | 제393-2009-000012호
**전　　화** | 031) 408-8811(代)
**팩　　스** | 031) 501-8811

**ISBN** 979-11-6446-019-9(03230)